中国教育学

CHINESE EDUCATION STUDIES

王振存 等 著

社会科学文献出版社
SOCIAL SCIENCES ACADEMIC PRESS (CHINA)

前　言

哲学社会科学是人们认识世界、改造世界的重要工具，是推动历史发展和社会进步的重要力量。人类社会每一次重大跃迁，人类文明每一次重大发展，都离不开哲学社会科学的知识变革和思想先导。党的十八大以来，以习近平同志为核心的党中央高度重视哲学社会科学，大力推动哲学社会科学繁荣发展。习近平总书记在党的二十大报告中强调，"加快构建中国特色哲学社会科学学科体系、学术体系、话语体系，培育壮大哲学社会科学人才队伍"。中国教育学作为中国特色哲学社会科学的重要组成部分，其研究成果对于理解中国教育改革与发展的规律，推动教育现代化，实现教育强国战略目标意义重大。教育是国家发展的基石，中国教育学的深入系统研究不仅能够为国家教育政策的制定提供科学依据，而且能够为教育事业高质量发展、教育强国建设提供有力指导，为世界教育理论研究和世界教育改革发展贡献中国智慧和中国方案。

面对全球化背景下的激烈竞争，加快构建中国自主知识体系已成为紧迫任务。系统研究中国教育学有助于形成具有中国特色的教育理论、方法和话语体系，打破对西方教育理论的过度依赖，增强中国教育学的独立性和自主性。中国教育学植根于中华优秀传统文化，承载着传承与创新中华优秀教育文化的重要使命。中国教育学是扎根中国教育改革实践的教育学，承担着提升理论研究水平和改进、引领中国教育实践的重任，深入研究中国教育学，有助于深入挖掘和阐发中华优秀传统文化中的教育思想，有助于系统研究、凝练基于中国教育改革实践的中国特色的教育学理论，推动其在现代教育实践中的应用与创新，为培养具有家国情怀、国际视野，德智体美劳全面发展的社会主义建设者和接班人提供有力支撑。

在全球化和信息化迅猛发展的时代背景下，教育作为国家发展的基石和民族进步的阶梯，其重要性日益凸显。面对百年未有之大变局，中国教育学作为传承与创新中华优秀教育文化、服务国家教育现代化和民族复兴大业的重要学科，正经历着前所未有的变革与发展。基于此，本书系统梳理了中国教育学的发展历程，深入探讨了其内涵与特征，并展望了其未来发展方向，为中国教育学的学科建设和理论创新贡献绵薄之力。

本书共分为五章，从多个维度全面剖析了中国教育学的内涵特征、价值意义、历史嬗变、发展现状与困境、国际比较及构建路径。

第一章从中国教育学的背景研究入手，分析了全球政治经济格局变化、世界文化格局构建需求以及信息化社会发展对教育变革的推动作用，阐述了中国教育学在服务教育强国建设、支撑中国教育现代化进程中的重要作用。

第二章回顾了中国教育学的历史嬗变，从确立时期、探索时期、再建时期到发展时期，详细梳理了中国教育学在不同历史阶段的演进脉络及主要特征。从模仿西方到本土化探索，再到独立学科体系建设，展现了其不断适应时代变化、服务国家发展的历程。教育学在中国经历了从依附到自主、从单一到多元的发展过程，反映了中国社会对教育学的迫切需求与不懈追求。

第三章聚焦中国教育学的现状与省思，深入分析了中国教育学在服务教育强国建设中的成效、教育学的中国特色、学科体系与学术体系的日益完善，以及中国教育学话语体系的构建和创新与发展。同时，本章还客观剖析了中国教育学面临的发展困境，如理论品性与实践品性不足、基本理论基础薄弱、无力应对重大理论与现实以及政策问题等，为后续研究指明了方向。

第四章通过国际比较，将中国教育学与美国、德国、英国、法国等国家的教育学进行了对比分析，揭示了不同国家教育学在学科属性、理论基础、学科体系、学术研究与创新能力等方面的异同，为中国教育学的未来发展提供了有益的借鉴和启示。

第五章探讨了中国教育学的构建路径，从思想引领、文化铸魂、理论强骨、实践助力、技术赋能、开放升维等多个维度，提出了构建中国特色现代教育学体系的策略与建议。本章强调了习近平新时代中国特色社会主义思想对中国教育学发展的指导作用，以及中华优秀传统文化在中国教育学发展中的重要地位，同时探讨了跨学科研究、教育研究范式的数字化转型、国际教育交流与合作等关键议题。

目前关于中国教育学体系构建的著作还不多，本书是对中国教育学体系构建的一次尝试，具有较大的学术意义和创新价值。本书不仅丰富了中国特色社会主义教育学的内涵，还为中国教育学自主知识体系的形成奠定了坚实基础。本书期望能为加快构建中国特色教育学学科体系、学术体系和话语体系提供理论支撑，推动中国教育学的国际化进程，为中国教育现代化的实现贡献力量。同时，本书的研究成果对于指导中国教育实践、提升教育质量、培养高素质人才具有重要意义和价值。衷心希望本书能够为广大读者提供有益的参考与启发，共同推动中国教育学不断向前发展，为实现教育现代化、建设教育强国贡献力量。

▎▶目 录

第一章

中国教育学的背景、内涵及价值研究

第一节　中国教育学的背景研究

一　百年未有之大变局与人类社会转型之期冀

"世界百年未有之大变局"——习近平总书记对党的十八大以来国际形势的总体描绘，深刻揭示了世界发展的新趋势。尽管和平与发展的时代主题依旧稳固，但全球格局正经历着多极化、经济全球化、信息化和文化多样性的深刻演进，这种趋势不可阻挡地推动着世界向更加多元、互联的方向前行。然而，变革之中也伴随着诸多不确定性与挑战。经济全球化的"航船"遭遇逆风，单边主义和保护主义的浪潮试图逆转开放合作的潮流，给全球经济带来阴影。同时，霸权主义的阴影笼罩国际舞台，加剧了国际关系的紧张与复杂。更为紧迫的是，全球治理领域面临着治理、信任、发展、和平等多重赤字。这些问题相互交织，对全球稳定与发展构成严峻考验。与挑战并存的是机遇，中国教育学面临着重大战略机遇。构建中国特色的教育学体系，能够充分推动中国理念和经验的国际交流和传播，为服务全球发展贡献应有力量。

（一）世界政治经济体系变化深刻影响着中国教育

如今，世界经济重心加快"自西向东"位移。政治多极化趋势不断加强，但受单边主义、逆全球化等影响引发的不稳定、不确定现象和倾向日益突出，全球还面临重新陷入分裂甚至对抗的风险，这一切都在深刻影响着教育的发展。

当前政治经济格局变化以俄乌冲突和巴以冲突为主要代表。2022 年 2 月 24 日，俄乌冲突爆发，之后迅速演变为一场严重撕裂国际社会的长期冲突，使得不同国家群体之间的隔阂显著加深并与日俱增。俄乌冲突的持续发酵引发了广泛的负面效应，由安全危机催生出能源危机、粮食危机、债务危机、教育危机等一系列危机，严重冲击了和平与发展的时代主题，深度扰乱了广大发展中国家的内外经济联系。巴以冲突方面，哈马斯向以色列发动的火箭弹袭击激怒了以色列，以色列和巴勒斯坦爆发了近 20 年来的最大规模冲突，美国国内将其称为"第 6 次中东战争"。事到如今，这场冲突愈演愈烈，早已经脱离了原本的轨道。不难看出，巴以冲突的背后，实际上是众多国家之间的一场无声的较量，一场关于权力、利益和道义的角逐。

历史证明，在以和平与发展为主题的当今时代，大国之间的共同利益远大于分歧，合作成为大国关系的主轴。由对抗走向合作是当代大国关系一个新的变化，世界已变成了一个命运共同体，一荣俱荣，一损俱损。面对世界政治经济格局动荡的双重考验，许多危及人类安全和生存的威胁成为全球性议题，这些议题正在逐步深入影响各国之间的文化交往和教育交流，致使不同国家和地区的文化交往速度总体加快与结构调整速度放缓同在，文化冲突与文化融合并存，教育竞争与教育合作并行。作为国家和民族发展的基石，教育在全面建设社会主义现代化国家进程中的基础性、全局性、战略性的影响正在日益凸显。而如何在教育强国建设进程中，使教育避免世界变局的干扰挑战，引导教育把握变局之中的发展先机，早日建成教育强国，是值得每一位教育工作者深入思考的重大命题。

（二）世界文化格局构建需要中国教育学的有力支撑

当今世界，构成了一个包括 200 多个国家和地区、2000 余个民族以及 5000 多种语言在内的多元文化网络。每一块土地、每一个社群，都承载着独特的文化基因，展现出斑斓多彩的文化景观。尽管全球化进程加快了文化的交流与融合，但文化的多样性和独特性依旧根深蒂固，如同自然界中的生物多样性一般，不可或缺且充满活力。回望百年历史，世界人口结构发生了翻天覆地的变化，发展中国家经历了快速的人口增长与城市化进程，而发达国家则迎来了外来文化的融合潮。这一变化促使不同文化、语言、民族、宗教的人们在同一社会空间内共同生活、工作，形成了前所未有的文化共生现象。这种趋势不仅丰富了社会的文化生态，也促进了人们相互间的理解和尊重，为构建更加和谐的世界奠定了基础。在全球文化版图的多样发展中，中华文化与中国教育以其深厚的底蕴和独特的价值，成为不可或缺的力量。中华文化以其悠久的历史、深邃的哲学思想和丰富的艺术形式，为世界文化多样性增添了独特的色彩。而中国教育，则通过传承与创新，培养了一代又一代具有国际视野和跨文化交流能力的人才，为推动全球文化的交流与融合做出了重要贡献。在未来的发展中，中华文化与中国教育将继续发挥其积极作用，为构建人类命运共同体贡献智慧和力量。

在全球文化演进的广阔舞台上，中华文化以其稳定的文化内核，同时展现出强大的包容性，吸纳了世界各地的优秀文化成果，实现了文化民族性与世界性的和谐统一。作为中华文化的延伸，中国教育同样承载着这一双重特性，既坚守民族传统的根基，又紧跟时代潮流，展现出独特的魅力。教育的民族性，确保了文化传承的连续性和稳定性，使得教育的核心价值与内在逻辑不受外界力量变化的影响。而教育的世界性，则让中国教育能够灵活应对不同历史阶段和社会思潮的挑战，与世界文化的发展潮流相融合，为全球文化格局的演变注入新的活力，展现出鲜明的时代风貌。在这一过程中，要坚持将马克思主义文化与中华文化主体性相结合，这既能体现对马克思主义历史唯物主义和辩证法的深刻把握，又能彰显中华文化的独特性和主体性。我们批判性地吸收外来文化，以"以我为主"的态度学习外国文化，坚持"古为今用，洋为中用"的原则，为新中国社会主义现代化文化主体的构建奠定了坚实基础，并打破了传统世界文化格局中"西方为主"的偏见。同时，要坚守中华文化脉络中内生的世界价值取向，将民族观念融入人类观念，将国家观念置于世界观念之中，展现开放包容的胸怀和追求。从"天下为公""天下大同"的理想目标，到"各美其美，美人之美，美美与共，天下大同"的文化世界观，从"协和万邦""兼容并包"的发展共识，到"以义为先，义以建利"的义利观，再到"道法自然""仁爱万物"的伦理哲学和"天人合一"的哲学思维，这些文化世界观和价值观不仅体现了中华文化的博大精深，也为世界文化的发展提供了宝贵的思想资源。

（三）信息化社会发展加速推动教育变革

党的二十大报告明确要求加快建设数字中国，并强调推进教育数字化，建设全民终身学习的学习型社会、学习型大国。① 当前，数字技术前沿正引领全球技术革新，其新理念、新业态、新模式深入经济、政治、文化、社会及生态文明各层面，带来深远变革。在全球变局与民族复兴交织的背景下，我们需顺应信息化、数字化、网络化、智能化趋势，携手把握机遇，共迎挑战，推动社会全面进步。早在 2018 年，习近平总书记就曾在亚太经合组织工商领导人峰会上强调："新科技革命和产业变革的时代浪潮奔腾而至，如果我们不应变、不求变，将错失发展机遇，甚至错过整个时代。"②

教育与人类社会发展的各个阶段紧密相连——从原始社会到农业社会、工业社会，再到当前的信息社会，以及正逐步迈向智能社会的新时代。每次社会转型，教育都是国家竞争力的重要体现。随着计算机科学、人工智能等领域的飞速发展，智能社会的到来将带来前所未有的变革，推动社会以前所未有的速度发展。这一进程中，人类的思维模式与教育观念也在悄然变化。经典思维如牛顿力学曾支撑起科学和工业的繁荣，今量子力学的出现，则启示我们以新的视角审视世界，进而催生了量子思维。这种思维模式的转变，不仅推动了人工智能、物联网等新兴技术的发展，还深刻影响着经济、政治、文化等多个领域，为教育创新提供了新动力。未来智能社会不仅体现在

---

① 习近平：《高举中国特色社会主义伟大旗帜 为全面建设社会主义现代化国家而团结奋斗——在中国共产党第二十次全国代表大会上的报告（2022 年 10 月 16 日）》，《求是》2022 年第 21 期。

② 习近平：《同舟共济创造美好未来》，《人民日报》2018 年 11 月 18 日。

社会领域的多方面变化上，而且更关键的是助力人类实现全面而自由的发展。① 教育是个人成长与全面发展的基石，是实现自由与全面发展不可或缺的先决条件。随着未来社会的持续演进和科技的不断优化升级，教育领域将经历更加多元化和深层次的变革，以满足时代的需求。

二　民族复兴伟业与中国式现代化建设之要求

党的十八大以来，我国教育事业紧密围绕民族复兴大局，以习近平新时代中国特色社会主义思想为引领，深入贯彻党的教育方针，紧紧围绕立德树人根本任务，培育德智体美劳全面发展的社会主义建设者和接班人，并致力于促进教育公平，提升教育质量，推动教育现代化，以满足人民对优质教育的需求。这一系列努力让教育更具中国特色，实现了显著进步，教育格局正经历积极转型。

（一）党对教育事业的全面领导支撑建构中国教育学

党政军民学，东西南北中，党是领导一切的。加强党的领导对于做好教育工作具有极端重要意义，为构建中国教育学学科、办好人民满意的教育指明了正确政治方向和提供了根本遵循。

未来，加强党对教育事业的全面领导仍是构建中国教育学的重大背景和首要任务，这主要体现在以下几个方面。一是强化党对教育工作的领导体系构建，以筑牢教育强国发展的制度基石。在推进教育强国战略的进程中，亟须深化党委集中领导、党政协同推进、部门各司其职的教育领导模式。具体而言，应充分激活各级党委教育工作领导小组的核心作用，优化党委和政府定期研讨教育事务的机制，确保教育政策的科学性与前瞻性。二是确保党的教育方针得到及时且精准的贯彻，是稳步推动教育强国建设各项任务的关键。各级党委需深刻领悟教育工作的政治内涵、使命导向及具体目标，将党的教育方针深度融入党政领导干部的教育培训之中，使之成为教育系统党委

---

① 王振存、张清宇：《教育与未来：未来教育学建构的可能与选择》，《教育研究》2023 年第 12 期。

（党组）理论学习中心组研讨的核心议题，并贯穿于教育行政管理的决策过程、学校治理的实践以及教育教学活动的每一个环节。这样全面而深入的融合，旨在使党的教育方针成为广大教育工作者耳熟能详、内化于心、外化于行的准则，促使他们在日常工作中自觉遵循并灵活运用。三是将党的政治建设视为基石，稳固推进教育强国建设步伐。持续深化学校党建工作，确保各级各类学校党组织建设的全面性和有效性。中小学要着力构建完善的党组织体系，确保公办学校党组织全覆盖，同时积极引导民办学校建立党组织，实现党组织的有效覆盖。严格执行《中国共产党普通高等学校基层组织工作条例》，贯彻落实新时代党的组织路线，不断加强和改进高校党的建设，确保党的领导在教育事业的各个方面得到充分体现，为教育强国建设提供坚实的政治和组织保障。

（二）满足人民对高质量更公平教育的期盼

当前，我国经济已由高速增长阶段转向高质量发展阶段，正处在转变发展方式、优化经济结构、转换增长动力的攻关期。在这样的背景下，建立在经济基础之上的教育该何去何从，如何进一步推进教育强国建设，都成为教育领域讨论的热点。依据经济基础决定上层建筑这一理论前提，在优先发展教育事业、加快教育现代化、建设教育强国等重大教育战略部署的驱动下，构建高质量的教育体系成为人们共同的教育愿景。

党的十八大以来，习近平总书记站在新的战略起点、面对新的社会环境和历史任务，就教育公平和教育质量方面做出了一系列新的重要论述。2012年11月，习近平总书记在十八届中共中央政治局常委同中外记者见面时指出，"我们的人民热爱生活，期盼有更好的教育……期盼孩子们能成长得更好、工作得更好、生活得更好"[1]。2017年10月，习近平总书记在党的十九大报告中强调，"努力让每个孩子都能享有公平而有质量的教育"[2]。2018年9月，习近平在全国教育大会上进一步强调，"坚持教育公平，推动教育

---

[1] 习近平：《人民对美好生活的向往就是我们的奋斗目标》，《新京报》2012年11月16日。

[2] 习近平：《决胜全面建成小康社会 夺取新时代中国特色社会主义伟大胜利——在中国共产党第十九次全国代表大会上的报告（2017年10月18日）》，《人民日报》2017年10月28日。

从规模增长向质量提升转变，促进区域、城乡和各级各类教育均衡发展"①。2020 年 9 月，习近平总书记在教育文化卫生体育领域专家代表座谈会上要求，要"发展素质教育，推进教育公平"②。2020 年 10 月，习近平总书记在中共十九届五中全会上提出，"建成教育强国""建设高质量教育体系"③。2022 年 10 月 16 日，习近平总书记在党的二十大报告中又一次指出："办好人民满意的教育……全面贯彻党的教育方针，落实立德树人根本任务，培养德智体美劳全面发展的社会主义建设者和接班人。坚持以人民为中心发展教育，加快建设高质量教育体系，发展素质教育，促进教育公平。"④《中共中央关于制定国民经济和社会发展第十四个五年规划和二〇三五年远景目标的建议》针对教育提出要建设高质量教育体系，并对如何建设高质量教育体系做了一定的战略安排。这些安排不仅为建设高质量教育体系提供了行动指南，同时也深刻反映了我国进入新时代以来人民群众期盼更高质量更加公平的教育的诉求。因此，追求更高质量更加公平的教育，是办好人民满意的教育的必然举措，是我国建成教育强国和实现民族复兴的必由之路，也是与我国高质量经济发展阶段相适应的教育走向。

（三）中国教育现代化支撑引领中国现代化

在教育发展的征途上，教育现代化作为前沿议题与实践焦点，在现代化进程的浪潮中持续引领探索。党的二十大报告独具匠心地提出了"中国式现代化"这一宏伟蓝图，为教育现代化赋予了崭新的时代意义与使命。中国式教育现代化的精髓在于其"中国式"的独特定位，这并非追求形式上的标新立异，而是深刻体现了普遍规律与本土特色的和谐共生，是对教育学

① 《坚持中国特色社会主义教育发展道路 培养德智体美劳全面发展的社会主义建设者和接班人》，《人民日报》2018 年 9 月 11 日。
② 习近平：《在教育文化卫生体育领域专家代表座谈会上的讲话》，《人民日报》2020 年 9 月 23 日。
③ 《中共十九届五中全会在京举行》，《人民日报》2020 年 10 月 30 日。
④ 习近平：《高举中国特色社会主义伟大旗帜 为全面建设社会主义现代化国家而团结奋斗——在中国共产党第二十次全国代表大会上的报告（2022 年 10 月 16 日）》，《求是》2022 年第 21 期。

主体性的一次深刻解放与重塑。中国式教育现代化，既吸纳了全球教育现代化的普遍经验与价值追求，又根植于中国深厚的文化土壤与教育实践，展现出鲜明的中国特色。它致力于在教育现代化的国际舞台上，发出清晰的中国声音，阐述独到的中国见解，分享宝贵的中国经验，贡献深邃的中国智慧，为全球教育治理体系的完善与发展贡献中国力量。在全球化的今天，任何国家的发展都无法孤立于世界体系之外，大国尤需在国际教育研究的广阔舞台上积极作为，通过参与和引领，既维护世界体系的稳定与繁荣，又推动自身的持续进步与发展。因此，构建中国特色教育学学科体系，不仅是构建中国教育研究自主知识体系的内在要求，而且是实现中国式教育现代化、提升中国国际学术话语权的关键路径。

三 中国特色社会主义教育强国建设扎实推进

"教育强国既指教育综合实力强大，培养能力雄厚，具有全球性教育影响力和竞争力的国家，也指通过优先发展教育，全面提升国民整体素质，使国家更加强大、更加文明、更加富强。"[①] 在全面建成社会主义现代化强国的征程中，习近平总书记在党的二十大报告中明确提出"加快建设教育强国、科技强国、人才强国"，这一战略决策彰显了党中央对国家发展全局的深刻洞察与战略部署。2023 年 5 月，习近平总书记在中共中央政治局集体学习时的重要讲话中，对教育强国的本质属性、核心议题、关键任务及实施策略进行了全面而深入的阐述。这一讲话不仅体现了对教育强国建设的深刻战略思考，而且蕴含了丰富的理论价值和实践指导意义，为新时代中国特色社会主义教育事业的蓬勃发展提供了重要遵循和行动指南。通过这一讲话，我们更加清晰地认识到教育强国建设的重要性与紧迫性，也更加坚定了我们为实现这一目标而努力奋斗的决心和信心。

（一）中国教育学助力建构世界重要教育中心

习近平总书记在主持中共中央政治局第五次集体学习时提出，使我国成

---

① 《迈向教育强国》，《中国教育报》2017 年 11 月 23 日。

为具有强大影响力的世界重要教育中心。世界重要教育中心的核心展现涵盖多个层面。首先，中国作为教育理念的引领者，通过融合中华优秀教育传统与现代国际视野，创新构建了一套适应新时代发展的中国教育思想体系，这一体系不仅丰富了全球教育理论的宝库，还逐步在国际舞台上彰显了独特的影响力。其次，中国正积极扮演教育改革创新的试验田角色，通过一系列综合性、前瞻性的教育改革措施，包括课程体系的优化与数字化转型，不断积累并分享中国经验、中国方案，对全球教育变革产生积极而深远的影响。在教育质量方面，中国正稳步迈向教育强国之列，通过提升教育质量、参与全球教育治理，以及向国际社会输出优质教育资源，为世界教育的发展树立了新的标杆，促进了全球教育质量的整体提升。再次，中国的高等教育体系也在快速发展，以北京大学、清华大学等顶尖高校为引领，众多高校正朝着跻身世界一流大学行列的目标迈进，这不仅提升了中国高等教育的国际竞争力，也为全球高等教育的发展注入了新的活力。最后，中国的人口素质优势持续显现，庞大的高等教育人口规模为中国乃至世界经济发展提供了强大的人才支撑，形成了新的人口红利。在课程与教学资源建设上，中国正致力于构建符合现代教育理念、体现中国特色的课程体系，强化思政教育的连贯性，丰富课程资源，推动精品课程的开放共享，完善职业教育与产业需求的对接机制，以及探索新型教育服务模式，以适应快速发展的社会需求和时代变革。

（二）构建服务于人的高质量发展的终身教育体系

为了打造一个全民参与、终身学习的学习型社会与大国，需要努力营造无所不在的学习环境，让每个人都能在任何时刻、任何地点享有学习的机会，从而不断提升国民的教育素养，促进人力资源的深度开发，助力个人能力的全面成长。随着终身学习趋势的日益增强，需要灵活调整教育层次结构，确保它既适应人口结构的变化，又满足国家对创新人才的需求，特别是在高等教育领域，我们将进一步优化结构，以支持国家的创新发展。在教育服务方面，要坚持以人为本，将促进每个人的全面发展和增进每个人的长远福祉作为教育的根本宗旨。到 2035 年，要使新增劳动力的平均受教育水平达到世界顶尖水平，与全球最发达国家并肩，共同推动教育质量的提升，为社会的繁荣与进步贡献力量。

（三）加快建设现代化高等教育强国

建设教育强国，高等教育是关键引擎。为此，要强化基础学科根基，激发新兴学科活力，促进交叉学科融合，紧密对接全球尖端科技与国家重大战略需求，激发科研创新活力，以提升自主创新能力与人才培养的卓越性。同时，加速构建世界一流的高等教育体系，彰显中国特色，以增强我国高等教育在全球舞台上的竞争力和影响力。需要着力打造一批国家级产教融合创新高地与人才培育"摇篮"，旨在培养兼具高素质、强应用及创新精神的复合型优秀人才。面对快速变化的知识经济时代，需要灵活调整高等教育布局与专业设置，积极引入与新经济、新业态、新技术紧密相关的新兴学科，确保教育内容与社会需求高度契合。此外，加强城市群内高等教育网络的互联互通，支持西部地区教育均衡发展，构建多层次、广覆盖的教育中心城市网络，为教育强国战略奠定坚实基础。最后，还需要创新人才培养机制，打造具有中国特色的创新教育体系，注重培养学生的创新思维、创新精神与实践能力，为国家的持续发展与创新注入不竭动力。

四 中国哲学社会科学自主知识体系加快构建

加速推进中国特色哲学社会科学的建设，其核心目的在于构建中国独立自主的知识体系。习近平总书记指出，高校是我国哲学社会科学"五路大军"中的重要力量。当前，面对坚持与发展中国特色社会主义理论与实践中所涌现的大量新挑战和亟待解决的问题，加之全球正经历着前所未有的重大变革，世界步入了一个新的动荡与变革时期，迫切要求深入解答"世界现状如何"以及"人类未来走向何方"的时代课题。要坚定不移地将马克思主义的基本原理与中国具体国情及悠久灿烂的中华优秀传统文化相结合，紧密围绕中华民族伟大复兴战略全局与世界百年未有之大变局，持续推进马克思主义中国化、时代化。加速构建中国特色哲学社会科学体系，其核心在于自主知识体系的创新构建。要以中国为基点，把握时代脉搏，聚焦国内现实问题，激发中华优秀传统文化的现代活力，通过创造性转化与创新性发展，促进知识、理论与方法的全面革新，确保中国特色哲学社会科学在全球学术舞台上占据一席之地。哲学社会科学工作者需秉持明确的方向感、坚定的信仰、深厚的学识与高尚的品德，自觉将解答中国、世界、人民及时代之问视为己任，致力于展现中国发展道路、治理智慧与思想精髓。在面对关乎党和国家发展全局的根本性、关键性重大课题时，应展现出卓越的能力，力求取得丰硕的研究成果。要发挥哲学社会科学在跨文化交流中的桥梁作用，积极传播中国的声音、理论与思想，为构建人类命运共同体贡献力量，让世界更加全面、深刻地认识和理解中国。

（一）实现知识体系化需要全面研究

若知识储备不足，将难以构筑起一个全面的系统知识框架。2016 年 5 月 17 日，习近平在哲学社会科学工作座谈会上强调"努力构建一个全方位、全领域、全要素的哲学社会科学体系"，深刻指出："当代中国正经历着我国历史上最为广泛而深刻的社会变革，也正在进行着人类历史上最为宏大而独特的实践创新。这种前无古人的伟大实践，必将给理论创造、学术繁荣提供强大动力和广阔空间。"① 这个重要论述不仅设定了全面构建中国自主知识体系的必要条件，还清晰勾勒出其体系化发展的路径。面对新时代的历史坐标，一系列新颖且重大的理论与实践挑战应运而生，这迫切呼唤哲学社会科学界深入探索，并贡献令人信服的科学诠释。当前，世界百年未有之大变局构成了中国构建自主知识体系的宝贵历史契机，而中华民族伟大复兴中国梦的逐步实现，则为这一体系的构建、支撑、引领及理论阐述注入了丰富的知识资源与灵感源泉。在推进中国自主知识体系构建的过程中，需秉持全视角、广领域、多要素的方针，运用多元而全面的思维框架，深入剖析时代赋予的重大课题，积极回应来自中国、世界、人民及时代本身的深刻挑战与期待。

---

① 习近平：《在哲学社会科学工作座谈会上的讲话》，人民出版社，2016。

（二）实现知识体系化要求逻辑完整

一个知识体系若缺乏逻辑基石，则必然显得空洞、散漫且无条理。唯有依托实践经验的深化，历经抽象提炼、归纳整理与演绎推理，方能凝练出核心概念，进而构建起各概念间紧密的经验纽带与逻辑结构，形成科学严谨的知识体系。形象地讲，我国构建自主知识体系恰似构筑一座宏伟大厦，其始于坚实稳固的"基础地基"，随后以"四大支柱与八方横梁"为核心框架，持续进行精细化的系统构建与优化，最终展现出中国自主知识体系独有的内在逻辑与严谨结构。

第一，必须确保马克思主义的地基不摇。从哲学维度审视，"基石"是某一体系或架构之根本，支撑着其他组成部分的存在与运作。中国自主知识体系的坚实"基石"，应广泛渗透于中国哲学社会科学的各个领域，成为具备卓越引领力与整合能力的核心概念。此"基石"不仅要深刻洞察并阐述社会发展的内在规律，而且要在实践舞台上展现对社会转型的引领与驱动作用，确保中国知识体系在时代洪流中保持较强的韧性、适应性，成为国家发展不可或缺的强大理论支撑。无可置疑，中国自主知识体系的基石是马克思主义，这既源于其真理性的本质，也源于其在中国社会发展中的指导地位。习近平总书记的论断掷地有声："坚持以马克思主义为指导，是当代中国哲学社会科学区别于其他哲学社会科学的根本标志，必须旗帜鲜明加以坚持。"[①] 哲学社会科学作为上层建筑的基石之一，其内涵深受特定社会经济基础的塑造，展现出多样化的特征。然而，追本溯源，这些特征的核心在于各异的社会形态与制度框架。中西方知识体系间的鸿沟，从根本上讲，源自指导思想的差异，亦即意识形态领域的分歧。中国独特的自主知识体系内在的政治导向与意识形态色彩奠定了其知识内容与方向的基础。因此，为确保中国自主知识体系能够沿着正确的轨迹构建，并最终形成一个体系完整、内部协调的有机体，必须将马克思主义作为贯穿始终的理论基石，以此奠定坚实的地基，确保其在时间的考验下坚固不摧。

---

① 习近平：《在哲学社会科学工作座谈会上的讲话》，人民出版社，2016。

第二，必须确保"三大体系"协调贯通。立足于马克思主义这一坚实基石，中国自主知识体系的轮廓越加清晰。党的二十大报告指出，"加快构建中国特色哲学社会科学学科体系、学术体系、话语体系"。[①] 此论述深刻揭示了"三大体系"对于构建中国自主知识体系的核心支撑作用，明确了它们是该体系结构性框架的关键要素。然而，这里的构建并非指三者孤立发展、互不关联或各自为政，而是强调三者需"紧密相连""协同合作"，以马克思主义为灵魂纽带，促进知识体系的系统性与一体化。在中国特色哲学社会科学领域内，"三大体系"各司其职又紧密协作，形成联动效应，充分展现了中国哲学社会科学、中国学术及中国理论的独特风采。具体而言：学科体系负责知识的系统分类与有序整合，为学术体系奠定坚实基础；学术体系则通过科学理论与方法的创新，为学科体系提供源源不断的动力与指导；而话语体系作为学术成果的交流窗口，不仅反映研究前沿，而且促进知识的广泛传播与学科的持续发展。正是这"三大体系"间的高效协同，使得跨语境、跨领域的研究成果能够无缝融入中国自主知识体系的宏大框架之中。

每个学科都需要建立起一套系统化的理论与概念框架。[②] 马克思主义理论学科正是这样一个典范，它坚持学术体系与话语体系的内在统一，体现了"三大体系"相互配合的有序性和整体性特征。在这一学科体系中，马克思主义哲学、政治经济学和科学社会主义等构成了中国哲学社会科学不可或缺的核心组成部分。该学科以探究重大问题并产出原创性学术成果为价值导向，将"马克思主义的行进路径及其中国化时代化的实践"作为学术体系建设的核心，旨在深入阐述习近平新时代中国特色社会主义思想的世界观与方法论等党的创新理论，聚焦中国特色社会主义建设规律、国家治理体系与治理能力现代化的规律、文明发展规律以及生态文明发展规律等研究领域，提炼出了如"和平发展""改革开放""全过程人民民主""绿水青山就是

---

① 习近平：《高举中国特色社会主义伟大旗帜 为全面建设社会主义现代化国家而团结奋斗——在中国共产党第二十次全国代表大会上的报告》，人民出版社，2022。
② 习近平：《在哲学社会科学工作座谈会上的讲话》，人民出版社，2016。

金山银山""人类命运共同体""人类文明新形态"等具有中国特色的标志性话语，构建了一个兼具理论阐释力、现实说服力和传播影响力的中国话语体系。从某种程度而言，学科、学术和话语是一个时代知识总体的具体呈现。[①] 为了使中国自主知识体系在全球学术界稳固立足，必须深深植根于马克思主义，推动学科体系、学术体系和话语体系实现整体化与有序化发展。

第三，必须确保"三大体系"内部逻辑严密、相互配合。这三个核心"架构"内部各自能够不断衍生出诸多分支。这些分支类似于"架构"中的"钢筋"和"水泥"等支撑要素，对各自体系的构建起着不可或缺的作用。因此，需要对学科体系、学术体系和话语体系内部衍生的分支进行科学的分类与划分，明确其基本范畴和内在逻辑，以确保层次清晰、逻辑连贯，实现一体化构建。具体到学科体系，它可以进一步细分为学科门类、学科布局、学科发展、研究力量、平台支撑以及教材建设等几个维度。[②] 学科门类的多样性与丰富性、学科布局的合理规划、学科发展的动态演进，以及研究力量的不断增强，都需要在平台支撑与教材建设的协调配合下得到充分展现。这些要素相互融合、彼此促进，共同构建了一个稳健且高效的体系。学术体系大致由命题观点、理论成果和学术方法三部分构成。命题观点是学术体系的基石，理论成果是对学科内在规律和特殊性的深入提炼与升华，学术方法则是实现命题观点和理论成果的手段和路径，它直接决定了理论研究的深度和广度，以及学术成果的科学性和创新性。这三者相互协调、相互促进，共同驱动着学术体系的进步与发展。话语体系是指在学术体系中形成的一套独特的理论观点、范畴和表达方式，是学术交流和思想传播的重要工具，主要包括政治话语、学术话语、大众话语和国际话语等类型。政治话语与国家方针政策紧密相连；学术话语则是将学术研究成果与现实问题相结合，是学科建

---

① 张政文：《科学把握中国特色哲学社会科学"三大体系"的逻辑关系》，《探索与争鸣》2023 年第 9 期。

② 中国社会科学院科研局"三大体系"建设研究课题组：《中国特色哲学社会科学"三大体系"建设进程评价：理论与实践探析》，《中国社会科学评价》2022 年第 1 期。

设、学术研究和学术交流的核心；大众话语和国际话语则是中国哲学社会科学向公众和国际传递中国声音的关键渠道。在中国哲学社会科学的话语体系中，政治话语、学术话语、大众话语和国际话语各具特色，拥有不同的地位和功能，它们相互交织、相互影响，共同构成了一个多层次、多维度的话语体系。

目前，中国特色哲学社会科学学科体系已趋于完善，广泛覆盖了历史、经济、政治、文化、社会、生态、军事以及党的建设等多个领域。其不仅包含诸如历史学、经济学、政治学等传统学科，而且扩展至新兴学科、前沿学科、交叉学科乃至较少被关注的学科，共同构成了一个多元且丰富的学科体系。在此基础上，中国哲学社会科学体系深入提炼了中国特色社会主义的实践规律与人类社会的发展规律，进而发展出具有创新性和标志性的"马克思主义中国化"命题体系。依托这一体系，构建了以马克思主义中国化时代化为核心的理论成果，巧妙融合了诸如"两个结合""两个确立""三个务必""五个必由之路""自我革命""共同富裕"等政治话语，"小康不小康，关键靠老乡""绝不能吃祖宗饭、砸子孙碗"等生活用语，以及"上海精神""丝路精神"等国际话语，生动展现了中国理论与实践的创新，实现了中外文化的交流与互鉴，向国际社会展示了中国的良好形象。

（三）实现知识体系化必须"添砖加瓦""有血有肉"

"添砖加瓦"寓意着在构建知识体系的过程中，必须持续不断地积累和增添新的知识元素，以确保知识体系建设的连续性和动态发展，进而拓宽和深化其涵盖的范围和层次。"有血有肉"则强调中国的自主知识体系应当兼具外在的形式结构与内在的深刻含义。其中，"血"寓意着知识体系的生机与活力，"肉"则代表着其丰富的内容与多样的表现形式。要构建这样一个既充实又生动的自主知识体系，不仅需要奠定稳固的理论根基和知识架构，而且需要充分展现中国的独特魅力、鲜明风格及独有韵味。①

---

① 刘建军、张丹琛：《构建中国自主知识体系的科学内涵与基本要求》，《上海市社会主义学院学报》2024年第2期。

第一，坚持守正创新，永葆活力。马克思主义凭借其独到的分析视角，深刻揭示了自然界、社会以及人类思维发展的普遍规律，将其视为构建中国自主知识体系的灵魂与根基恰如其分。然而，守正并不意味着固守成规，更不是机械地遵循马克思主义，而是要坚守其核心要义、本质特征和思想精髓。马克思主义的理论核心本身就蕴含了创新的要素，它并非一成不变的学说，而是充满了活力与变革，能够随着时代的变迁和社会实践的深入而不断获得新的解读与拓展。因此，在探讨中国自主知识体系的构建时，我们既要把握其自然演进的脉络，又要敏锐地察觉到其随历史变迁而持续发展的微妙变化。"观察当代中国哲学社会科学，需要有一个宽广的视角，需要放到世界和我国发展大历史中去看。"① 中国知识体系作为特定文明阶段的智慧结晶，深深烙刻着时代的印记，其内涵与外延始终处于动态演进之中。这一体系并非静态地堆砌，而是不断吸纳新时代的养分，自我更新，自我超越。其演进过程绝非对过往的简单否定或机械复制，而是一场深刻的破旧立新之旅。在新时代的浪潮中，中国知识体系积极回应社会变革的呼唤，以马克思主义为指导，坚守其基本原理与立场，同时勇于突破传统框架，丰富概念术语，深化理论观点，充实理论体系，创新研究方法。这一过程是对"既肯定又否定"辩证法的生动实践，既尊重历史积淀，又勇于开拓创新，确保中国知识体系能够紧密贴合时代脉搏，精准反映社会现实。

第二，坚持借鉴外来知识与方法，增添动力。在当今全球化的浪潮中，世界各国之间的纽带日益牢固，各文明间的交流与互鉴蔚然成风，构成了这个时代的鲜明旋律。中国，这座屹立于世界东方、拥有五千年璀璨文明史的古老国度，正稳健而自信地迈向世界舞台的中央，以其独特的文化魅力和深厚的历史底蕴，与世界各国共舞，共同绘制着人类文明交流互鉴的壮丽图景。构建中国自主知识体系，需要秉持一种既根植于本土又放眼世界的战略眼光。在与各国文明交流中，要坚持批判性思维，以国为本，根据自身实际需要，细致地甄别与评估后借鉴与吸纳外来知识与方

---

① 《习近平在哲学社会科学工作座谈会上的讲话》，《大众日报》2016 年 5 月 19 日，第 1 版。

法，这样能确保中国知识体系在吸收外来营养的同时，保持其独立性与完整性。同时，构建中国自主知识体系还需强调创新的重要性。在借鉴与吸纳的过程中，我们不仅要学会"拿来主义"，更要注重"再创造"，即将外来知识与方法同中国实际相结合，通过创新性地思考与实践，形成具有中国特色的新知识、新理论、新方法。这种创新不仅体现在技术层面的突破与革新，而且涵盖了思想观念的更新与升级，是推动中国知识体系不断发展的不竭动力。

第三，坚持面向未来，深挖潜力。知识体系既是建构而成，又是在历史长河中不断演进、自然生成的产物。面对日新月异的世界，我们仍身处挑战重重的征途中，这要求我们不仅要拓展社会探索的广度与深度，还要勇于提出那些紧贴时代、引领潮流的新理论、新观点，以此作为我们把握未来新机遇、开创发展新局面的锐利武器。习近平总书记在哲学社会科学工作座谈会上的重要讲话中指出："世界上没有纯而又纯的哲学社会科学。世界上伟大的哲学社会科学成果都是在回答和解决人与社会面临的重大问题中创造出来的。"① 一方面，坚持问题导向。问题是实践创新的起点、理论创新的引擎，理论创新只能从问题开始。理论创新绝非无源之水、无本之木，它必然始于对问题的深刻洞察与不懈追问。从某种意义上，中国自主知识体系构建的历程，实则是一场持续不断地发现问题、深耕问题、解决问题的壮丽征程，同时也是随着实践浪潮的翻涌，不断孕育并塑造崭新理论体系的动态过程。我们应将发现时代问题、分析时代症结、解决时代难题、提炼时代规律与转化时代知识视为实践力量，以及自身不可推卸的使命。在此过程中，我们致力于让中国自主知识体系的发展步伐与中国式现代化进程紧密相连，实现两者在节奏上的同频共振、在目标上的相互呼应，共同绘制国家发展与知识创新的辉煌画卷。另一方面，承担"世界之任"。正如黑格尔所言，一个民族在全球历史长河中的定位，并非仅仅取决于其外在成就的辉煌程度，而更深层次地，是由其内在精神塑造的。关键在于该民

---

① 《习近平在哲学社会科学工作座谈会上的讲话》，《大众日报》2016 年 5 月 19 日，第 1 版。

族如何体现并引领着所处时代的精神风貌，即它是否承载并展现了那一阶段世界精神的精髓与方向。① 中国自主知识体系应突破本土经验的局限，在全球学术的广阔舞台上明确并巩固自身的独特地位，彰显"中国担当"，为世界知识体系的发展贡献中国智慧与中国方案。② 中华民族，一个自古以来便承载着深厚学术使命与宏伟抱负的民族，其视野跨越国界，中华民族心怀天下，展现出广阔的世界眼光与深邃的天下情怀。我们致力于通过深入阐释"中国之理"，汇聚并展现"中国之治"的卓越成就，旨在构建一套真正独立自主的知识体系，这不仅是对自我身份的坚定确认，也是向世界呈现真实、立体、全面的中国形象，推动中华民族现代文明迈向前所未有的新高度。同时，我们心怀人类命运共同体的宏大愿景，将实现人的自由与全面发展作为不懈追求的价值目标。从这一历史性的高度出发，我们深刻把握"人类存在"的深远意义与丰富内涵，致力于为解决当代人类面临的共同挑战与问题贡献中国智慧与中国方案。我们的目标不仅是为人类文明的发展提供新的范式与路径，而且是要在全球范围内促进合作与共赢，共同书写人类文明新篇章。

第二节　中国教育学的内涵研究

一　中国教育学的定位

构建中国教育学体系，旨在为实现教育强国的宏伟蓝图提供坚实的知识基石与深邃的理论翼护，这不仅是当代中国教育学者的时代重任与光荣使命，而且是促进个人学术成长与知识深化的宝贵契机。然而，当前最为紧迫的任务在于精准确定中国教育学的定位。

中国教育学的定位是为教育提供理论指导和实践依据，促进人的全面

---

① 〔法〕让·伊波利特：《黑格尔历史哲学导论》，张尧均译，商务印书馆，2023。

② 刘曙光：《中国自主知识体系建构的方法论自觉》，《北京大学学报》（哲学社会科学版）2023 年第 5 期。

发展，同时服务于社会进步和国家发展。教育学旨在研究教育现象、教育内容、教育方法和教育目标，以揭示教育的本质、原则、理论和实践。在这个过程中，教育学关注个体的学习、发展和成长过程，致力于培养学生的综合素质和能力，并帮助他们实现个人价值的最大化。此外，教育学还关注教育对社会的影响和作用，探讨教育如何塑造和引导社会公民的素质、价值观和道德观念，以促进社会的和谐与进步。为了实现这些目标，教育学需要与其他学科进行紧密的合作与交流，共同推动教育的深入研究和实践应用。在中国，教育学还承担着传承和弘扬中华优秀传统文化的重任，通过将传统文化融入教育体系，培养学生的文化自信和国家认同感。同时，中国教育学也在不断探索如何结合中国的实际情况，推动教育的改革和创新，以满足社会和经济发展的需求。中国教育学通过全面、深入地研究教育现象和问题，为教育实践提供科学的理论指导，并致力于促进人的全面发展和社会进步。

中国教育科学研究院"教育强国大调研"课题组认为中国教育学之总体战略定位，首要在于其坚定不移的马克思主义导向，深入践行习近平新时代中国特色社会主义思想，特别是习近平总书记关于教育事业的深刻洞见与重要论述，这构成了其独树一帜、区别于其他教育学的鲜明标识。另外，教育学理论的精髓在于其知识贡献，其核心价值在于推动中国教育学学科体系、学术体系及话语体系的全面构建，旨在打造具有自主知识产权的中国教育学知识体系，为建设教育强国奠定坚实的理论基石。此外，中国教育学深深扎根于中国教育的广泛实践之中，同时汲取中华优秀传统文化的深厚滋养，是理论与实践、传统与现代相融合的产物。因此，在构建中国教育学体系的过程中，我们需深入挖掘并提炼中华优秀传统文化及丰富教育实践中蕴含的独特理论、深邃思想、创新范式、有效模式及先进制度，确保这一理论体系既体现学理上的严谨性、科学性，又彰显其专业性、实用性，最终形成一个能够经受住历史长河洗礼与实践反复检验的、具有鲜明中国特色的教育学理论体系。这一过程不仅是对中国教育学体系的完善与创新，而且是对中华优秀传统文化的传承与发扬，对于推动教育事业的持续健康发展，实现教育强国的伟大目标，具有不可估量的价值与意义。① 对中国教育学的总体定位是对中国教育学定位的整体性揭示，其具体层面的定位还需进一步探究。中国教育学的定位具体可以分为以下方面。

（一）中国教育学的体系定位

中国教育学是中国特色哲学社会科学体系的重要组成部分。构建中国特色哲学社会科学体系是一个复杂而系统的工程，它涉及多个方面，包括理论体系、研究方法、成果输出等。中国教育学体系的构建与发展必须锚定在中国特色哲学社会科学发展的大方向之中。

首先，理论体系是构建中国特色哲学社会科学体系的基础。这个体系应该基于中国传统文化和思想，同时融汇现代理论和知识，形成一套独具特色的现代性观念和理论系统。这个理论体系不仅应该包括对中国传统文化中"仁、义、礼、智、信"等人文精神的深入阐释，还应该探究中国传统文化所蕴含的价值观念，并对现代国家治理等现实问题提供理论支撑。其次，研究方法是构建中国特色哲学社会科学体系的重要组成部分。这个体系应该吸收和借鉴西方现代社会科学的研究方法，同时汲取中国古代的传统研究方法，如经籍注疏学、文字学、史学、哲学导论等。此外，还应该注重实证研究方法，通过实证研究获取数据，运用归纳法对数据进行深入分析、总结和推导。在这个过程中，数字技术的应用也是一个重要的方向，可以从数据分析研究等角度，对中国古代社会科学文化进行数字化重构，检验其价值和应用性。最后，成果输出是构建中国特色哲学社会科学体系的最终目的。这个体系的成果应该包括学术讲座、论文、研究报告和文化产业等多种形式。这些成果应该能够形成一批有影响力的学术研究成果，并在国内外顶尖学术期刊上发表，享有很高的学术声誉。同时，这些成果也应该能够构建一套完整的文化产业系统，将中国特色哲学社会科学体系的研究结果有机整合到文化产业领域，创作出一些富有中国特色的文化作品。

在构建中国特色哲学社会科学体系的过程中，还需要注意以下几个方面

① 中国教育科学研究院课题组：《中国教育学论纲》，《教育研究》2023 年第 4 期。

的问题。一是要加强马克思主义学科建设，确保马克思主义在哲学社会科学中的指导地位。二是要加快完善对哲学社会科学具有支撑作用的学科，如哲学、历史学、经济学、政治学、法学、社会学等，打造具有中国特色和普遍意义的哲学社会科学学科体系。三是要注重发展优势重点学科，推动哲学社会科学的创新发展。四是要加快发展具有重要现实意义的新兴学科和交叉学科，如网络社会学、环境伦理学等，使这些学科研究成为我国哲学社会科学体系发展的重要突破点。

中国教育学与中国特色哲学社会科学之间存在着紧密的关系。中国教育学与中国特色哲学社会科学是相互联系、相互促进的关系，二者在理论、方法、内容和服务目标等方面都有着紧密的联系。首先，中国教育学是中国特色哲学社会科学的重要组成部分。作为研究人类教育现象的学科，中国教育学在中国特色哲学社会科学体系中占据重要地位，它关乎人的全面发展、文化传承、社会进步等多个方面，与中国特色哲学社会科学的整体发展密不可分。其次，中国特色哲学社会科学为中国教育学提供了宏观的理论指导和价值引领。中国教育学在研究教育现象、教育问题时，需要遵循中国特色哲学社会科学的理论框架和价值观念，以确保研究方向的正确性和研究成果符合中国特色。再次，中国教育学与中国特色哲学社会科学在研究方法和研究内容上也有许多交叉之处。例如，社会学、心理学、经济学等其他哲学社会科学领域的研究方法，可以为教育学研究借鉴和应用；同时，教育学的研究成果也可以为其他哲学社会科学领域提供有益的参考和启示。最后，中国教育学与中国特色哲学社会科学共同服务于国家发展和社会进步。通过深入研究教育领域的问题和挑战，中国教育学可以为中国特色哲学社会科学提供实证支持和政策建议，推动教育改革和发展，进而促进国家整体发展和社会进步。

（二）中国教育学的理论研究定位

中国教育学的理论研究定位体现在以下方面。

揭示教育规律。中国教育学理论研究的首要任务是揭示教育的内在规律。这包括对教育现象进行深入分析，探索教育发展的历史脉络，以及研究教育与社会、经济、文化等各个领域的相互关系。通过揭示这些规律，可以为教育实践提供科学的指导。

构建教育理论体系。中国教育学的理论研究致力于构建具有中国特色的教育理论体系。这个体系应当融合中国传统教育理念与现代教育理论，既能反映中国教育的实际情况，又能指导未来的教育实践。构建这样的理论体系有助于提升中国教育的国际影响力，同时促进国内教育改革的深化。

服务教育实践。中国教育学的理论研究并非孤立存在，而是应紧密结合教育实践。中国教育学的理论研究应当为解决实际教育问题提供思路和方法，指导教育实践者进行科学决策。同时，通过实践反馈，不断完善和修正教育理论，形成理论与实践的良性循环。

培养教育人才。中国教育学的理论研究还承担着培养高素质教育人才的重任。通过深入研究和传播先进的教育理念、方法和模式，帮助教育工作者提升专业素养和教学能力，进而推动整个教育行业的进步。

促进教育创新。在快速发展的时代背景下，中国教育学的理论研究需要不断创新，以适应新的教育需求。通过探索新的教育理念、教育技术和教育模式，推动教育实践的创新发展，为培养新时代所需的人才贡献力量。

（三）中国教育学的实践探索定位

中国教育学的实践探索定位主要是为中国本土教育实践提供指导和支持，以促进教育质量的提升和学生的全面发展。具体来说，中国教育学的实践探索定位体现在以下几个方面。

指导教育实践。中国教育学的实践探索定位首先体现在为教育实践提供科学的指导方面。运用教育学的理论和方法，分析教育实践中遇到的问题，提出解决方案，并指导教育者如何进行有效的教学和管理，这有助于提高教育实践的针对性和实效性。

服务教育改革。中国教育学的实践探索还定位于服务教育改革。教育改革是提升教育质量、适应社会经济发展的重要途径。教育学通过实践探索，为教育改革提供理论支持和实践经验，推动教育体制、教学内容和教学方法的改进和创新。

关注学生发展。中国教育学的实践探索定位也强调关注学生的全面发展。通过实践探索，了解学生的需求、特点和发展规律，为教育者提供个性化的教学建议，从而帮助学生实现全面、均衡的发展。

促进教师专业成长。教育实践探索不仅是培养学生的过程，也是教师专业成长的重要途径。中国教育学的实践探索定位为教师的专业发展提供支持和指导，通过实践反思、教学研究和经验交流等方式，促进教师提升教学水平、改进教育理念。

推动教育公平与社会进步。中国教育学的实践探索还定位于推动教育公平和社会进步。通过关注弱势群体、农村和边远地区的教育问题，提出针对性的解决方案，努力消除教育不公，让每个孩子都能享受到优质的教育资源。

综上所述，中国教育学的实践探索定位是指导教育实践、服务教育改革、关注学生发展、促进教师专业成长以及推动教育公平与社会进步，这些实践探索定位体现了教育学在促进教育事业发展中的重要作用。

（四）中国教育学的政策关切定位

中国教育学与中国教育政策之间存在着紧密的关系。中国教育学作为研究教育现象、揭示教育规律的学科，为中国教育政策提供了重要的理论支持和指导。同时，教育政策作为政府在教育领域的行动准则和指南，也反映了国家和社会对教育发展的期望和要求。

首先，中国教育学通过对教育现象和问题的深入研究，为政府制定教育政策提供了科学的依据和建议。教育学家们运用各种研究方法，探索教育的本质、目的和功能，分析教育与社会、经济、文化等各方面的关系，从而为政策制定者提供了宝贵的参考信息。

其次，中国教育政策在制定和实施过程中也充分考虑了中国教育学的研究成果和理论观点。政策制定者会参考教育学家的意见和建议，以确保政策的科学性和有效性。同时，教育政策的实施也是对教育学理论的一种实践检验，有助于发现和解决教育实践中存在的问题。

最后，中国教育学和中国教育政策还相互促进、共同发展。中国教育学的不断进步和发展为中国教育政策的制定提供了更加丰富的理论依据和实践指导，而中国教育政策的不断完善和实施也为中国教育学提供了更加广阔的研究领域和实践平台。

总的来说，中国教育学与中国教育政策是相互依存、相互影响的两个领域。它们之间的紧密关系不仅有助于推动中国教育的持续发展和进步，也为培养高素质人才、促进社会经济发展做出了重要贡献。

二　中国教育学的独特概念

概念不仅是人类认识世界的结果，也是人类进一步认识世界的工具或手段。任何科学研究、任何学科都需要具备自己独特的概念，教育学虽然与其他学科，诸如哲学、社会学、人类学、心理学、政治学等，共用一些基本概念，但是主导其学科发展，让其屹立于学科之林的是教育学所特有的概念。中国教育学作为中国独有的特色学科，其不可替代性的集中体现是既反映中国教育问题，同时又启发世界教育改革发展的一些独特概念。

中国教育科学研究院"教育强国大调研"课题组从微观与宏观两个维度初步论述了中国教育学的独特概念，认为："微观的教育核心概念，由普适性核心概念和中国特色核心概念组成。微观普适性核心概念主要包括学生、教师、课堂、课程、教学等；微观中国特色的核心概念主要包括时代新人、建设者、接班人、思想政治理论课、师德、统编教材等。……宏观的教育核心概念，同样由普适性核心概念和中国特色核心概念组成。宏观普适性核心概念主要包括教育战略、教育普及、教育公平、教育质量、教育制度等。宏观中国特色核心概念主要包括教育现代化、教育强国、办好人民满意的教育、素质教育、党组织（委）领导（下）的校长负责制、生态文明教育等。"[①] 从微观与宏观的角度对中国教育学的核心概念进行划分，具有整体性的视角，能够涵盖所有的维度，但是并不能更加直接、全面地呈现出中国教育学独特概念的具体面貌及其相互关系，以及其构成的概念体系。中国教育科学研究院"教育强国大调研"课题组对中国教育学核心概念的划分

---

① 中国教育科学研究院课题组：《中国教育学论纲》，《教育研究》2023 年第 4 期。

与表述主要是针对教育系统内部而言的，缺少从教育之外的视角审视与阐释中国教育学独特概念的必要探究。

中国教育学的标识性概念主要包括以下方面。

（1）既蕴含在教育领域之中又超越教育系统本身的标识性概念：人民性、科教兴国、教育强国、办好人民满意的教育、中国式教育现代化。

（2）着眼于教育系统的整体性标识概念：素质教育与应试教育、德智体美劳全面发展、公平而有质量的教育、立德树人、教育家精神。

（3）扎根在教育系统内部的独特性概念：班主任、核心素养、教研、教育活力、学校文化、"四有"好老师、思政课程与课程思政、跨学科主题学习、"三全育人"、活动育人。

三　中国教育学的核心命题

一门学科的核心命题是指该学科最为基础、最为关键的理论或观点，它是学科知识体系的核心组成部分，对于理解该学科的本质和内涵具有重要意义。核心命题通常反映学科的基本范畴和发展规律，是学科理论体系的基石和支撑点。它既是学科研究的基础，又是学科发展的起点，为学科的深入研究和创新提供方向和动力。中国教育学作为中国特色哲学社会科学体系的重要组成部分，其核心命题的确立事关本学科的长远发展，是不可回避、必须回答的生存之问。

（一）中国教育学坚持以马克思主义为指导

一个民族要走在时代前列，就一刻也不能没有理论思维，一刻也不能没有正确思想指引。① 马克思主义理论是经过历史检验的、正确的科学思想理论，是伟大的无产阶级革命家、理论家马克思和恩格斯留给世界的精神财富。马克思主义理论通过创建唯物史观和剩余价值学说，阐释了人类历史发展的内在规律，对社会进步和教育事业发展起到了积极作用，并在后人的应用与实践中发挥了重要作用。

---

① 《进一步感悟思想伟力——论扎实开展党史学习教育》，《人民日报》2021年4月10日。

马克思所阐述的教育基本原理和科学的思想方法,是社会主义国家现代教育建设的基石①,也是中国教育学建设和发展的重要指导思想。马克思主义第一次从社会关系决定教育的性质出发,对教育的本质、作用以及教育的历史性、阶级性等根本问题进行了科学阐释。② 同时,马克思主义在对人的本质进行深入剖析后,提出人的全面发展理念。教育与生产劳动相结合,有利于实现人的全面发展。

马克思主义不是一成不变、故步自封的理论,而是随时随地以历史条件为转移的科学思想。如今,马克思主义中国化时代化的最新成果——习近平新时代中国特色社会主义思想,成为具体指导中国教育实践活动和教育学研究的重大思想理论,为发展中国特色社会主义教育事业指明了方向。可以说,马克思主义是我国社会发展和民族走向复兴的根本指导思想,坚持以马克思主义为指导是中国教育学的核心命题之一。

(二)中国教育学旨在确立教育学科的自主性

进入新时代以来,世界政治经济格局急剧变化,和平发展的不稳定因素持续增加,以文化软实力为代表的综合国力之争愈演愈烈。文化自信与文化自觉问题已经成为当前哲学社会科学研究领域的重要课题。文化自信与文化自觉问题,本质上是继承与创新的问题。具体到教育学领域,文化是教育学这一学科的品性、特质,教育学具备一定的文化性格、民族性格。教育学理论研究如何回应时代要求,回应中国教育发展的历史与现实需要,建构扎根中国大地、体现中国特色、解释中国教育、体现教育自身发展规律的中国教育学,成为我们不得不面对的基本问题。③

中国教育学的提出,其主要目的在于确立教育学科的自主性,使教育学科从"西学东渐"的发展脉络转向"自主发展"的创新路径。这是中国教育学的核心命题之一。教育学科自主性的确立,深刻反映了当前学科发展和社会变革背景下,中国教育学在学科定位的自主性、研究范式的自主性、理

---

① 黄济:《马克思主义教育思想的时代意义》,《教育研究》2003 年第 6 期。
② 黄济:《马克思主义教育思想的时代意义》,《教育研究》2003 年第 6 期。
③ 刘铁芳:《中国教育学的意涵与路径》,《湖南师范大学教育科学学报》2023 年第 4 期。

论创新的自主性以及实践应用的自主性等方面的独特追求。

第一，坚定教育学科的自主性，这意味着作为独立学科的教育学，需要有自己的理论体系和知识框架。这并非简单地模仿或照搬西方教育学理论，而是要结合中华优秀传统文化和中国教育具体实际，形成具有中国特色的教育学自主知识体系。这种自主性不仅体现在对教育学基本概念、基本范畴和研究方法的界定上，更体现在对教育学发展规律的探索和揭示上。第二，确立教育学科的自主性，需要构建符合中国教育学特点的研究范式，包括跨学科的研究视野、创新自主的研究方法以及与具体实际相结合的研究路径。研究范式的自主性能够更好地揭示我国教育现象的本质和规律，推动中国教育学深入发展。第三，中国教育学作为一门哲学社会科学，需要不断回应时代发展的挑战，提出新的理论观点和解决方案。通过对中国教育的深入研究和探索，中国教育学可以形成具有原创性和前瞻性的理论成果，为我国教育发展提供有力指导。第四，中国教育学的研究成果需要能够指导教育实践，解决实际问题。中国教育学需要积极与中国教育实践相结合，在应用中检验和完善自身理论，提高实践应用的针对性和有效性。

（三）中国教育学传承与创新中华优秀传统文化

中国教育学是中国的教育学，是具有"中国属性""中国特征""中国元素"的教育学，离不开中国历史和中国文化的滋养。中华优秀传统文化是中国教育学发展的重要理论基础和思想源泉，中华优秀传统文化的传承与创新也是中国教育学的核心命题之一。这一核心命题深刻揭示了中国教育学的研究使命和时代责任，既是对中华优秀传统文化的尊重和传承，又是对新时期教育改革发展的探索和创新。

一方面，传承中华优秀传统文化是中国教育学的重大任务。中华优秀传统文化蕴含着丰富的哲学思想、道德理念、艺术价值和科学智慧，这些宝贵的文化遗产是中华民族的根基和灵魂，能够为中国教育学的长远发展积聚力量，不断提升中国教育学的内在实力，提振中国教育的发展信心。另一方面，创新中华优秀传统文化是推动中国教育学创造性发展的重要途径。传承并不意味着守旧和僵化，而是要在继承的基础上进行创新。面对新的教育需求和挑战，中国教育学能够不断汲取优秀传统文化精华，结合当前形势和科学技术，探索出适应时代变化和学生需求的新的教育理念和教学方法。此外，中华优秀传统文化从来不是闭塞的文化，而是开放包容的文化，是人类集体智慧的结晶。中国教育学能够依托中华优秀传统文化，加强国际合作和跨文化交流，在教育互鉴中化解冲突，在教育合作中实现共赢。

（四）中国教育学必须结合中国教育发展实际

中国教育学不仅生发于中华优秀传统文化，而且生存于、生长于中国教育发展的具体实际。因此，中国教育学要坚持与中华优秀传统文化相结合，与中国教育发展实际相结合。只有做到这"两个结合"，中国教育学才具备中国特色，才能够更适切于中国教育。中国教育学必须结合中国教育发展实际，同样也是中国教育学的核心命题之一，该命题深刻揭示了中国教育学发展的核心要求和基本方向。

首先，结合中国教育发展实际是中国教育学的内在要求。教育学是哲学社会科学的组成部分，其理论和方法必须建立在特定的社会环境之中。中国有着悠久的教育历史、卓越的教育传统和复杂的教育境况，这些资源和环境为中国教育学的发展提供了独特的土壤。随着社会变革不断加快，中国教育学必须紧密结合现实，深入研究并解决教育现实问题，为教育改革发展提供有力的理论支撑和实践指导。其次，结合中国教育发展实际有助于彰显中国教育学的优势。通过深入研究中国教育发展实际，中国教育学可以形成具有中国特色的教育理论体系和实践模式，为世界教育学的发展贡献中国智慧和中国方案。再次，结合中国教育发展实际也是加快中国教育学自主知识体系创新的需要。中国教育学需要面向未来，需要在中国教育的具体实践中不断创新理论体系、研究范式、研究方法等，这是摆脱外国教育学束缚的必由之路，是结合中国教育发展实际加快自身革新的应然选择。最后，结合中国教育发展实际要求科研工作者在发展中国教育学的过程中，既要立足国情、民情和教育实际，又要面向世界、博采众长，努力构建具有中国特色的教育理论体系和实践模式，为推动教育学科的现代化和国际化做出积极贡献。

四　中国教育学的自主体系

党的二十大报告强调，要坚守中华文化立场，提炼展示中华文明的精神标识和文化精髓，加快构建中国话语和中国叙事体系；加快构建中国特色哲学社会科学学科体系、学术体系、话语体系。[①] 自主知识体系是多层次、多维度的概念，强调知识生产、发展、应用和创新的自主性、系统性和科学性，包括学科体系、学术体系、话语体系三个体系。学科体系是指某一学科门类，其下包含多个一级学科、二级学科，共同构成了一个专业化、科学化、规范化的研究系统，反映了这一学科的总体布局和研究结构。学术体系是学科的内核和支撑，它包含学科的研究起点、研究方法、理论框架、学术方向等，是学科知识的组织和呈现方式。话语体系则是学科知识的展现形式，它通过特定的术语、概念和表达方式，构建了学科独特的语言系统，帮助学科进行知识传播，扩大学科影响力。

一百多年来，中国教育学知识体系形成了"马魂、中体、西用"交织的马克思主义理论、中国传统教育思想和西方教育学知识范式的格局。在知识生产体系中，学科、学会、学派、学刊构成的知识生产与规训体系，对中国教育学知识形态起着形塑作用。理论与实践、学术与政治、专业与大众的相互转化，激活了教育学知识发展的动力。[②] 对于中国教育学而言，其自主知识体系主要包含中国教育学的学科体系、中国教育学的学术体系和中国教育学的话语体系。学科体系是中国教育学的根基，学术体系是中国教育学的动力和保障，话语体系是中国教育学的载体和形态。

（一）中国教育学的学科体系研究

中国教育学学科体系的构建，对于推动中国教育事业的深入发展、

---

① 习近平：《高举中国特色社会主义伟大旗帜 为全面建设社会主义现代化国家而团结奋斗——在中国共产党第二十次全国代表大会上的报告（2022 年 10 月 16 日）》，《求是》2022 年第 21 期。

② 刘贵华、孟照海：《论中国教育学自主知识体系建设》，《华东师范大学学报》（教育科学版）2024 年第 2 期。

提升教育学的理论水平和实践能力具有深远的意义。这一体系的构建，既有助于加深对中国特色社会主义教育的认识，又可以为培养高素质、专业化、创新型人才提供坚实有力的理论支撑，促进中国教育学的创新与发展。

从历史分析的角度看，20世纪上半叶教育学在中国已呈现出分化与综合相结合的发展趋势，基本上构成了一个学科群，包括4个层次近50个学科门类。中国教育学学科体系的构建体现了以下几个特征：一是与师范教育的发展密切相连；二是注重教育实践活动的针对性；三是突破学校教育壁垒；四是与教育学的分化走势相适应；五是存在严重的学科建设不均衡现象。① 20世纪下半叶，中国教育学学科体系的建设和发展，存在学科发展不平衡、照搬外国模式倾向严重、学科发展水平不高、未建立起学科发展与教育问题研究的互动机制等问题。学科危机是每一门学科在发展过程中必然面临的问题。② 同时，中国教育学学科体系中还存在马克思主义教育原理尚未实现学科自立，教育学学科体系构建主体性原创性不足，教育学学科体系构建缺乏"大教育"视野，学科体系构建的内外部逻辑关系有待理顺，交叉学科发展缓慢、回应现实关切不够等问题。③ 需要明确的是，学科危机并非不可解决的问题。为妥善解决学科危机，需要建构具有中国特色的教育学学科体系。有学者还提出，探索中国教育学学科体系构建的可能路径，需要通过突破学科规训、转化学科视角、激活学科想象，增强中国教育学学科体系描绘现代化教育道路的解释力、回应中国化教育问题的变革力、贡献国际化教育方案的创造力。④

中国教育学的学科体系研究是一个繁杂的系统工程，需要从多个维度、多个层面进行深入探讨和研究。应通过深化理论研究、推进实证研

---

① 侯怀银：《20世纪上半叶中国教育学学科体系的构建及其特征》，《课程·教材·教法》2002年第8期。

② 侯怀银、刘光艳：《中国教育学学科体系的构建及其特征——以20世纪下半叶为中心》，《华中师范大学学报》（人文社会科学版）2006年第2期。

③ 郑金洲：《新时代中国特色教育学学科体系构建》，《教育研究》2023年第4期。

④ 李栋：《论中国教育学学科体系的构建》，《教育研究》2023年第12期。

究、加强国际交流与合作、培养高素质教育学人才，不断完善和发展中国教育学学科体系，为培养更多优秀人才、全面建设社会主义现代化国家做出积极贡献。

（二）中国教育学的学术体系研究

中国教育学的学术体系研究，不仅关乎中国教育学自身的发展与完善，而且是对中国教育实践的指导与引领，对提升教育研究水准、服务国家科技发展和培养高素质创新人才具有不可替代的作用。

教育学学术体系是指在教育学学科中，以教育问题为导向，开展学术研究活动所形成的学术成果系统。[①] 首先，构建中国教育学学术体系是对中国教育传统与智慧的传承与发扬。通过构建教育学学术体系，可以深入挖掘这些宝贵的资源，形成具有中国特色的教育理念和方法，为当代教育实践提供有力支撑。其次，构建中国教育学学术体系对于提升中国教育在全球范围内的影响力与地位具有显著促进作用。教育领域内的国际交流与合作，正在全球化趋势的推动下呈现越来越紧密、越来越活跃的趋势。这一趋势不仅促进了教育理念的互鉴与融合，还为中国教育学的学术成果提供了更广阔的展示舞台。通过构建完善的教育学学术体系，可以展示中国教育的独特魅力和优势，增强中国教育学在国际舞台上的话语权，推动中国教育的国际化进程。最后，构建中国教育学学术体系还有助于解决当前教育实践中的问题和挑战。随着社会的迅速发展与变革，教育领域面临一系列新兴的挑战。这些问题与挑战纷繁复杂，要求教育系统不断适应并创新，以应对快速变化的社会需求。通过构建教育学学术体系，可以深入研究这些问题和挑战，提出有效的解决方案，为教育改革和发展提供理论支持和实践指导。

有学者指出，教育学学术体系应包括学术成果和学术研究活动两大要素，这两大要素依据学术自身逻辑展开。[②] 教育学学术成果包括教育学的学

---

① 侯怀银：《着力构建教育学"三大体系"》，《中国社会科学报》2022 年 11 月 17 日。
② 侯怀银：《着力构建教育学"三大体系"》，《中国社会科学报》2022 年 11 月 17 日。

术命题、学术观点、学术思想、学术理论等。教育学学术研究活动涵盖了学术研究的全周期流程，并扩展至支撑这些研究活动顺利开展的综合性体系，构成了一个完整学术生态系统，包括教育学的学术群体、学术资源、学术平台、人才培养、学术氛围和研究方法等。

（三）中国教育学的话语体系研究

中国历经数千年教育实践的积淀，孕育了别具一格的教育哲学与教育模式。中国教育学话语体系的研究与构建，是对中国优秀教育思想和教育传统的传承与创新，有助于深入发掘这些宝贵的教育思想遗产，并使其在当今时代背景下焕发出新的生机与活力。同时，中国教育学因长期受到西方教育思想影响，特色不够突出，在国际教育学研究领域缺少话语权。因此，研究和构建中国教育学话语体系有助于提升中国教育学国际影响力和话语权，有助于深入研究和解决教育实践中的问题，为教育改革和发展提供有力的理论支撑和实践指导。

关于教育学的中国话语体系，有学者提出，教育学中国话语的国际影响力之所以不高，与四类世纪性瓶颈相关：一是如何看待中国与世界的"关系"，二是如何认识与国际"接轨"，三是我们可以对国际学术界"贡献"什么，四是中国贡献如何获得国际"认同"。[①] 另有学者提出，中国表达、中国实践、中国经验、中国文化是教育学中国话语的四大要素。[②] 教育学中国话语体系研究虽然已取得一定的成果，但目前教育学中国话语体系尚缺乏大教育学的建构视野。[③]

目前，"教育学的中国话语体系研究"正转向为"中国教育学的话语体系研究"。中国的发展已经进入一个新的时代，摆在哲学社会科学领域面前的中国教育学话语体系的构建及传播是中国发展的最重要的任务。中国教育学话语体系议题的提出是其逐渐摆脱"学徒"状态，走向学术自立与确立

---

① 李政涛、文娟：《教育学中国话语体系的世界贡献与国际认同》，《北京大学教育评论》2018 年第 3 期。
② 冯建军：《构建教育学的中国话语体系》，《高等教育研究》2015 年第 8 期。
③ 侯怀银、王晓丹：《教育学中国话语体系的大教育学建构》，《教育研究》2022 年第 1 期。

学科自尊的必然要求。① 研究中国特色社会主义教育学话语体系，需要我们明确多元的研究视角，把握研究的目标，厘清研究思路、寻求研究路径、推进研究行动、实现研究创新。②

中国教育学话语体系研究是一项钩深致远的重大课题，不仅需要着重把握好研究的背景意义、研究的思路方法、研究的实施路径，同时还需要厘清中国教育学话语体系的主要特征。一是民族性。中国教育学话语体系应深深植根于中华民族的文化土壤之中，体现鲜明的民族特色。二是时代性。中国教育学话语体系应紧密结合时代发展的需要，反映当代中国教育的实际状况和发展趋势，及时更新和丰富话语内容。三是开放性。中国教育学话语体系应具有开放包容的品质，既能够吸收借鉴国际先进的教育理念和经验，又能够与其他国家的教育学话语体系进行平等对话和交流。四是创新性。在继承传统和借鉴国际经验的基础上，中国教育学话语体系应不断进行创新和发展。

第三节　中国教育学的价值研究

一　中国教育学与中华优秀传统文化间的相互作用

文化根脉是哲学社会科学的根本支撑，在教育强国与文化强国双重国家战略背景下，中国教育学自主知识体系须充分建基于自身的文化根脉，创造中国教育学的崭新文化气象与格局。③ 中国教育学是培养具有民族自豪感和文化自信的现代公民的必然要求。以下从多个维度深入探讨其意义所在。

---

① 陈洪捷、侯怀银、余清臣等：《中国教育学自主知识体系建设（笔会）》，《苏州大学学报》（教育科学版）2023 年第 3 期。

② 冯建军：《中国特色社会主义教育学话语体系研究》，《社会科学战线》2023 年第 5 期。

③ 孙杰远：《中国教育学"三大体系"构建的文化根脉》，《山西大学学报》（哲学社会科学版）2024 年第 1 期。

首先，中国教育学在弘扬中华优秀传统文化的过程中扮演着至关重要的角色。中华优秀传统文化作为中华民族数千年的历史积淀，蕴含着极为丰富的思想价值观念、独特的行为方式、高尚的道德情操以及深厚的礼仪制度。这不仅是中国文化的瑰宝，也是全人类文明的共同财富。通过中国教育学的引领和推动，这些文化精髓得以有效地传承和弘扬。教育学作为研究教育现象、揭示教育规律的科学，具有引导社会文化传承、塑造民族精神面貌的重要功能。在中国教育学的指导下，中华优秀传统文化的传承不再仅仅是简单的知识传授，而且是一种价值观的培养和文化认同的塑造。中国教育学通过课程设置、教材编写、教学方法创新等多种手段，将中华优秀传统文化融入现代教育体系之中，使学生在学习知识的同时，也能深刻理解和感受到民族文化的独特魅力和深厚底蕴。

其次，中国教育学在推动教育文化创新与发展方面也发挥了积极的作用。在全球化的背景下，各国之间的教育文化交流与融合变得日益频繁，这为中国教育的发展带来了前所未有的机遇，同时也提出了新的挑战。如何在传承和弘扬自身传统文化特色的基础上，积极吸收和借鉴外来文化的优秀元素，实现教育文化的创新与发展，无疑是中国教育学需要深入思考和面对的重要课题。中国教育学在应对这一课题时展现出了其独特的价值和作用。通过深入研究中华优秀传统文化的内涵与价值，中国教育学能够从中提炼出具有中国特色、时代特色、民族特色的教育理念和教育方法。这些教育理念和教育方法不仅根植于中华文化的深厚土壤之中，同时也能够与时俱进，吸收现代教育的先进成果，从而推动教育文化的不断创新与发展。在这一过程中，中国教育学不仅注重传统文化的传承与弘扬，而且强调文化的创新与发展。它鼓励教育工作者在实践中不断探索和尝试新的教育理念和教育方法，以更加开放和包容的心态去吸收和借鉴外来文化的优秀元素，从而不断丰富和发展中国的教育文化。

再次，中国教育学在培养具有民族自豪感和文化自信的现代公民方面发挥着至关重要的作用。在当今社会，随着全球化的深入发展，各种文化交流与碰撞日益频繁，在文化多元的环境中传承并弘扬本民族的文化特色，对于民族发展而言至关重要。中国教育学正是通过深入弘扬中华优秀传统文化，为学习者提供了丰富的文化滋养和精神支撑，帮助他们不断坚定文化自信，树立正确的世界观、人生观和价值观。同时，中国教育学还注重培养学习者的批判性思维和创新能力，使他们在面对多元文化时能够保持清醒的头脑和独立的判断力。这种教育不仅让学习者更加深入地了解和认同自己的民族文化，也让他们具备了在全球化环境中与其他文化进行平等交流和对话的能力。

从次，弘扬中华优秀传统文化对于深化中国教育学对创新型人才培养的理解和实践具有不可忽视的作用。在创新型人才培养的过程中，中国教育学所关注的不仅仅是学生知识和技能的培养，更重要的是其品德、情感和价值观的塑造。一个人的创新能力不仅仅体现在专业知识和技能的掌握上，更体现在其人格魅力、道德品质和社会责任感等多个方面。中华优秀传统文化中蕴含着丰富的伦理道德准则和人文精神，这些宝贵的精神财富为中国教育学提供了丰富的人才培养资源。通过深入挖掘和传承传统文化中的教育智慧，中国教育学可以更加精准地把握创新型人才培养的方向和目标，从而在实践中不断提升人才培养的质量和效果。具体来说，中华优秀传统文化中的"仁爱""诚信""礼让"等伦理道德准则，可以引导学生形成健全的人格和良好的道德品质。而传统文化中的"天人合一""中庸之道"等哲学思想，则可以培养学生的辩证思维和创新意识，使他们在面对复杂问题时能够有更广阔的视野和更深入的思考。

最后，中国教育学在促进国际交流与合作方面也具有显著的作用。随着中国文化的国际影响力不断提升，越来越多的外国学者和教育机构开始将目光投向中华优秀传统文化，对其深厚的内涵和独特的价值表现出浓厚的兴趣。这为中国教育学"走出去"，加强与国际教育界的交流与合作提供了宝贵的机会。通过积极参与国际学术交流、举办国际教育研讨会、开展合作研究项目等方式，中国教育学者可以与国际同行分享在弘扬中华优秀传统文化方面的经验和成果，共同探讨教育文化的发展与创新。这种跨文化的交流与合作不仅有助于推动中华优秀传统文化的国际传播，使更多国家和地区了解和认同中国教育文化，还能促进中国教育学自身的发展与完善，吸收和借鉴国际教育界的先进理念和方法。同时，通过加强与国际教育界的联系与合作，中国教育学还能在国际舞台上展示自身的独特魅力和价值，增强中国教育文化在国际上的影响力和竞争力。这不仅有助于提升中国的文化软实力，还能为构建人类命运共同体贡献中国智慧和中国力量。

二 加快建构中国教育学自主知识体系

中国教育学具有中国属性，是中国特色的、独有的、本土的教育学。建构中国教育学自主知识体系是中国式现代化教育实践探索中的基础性工作。[①] 中国教育学有助于我国教育学摆脱对西方教育学发展路径的依赖，生发出原创性的教育理论与教育实践，加快形成中国教育学自主知识体系，这既是历史之必然，也是现实之必要。建构中国教育学自主知识体系不仅关乎教育学学科的独立性和自主性，而且在推动中国教育事业的深入发展，提升中国在国际教育领域的地位和影响力方面具有不可替代的作用。

首先，建构中国教育学自主知识体系有助于增强教育学学科的独立性和自主性。长期以来，中国教育学在很大程度上受到西方教育学理论的影响和制约，缺乏独立的研究框架和理论体系。通过建构中国教育学自主知识体系，学界可以在吸收借鉴西方教育学优秀成果的基础上，结合中国的实际国情和教育实践，形成具有中国特色的教育理论和教育方法。这不仅可以增强教育学学科的独立性和自主性，而且可以为中国教育实践提供更为贴切和有效的指导。

其次，建构中国教育学自主知识体系有助于推动教育事业的深入发展。教育是国家发展的重要基石，而教育学则为教育事业发展提供理论指导和实践指南。通过建构中国教育学自主知识体系，可以更加深入地研究中国教育的历史、现状和未来发展趋势，提出更为符合中国实际的教育政策和措施。同时，中国教育学还可以通过研究不同教育阶段、不同教育类型的特点和规律，为各类教育实践提供更为精准和有效的指导，推动教育事业的全面、协

---

① 刘旭东：《论构建中国自主知识体系教育学的实践逻辑》，《当代教育科学》2024 年第 1 期。

调、可持续发展。

再次，建构中国教育学自主知识体系有助于提升中国在国际教育领域的地位和影响力。随着中国的崛起和国际地位的提升，中国教育也逐渐走向世界舞台的中央。然而，要真正赢得国际社会的认可和尊重，中国需要有自己的教育学理论和话语体系。通过建构中国教育学自主知识体系，可以形成具有中国特色的教育学话语体系，向世界展示中国教育的独特魅力和价值。同时，中国教育学还可以通过与不同国家教育学的交流与合作，推动中国教育学走向世界，为全球教育事业的发展贡献中国智慧和中国方案。

从次，建构中国教育学自主知识体系对于培养具有创新精神和实践能力的教育学人才也具有重要意义。教育学不仅仅是一门学科，而且是一门关于人的成长和发展的科学。通过建构中国教育学自主知识体系，可以更加深入地研究人的学习规律、认知特点和发展需求，为培养具有创新精神和实践能力的教育学专业人才提供更为科学的理论指导。这可以提升教育学人才的专业素养和实践能力，为中国的教育现代化提供有力的人才保障。

最后，建构中国教育学自主知识体系还有助于推动教育学与其他学科的交叉融合。教育学是一门多学科交叉的学科，当前已涉及哲学、社会学、心理学、经济学、计算机科学、人工智能等多个领域。通过建构中国教育学自主知识体系，可以更加深入地研究教育学与其他学科的内在联系和相互作用，推动教育学与其他学科的交叉融合和共同发展。这不仅可以拓展教育学的研究视野和领域，而且可以为解决教育实践中的复杂问题提供更为全面和深入的思路和方案。

三 助力教育强国与中国式现代化建设

教育学不是理论的简单堆砌，而是指导实践的重要工具。在中国，教育学的发展与国家的教育政策和教育实践紧密相连。随着教育强国战略的提出，中国教育学迎来了前所未有的发展机遇，同时也肩负着推动教育发展的历史重任。随着教育战略地位的日益凸显，中国教育学在教育强国建设中至关重要，起到了核心和引领的作用。通过深入研究和实践，中国教育学为教育改革和发展提供了理论支撑和实践指导,有助于培养高素质人才,推动教育公平,提高教育质量,从而实现教育强国的目标。

首先,中国教育学通过揭示教育活动的规律,推动教育理念的更新,为教育实践提供科学指导。教育学研究人类教育现象,总结教育实践经验,揭示教育活动规律,并掌握教育技术。这使得教育实践能够更加符合教育规律,提高教育效果,并为培养高素质人才奠定坚实基础。中国教育学通过深入研究古今中外的教育思想,结合当代中国的实际,推动了一系列教育理念的更新。例如,强调以学生为中心,关注学生的全面发展,提倡素质教育,等等,这些都是中国教育学研究成果的体现。中国教育学还倡导终身学习、创新教育的理念,鼓励人们不断学习、进步,以适应社会的快速发展。

其次,中国教育学不仅关注理论构建,而且致力于将理论转化为实践。例如,在教育技术快速发展的背景下,中国教育学研究如何有效地将信息技术与教育相结合,提高教学效果。中国教育学还通过实证研究,探索新的教学方法和模式,如翻转课堂、项目式学习等,以激发学生的学习兴趣和创造力。同时,中国教育学还关注教育质量,通过研究课程设置、教学方法等,提高教学效果,培养出更多优秀专业人才。

再次,中国教育学能够促进教育制度的改革创新。中国教育学通过对国内外教育制度的研究,为我国的教育制度改革提供了有益的参考。例如,推动高考制度的改革,使之更加公平、科学。中国教育学还关注教育资源的合理配置,提倡教育公平,努力消除地域、贫富等因素对教育的影响。

从次,中国教育学能够为教育实践培养高质量专业型的教师队伍。通过师范教育和在职培训,中国教育学为教育强国建设培养了一支高素质的教师队伍。这些教师不仅具备扎实的学科知识,而且懂得如何运用教育学原理和方法来有效提高教学质量。

最后,中国教育学还积极促进教育的国际化进程,深化与国际教育的交流与合作,这一举措旨在广泛吸纳全球范围内优质的教育思想与实践模式。通过搭建国际交流平台,中国不仅能够有效引进国外先进的教育理念和教学方法,为本土教育体系的革新与发展注入新的活力,而且能够为世界教育多元化贡献中国智慧与中国经验。这种双向互动不仅促进了中国教育的现代化转型，还加强了教育在国际领域的理解与合作，共同推动全球教育事业的繁荣与进步。

总之，中国教育学在教育强国建设中发挥着举足轻重的作用。通过揭示教育活动规律、促进教育制度改革和创新、推动国际教育交流与合作等方面的努力，中国教育学为培养高素质人才、推动教育改革和发展、实现教育强国目标做出了重要贡献。在教育强国建设中，中国教育学还需要不断创新和发展。一方面，要加强教育学理论研究，不断完善教育学自主知识体系；另一方面，要加强教育理论与教育实践的结合，推动教育理论向实践转化，为教育改革和发展提供有力支持。

中国教育学将在教育强国建设中发挥更加重要的作用。通过不断创新和发展，中国教育学将更好地指导教育实践，推动中国教育事业持续进步，为实现教育强国的目标做出更大的贡献。在教育强国建设的道路上，我们需要充分发挥中国教育学的理论支撑和实践指导作用，以科学的态度和方法推动教育改革和发展。

唯有如此，我们才能培育出更多具备卓越素质的人才，为推动中国特色社会主义现代化建设稳步前行提供坚实的人才支撑。

四　为人类贡献中国式教育文明新形态

习近平总书记在庆祝中国共产党成立 100 周年大会上指出："我们坚持和发展中国特色社会主义，推动物质文明、政治文明、精神文明、社会文明、生态文明协调发展，创造了中国式现代化新道路，创造了人类文明新形态。"教育强国是实现中国式现代化必不可少的组成部分，中国式现代化作为一种新的人类文明形态内蕴着中国教育文明。在现代历史大转型进程中，古代中国教育文明发生断裂，中国教育文明迈向现代化重塑新方向并迎来三大历史机遇，一是马克思主义作为教育行动纲领的科学确立，成为主导中国教育文明重塑的崭新理论动力与意识形态基础；二是中国历史和世界历史的双重教育基因延续、转化与重组，构成了中国教育文明重塑的内在历史动力；三是中国共产党领导的百年伟大教育变革运动，成为中国教育文明重塑的根本实践动力。① 中国教育文明的集中体现，也是最璀璨的部分就是中国教育学。在全球化背景下，各国教育体系正面临前所未有的变革与挑战，中国教育学正在加速中国教育文明的发展。作为具有深厚历史文化底蕴的教育模式，中国教育学正以其独特的理念和实践，为人类贡献一种新的教育文明形态。

中国教育文明根植于中华五千年的文化土壤，融合了儒家、道家、墨家等多家思想精华，形成了独具特色的教育理念和实践模式。现代中国教育文明的基本方向，主要展现为服务国家、人民和人的自由全面发展相统一的国家教育价值秩序建构，以现代道德知识为中心、多元知识形态交叠共生的国家教育知识秩序建构，以疆域为坐标、多重空间开放融合的国家教育空间秩序建构。② 近年来，随着中国经济和社会的快速发展，中国教育学也在不断创新和进步，为全球教育领域带来了新的思考和启示。

中国教育文明经历了从古代书院制度到现代教育体系的历史传承。中国教育文明的历史可以追溯到古代的书院制度。书院作为古代中国的重要教育机构，培养了大量杰出人才，为中华文化的传承和发展做出了重要贡献。现代中国教育体系在继承和发扬书院教育传统的基础上，结合时代需求，形成了具有中国特色的现代教育模式。中国教育文明具有深厚的文化底蕴，即儒家、道家、墨家等的思想。中国教育学的文化底蕴深厚，融合了儒家、道家、墨家等多家思想精华。儒家思想强调"仁爱"与"礼义"，注重品德修养和社会责任；道家思想倡导"道法自然"，强调顺应自然、无为而治；墨家思想则主张"兼爱""非攻"，倡导平等与和平。这些思想在中国教育学中得到了充分体现，形成了注重德育、倡导和谐、强调实践的教育理念。

中国教育文明作为深深植根于中华文化传统之中的教育模式，近年来越

---

① 刘远杰：《重塑国家教育秩序——现代历史大变局中的中国教育文明》，《教育研究》2023年第2期。

② 刘远杰：《重塑国家教育秩序——现代历史大变局中的中国教育文明》，《教育研究》2023年第2期。

来越受到全球教育界的关注。其深厚的文化底蕴、独特的教育理念和实践模式，不仅对国内教育产生了深远影响，而且为全球教育带来了宝贵的经验和启示。

第一，德育为先的教育理念。中国教育文明始终坚持德育为先，认为教育的首要任务是培养学生的道德品质。在全球教育日益功利化、技能化的今天，中国教育文明的这一理念提醒我们，教育不仅仅是传授知识的过程，而且是塑造人的过程。这种对德育的高度重视，有助于培养具有高尚品德、健全人格和强烈社会责任感的公民，对于构建和谐、稳定的社会环境具有重要意义。

第二，全面发展的教育目标。中国教育文明尤其是中国教育学特别强调学生德智体美劳全面发展，包括知识、技能、情感态度等多个方面，其理论基础是马克思主义关于人的全面发展与社会发展的学说。这一理念与当前全球教育倡导的"全人教育"不谋而合。在全球化、信息化的时代背景下，社会对于人才的需求越来越多元化，仅仅掌握专业知识已经无法满足社会的发展需求。中国教育文明的全面发展理念，为全球教育提供了一种更加全面、综合的人才培养模式。

第三，因材施教的教学方法。中国教育文明注重因材施教，即根据学生的个性差异、兴趣爱好和实际能力进行有针对性的教学。这种教学方法充分尊重学生的主体地位，有助于激发学生的学习兴趣和潜能，培养学生的创新能力和自主学习能力。在全球教育追求个性化、差异化的今天，因材施教的教学方法具有重要的借鉴意义。

第四，寓教于乐的教学理念。中国教育文明倡导寓教于乐的教学理念，注重将知识传授与娱乐活动相结合，让学生在轻松愉快的氛围中学习知识、提升能力。这种教学理念有助于激发学生的学习兴趣和积极性，增强教学效果。在全球教育日益注重学生学习体验和参与度的今天，寓教于乐的教学理念具有重要的实践价值。

第五，推动教育公平与教育国际化。中国教育文明在推动教育公平方面取得了显著成果，通过普及教育、实施贫困地区教育扶贫等措施，努力让每个孩子都能享有平等受教育的机会。同时，中国教育文明也主张积极参与国际教育交流与合作，推动教育的国际化进程。这些举措不仅提升了中国教育的质量和水平，也为全球教育公平与教育国际化做出了积极贡献。

中国教育文明以其独特的文化底蕴和教育理念，为全球教育带来了宝贵的经验和启示。我们应该深入挖掘和传承这些教育理念和实践模式，结合时代需求和社会发展现状，不断创新和完善教育体系，为推动全球教育的进步与发展贡献中国智慧和中国方案。

第二章

中国教育学的历史嬗变研究

中国教育学学科在引进与创生的发展历程中，面对传统与现实、外来与本土、学科内部与外部异常繁杂的关系碰撞，经历了一个确立—探索—再建—发展的演进过程。

第一节　中国教育学的确立时期（1949～1956年）

一　中国教育学的新生

1949年10月1日，中华人民共和国中央人民政府成立。毛泽东宣布接受《中国人民政治协商会议共同纲领》（以下简称《共同纲领》）为本政府的施政方针。《共同纲领》规定：中华人民共和国的文化教育为新民主主义的，即民族的、科学的、大众的文化教育。新中国教育性质的变化要求建立与之相适应的教育，这意味着要对旧中国教育学进行改造。

（一）明确对旧中国教育学改造方向

旧中国教育学主要存在以下三个问题。

第一，旧中国教育学是对西方教育学的模仿。[①]旧中国教育学在建设过程中受到了西方教育学的影响，其中以模仿美国教育学为主要表现，这主要

---

① 侯怀银：《新中国成立以来教育学的发展历程及启示》，《中国教育科学》（中英文）2020年第2期。

是近代以来，西方列强对中国的侵略和压迫，导致中国在教育领域缺乏自主创新的能力，只能被动地接受和模仿西方的教育模式和教育理念。这种模仿导致旧中国教育学缺乏自主创新的能力，无法形成具有中国特色的教育学体系，同时，由于缺乏对西方教育学理论的批判性思考，旧中国教育学在借鉴过程中往往陷入机械模仿和盲目崇拜的误区。中国教育学首先是"中国的"，是基于中国问题、回应中国问题的教育学；同时又是"教育学的"，是对人类普遍性教育问题的应答。因此，中国教育学应该在关注中国国情和问题的基础上突破国外教育学的框架体系。[①]

第二，旧中国教育学对新民主主义政治服务的局限性。旧中国教育学在教育目标、内容、方法上往往淡化政治因素，缺乏明确的政治方向，这使得教育学在传播新民主主义政治理念、培养具有正确的政治立场的人才方面力不从心。旧中国教育学超脱了政治，未能将教育与政治紧密结合起来，它忽视了教育培养人、传播政治理念、塑造国家意识形态的重要作用，从而无法为新民主主义政治提供有力的思想支持和人才保障。这主要是因为在旧中国，传统教育理念根深蒂固，强调教育的独立性和超政治性，这种理念认为教育应该远离政治斗争和政治干预。然而，教育与政治之间存在密切联系，政治环境的复杂多变和多次政治变革无疑给教育领域带来深刻的影响，而教育学作为上层建筑的一部分，必须不断调整自身，以适应政治变革的需求。

第三，旧中国教育学理论与实践相脱节。在中国教育史的长河中，旧中国的教育学理论与实践之间存在明显的脱节。旧中国教育学偏重理论，忽视了应用，过于关注教育学理论的研究和传播，而忽视了教育理论与教育实践的结合，这导致教育学理论脱离实际，无法有效指导教育实践，也无法解决当时中国社会面临的实际问题。理论与实践之间的互动关系是中国教育学发展的核心，理论的发展需要实践的检验和完善，而实践的进步则需要理论的指导和支持，只有形成这种互动关系才能使中国教育学不断与时俱进，更加符合时代发展的需要。

---

① 胡强迪：《教育学中国化的发展历史探究》，《公关世界》2022 年第 2 期。

（二）改造旧中国教育学的具体实践

在新中国成立初期，党迫切需要大量的建设人才，旧中国遗留下来的教育学科体系已经不能适应形势的需要，迫切需要进行改革以适应新的社会制度和教育需求。因此，课程改革迫在眉睫，师范院校作为培养教师的主要阵地，其教育学科的改革成为当时教育改革的重要任务之一。通过对师范院校教育学科的改革，特别是教育系的课程改革，可以逐步建立起符合中国国情和社会需求的教育学科体系。[①]

1949 年 6 月，华北高等教育委员会成立，并提出了"坚决改造、逐步实现"的改造旧大学教育的总方针。随后，该委员会组建了文学、历史、哲学、法律、政治、经济、教育 7 个课程改革研究小组，邀请专家根据各校讨论结果分别进行研究。经过充分研究和讨论，华北高等教育委员会于1949 年 10 月 11 日颁布了《各大学专科学校文法学院各系课程暂行规定》（以下简称《暂行规定》）。《暂行规定》对文学、历史、哲学、法律、政治、经济、教育 7 个文科系列的主要课程进行了分门别类的说明，并规定了文科系公共必修政治课的科目与时间。

《暂行规定》的颁布标志着高校课程改革的正式开始。各高校根据该规定对课程进行了相应的调整和优化，以更好地适应新中国的建设需求。例如，教育系的课程被重新调整为包括新民主主义概论、教育方法、教育心理学、中国近代教育史、西洋近代教育史、教育行政、教育测验及统计、现代教育学研究、职业教育概论、实习、政策法令、政治经济名著选读、苏联及新民主主义国家教育研究这 13 门基础课程，此次课程改革的范围涵盖当时各高校的教育系。[②]

（三）改造旧中国教育学的结果

《暂行规定》确定教育系的任务是"根据新民主主义的教育方针及马克

---

① 侯怀银：《建国后十七年中国教育学科体系建设和发展的基本历程初探》，《山西大学学报》（哲学社会科学版）1998 年第 3 期。

② 《各大学专科学校文法学院各系课程暂行规定》，华北高等教育委员会 1949 年 10 月公布，《中华教育界》1949 年第 10 期。

思主义的理论与方法，培养为人民服务的中级教育工作者的知识与技能"。这一任务明确了教育系在新中国建设中的重要作用，即为社会培养中级教育工作者，他们不仅要具备专业知识与技能，而且要坚定遵循新民主主义教育方针和马克思主义理论与方法，全心全意为人民服务。为了实现这一任务，《暂行规定》还对教育系课程结构进行了调整，包括公共必修课程和基本课程。公共必修课程包括政治理论、外国语、体育等，基本课程涵盖了教育原理、教育心理、教育史、教育社会学等专业课程。

此次改革使得旧中国原有的教育学科体系发生了显著变化，教育哲学、教育社会学、比较教育学等学科被取消；职业技术教育概论、教育测验和统计等学科也逐渐被取消。我国初步构建了几乎与苏联完全一致的教育学科体系，教育史、教育心理学、教育行政学、教学法等学科得以保留并进一步发展。经过改造旧中国原有的教育学科，1949 年以前形成的诸多教育学分支学科在学校课程中被取消，基本上清除了西方资产阶级教育学分支学科对我国的影响。从 1952 年起，我国开始了对旧中国教育学科体系更为全面、彻底的改革。

《暂行规定》的颁布和实施标志着新中国高等教育课程改革的正式启动。它不仅清除了旧有教育体系中的落后内容，还引入了新的教育理念和教学方法，为新中国高等教育的发展奠定了坚实的基础。同时，《暂行规定》也强调了政治思想教育的重要性，为培养新型知识分子和国家建设人才提供了有力保障。《暂行规定》的颁布对中国教育学产生了深远的影响，这一规定的实施标志着新中国对旧有教育体系的接管和改造，引发了新中国对教育改革的思考和探索，开启了中国教育学的新篇章，为中国教育学的发展奠定了基础。

二　中国教育学的改造

20 世纪 50 年代初，中国国内正在进行大规模的社会主义改造和建设；国际上受"冷战"局势的影响，中国面临帝国主义的封锁，苏联成为中国的友好同盟，两国在政治、经济、文化等多个领域进行了广泛的交流与合作，教育领域深受政治政策的影响，苏联的教育模式和教育理论被视为先进和可借鉴的典范。除此之外，新民主主义时期编写的教育学材料缺乏系统性，难以适应社会主义建设的需要，而苏联有成熟的经验和科学的成果，能够满足新中国教育学发展的迫切需求。因此，苏联成为唯一的教育学学习对象，苏联的教育学理论被大量引入中国。

（一）大量翻译苏联的教育学教材

在这一时期，中国翻译了多部苏联重要的教育学教材。这些教材涵盖了教育学的各个领域，包括教育基本理论、教学论、教育史、教育心理学等。据浙江大学周谷平教授的统计，1949～1966 年，共计翻译出版苏联教育学专著 56 部。其中 1949～1957 年为 52 部，仅 1953 年一年就翻译出版 20 部。[①]据北京师范大学顾明远教授统计，1950～1957 年，由苏联专家直接编写和苏联专家指导编写的讲义、教材共达 101 种。[②] 其中，以凯洛夫主编的《教育学》为代表，该书是这一时期对中国影响最大的苏联教育学教材之一。该书由新华书店翻译出版，并多次修订再版。它系统地阐述了教育学的基本理论和方法，十分重视基础知识、基本技能（双基）的教学，对中国教育学的发展产生了深远的影响，当时，大多数师范学校把其作为教育学教材或主要教学参考书，教育界尤其是学校广大教职工，组织各种形式的座谈会介绍《教育学》，交流学习心得。除了凯洛夫的《教育学》，中国还翻译了叶希波夫、冈察洛夫合著的《教育学》，波·恩·申比廖夫、伊·特·奥哥洛德尼柯夫合著的《教育学》等多部苏联重要的教育学教材。这些翻译出版的苏联教育学教材在中国教育界得到了广泛的应用。它们不仅被用作高等师范院校的教育学教材或主要教学参考书，还对中国中小学的教育实践产生了深远的影响，许多教育工作者通过学习这些教材，掌握了苏联的教育理论和方法，并将其应用于实际工作中。

---

① 周谷平、徐立清：《凯洛夫〈教育学〉传入始末考》，《浙江大学学报》（人文社会科学版）2002 年第 6 期。

② 顾明远：《论苏联教育理论对中国教育的影响》，《北京师范大学学报》（社会科学版）2004年第 1 期。

大量翻译自苏联的教育学教材对中国教育学的"苏化"起到了重要的推动作用。它不仅为中国教育学界提供了丰富的学术资源和学习材料，还促进了中国教育学体系的系统化和科学化进程。同时，这些教材也为中国教育事业的快速发展提供了有力的理论支持和实践指导。然而，我们也应该看到，在引进苏联教育学的过程中也存在盲目崇拜、全盘照搬等倾向。因此，在借鉴和学习外国教育经验时，我们应该保持清醒的头脑和独立的思考能力，结合本国实际情况进行创新和发展。

（二）聘请苏联专家来华讲授教育学

从1950年开始，随着中苏外交关系的建立和苏联专家的派遣，中国高等教育界逐渐迎来了苏联专家。到1954年底，全国已有35所高校聘请了苏联专家共183人。到1955年底，全国聘请苏联专家的高等学校数量增加到37所，中等专业学校也有5所聘请了苏联专家。到1956年前后，聘请的苏联专家数量达到高峰，这些专家广泛分布在各个教育领域，特别是高等教育领域。

苏联专家不仅在教育理论方面有着深厚的造诣，还在教学实践、课程设置、教材编写等方面具有丰富的经验。他们被聘请到中国的各个高校和教育机构，涵盖了教育学、教育史、教育心理学、教学方法等多个学科领域。苏联专家直接参与高校的教学工作，指导所在系及教研组的教学计划和教学大纲的制定，帮助教师提高教学水平，他们还亲自授课，为学生传授苏联先进的教育理论和方法，培养了一大批具有苏联教育学背景的教育人才。

聘请苏联专家是我国学习和引进苏联先进经验的重要举措，这些专家不仅带来了他们专业的知识和经验，而且间接引入了苏联的教育理念和模式，"苏化"时期的教育改革是中国教育改革的一个重要阶段，为中国教育学的发展奠定了坚实的基础。与此同时，我们也应该明白，中国应在借鉴外来经验的基础上根据本国国情和文化传统进行适度的调整和创新。

（三）大力推广苏联的教育模式

在课程体系上，教育部在这一时期颁发或修订了一系列教学计划，其中以 1952 年颁布的《师范学院教学计划（草案）》和 1954 年重新颁布的《师范学院暂行教学计划》最具代表性。这些教学计划强调了对苏联教育学学科体系的学习和借鉴，对教育学、教育史、教育心理学、教学方法等学科的建设进行了全面改革。在教学方法的改革上，引入苏联教学方法，如明纳尔制度（课堂讨论），师生互相讨论，共同备课，讨论本专业的学术问题，以提高教学质量和效率。注重实践教学，加强实习和实验，使学生能够更好地将理论知识应用于实践中。在教育制度的改革上，对旧有的学制进行了改革，如将小学学制改为五年一贯制，全日制学校、干部学校、业余学校并举，以增加工农和工农干部受教育的机会。按照苏联模式对高等学校进行了大规模的院系调整，以适应经济建设的需要。主要调整了工、农、医、师范、政法、财经等院系，或新建专门学院，或合并到已有的同类学院中。

在这一阶段，通过学习苏联的教育学，我国基本上完成了对旧中国教育学的改造任务，初步构建了新中国的教育学学科体系，促进了中国教育学理论的发展，对中国教育的发展产生了深远的影响。然而，由于盲目崇拜和全盘吸收苏联教育学，中国教育学在"苏化"过程中也失去了一些自身的特色和优势。此外，对苏联教育学的过度依赖也限制了中国教育学自主创新的能力。我们必须注意到，在引进任何一国的教育学时，都应该保持清醒的头脑和独立的思考能力。要处理好其与本国已有的教育学传统的关系，认真分析、系统梳理本国已有的教育学传统，在此基础上进行借鉴和创新。因此，20 世纪 50 年代末以后，探索具有中国特色的社会主义教育学，日趋成为中国教育学重建的目标和任务。

第二节　中国教育学的探索时期（1956~1976年）

随着社会主义改造的基本完成与社会主义制度的稳固确立，1956~1966 年这一历史时期，国内政治环境经历了错综复杂的变革，中国教育学也经历了深刻的变革与发展。这一时期不仅标志着中国教育学本土化探索的开始，同时也因受"左"倾思想的影响而遭遇了波折，这一历史时期在中国教育学的发展历程中占据了独一无二的地位，其重要性不言而喻，构成了该领域发展轨迹中一个显著且关键的篇章。

一 教育学的本土化探索与实践

1956 年前，中国积极学习苏联教育理论和经验，中苏大量的教育交流活动推动了中国教育学学科体系的建立，无论是师资培养、课程教学还是思想教育都取得了实质性的进展，然而随着中苏矛盾的日益加深，中苏关系渐渐恶化，国内政治、经济环境也开始变迁，中国教育学者们开始思考苏联教育模式的弊端，期望能够结合中国实际情况，开辟一条适合中国国情的教育学道路，逐渐摆脱苏联教育模式的影响，中国教育学的重建进入了新的独立探索阶段。

在此期间，中国教育学者们针对教育学本土化探索、教育方针调整、课程和教学改革等议题开展了相关学术报告。关于教育学中国化，早在 1955 年的高等师范教育学教学大纲讨论会上，已前瞻性地提出了"创建和发展新中国教育学"的明确主张①，此举标志着中国教育学者围绕构建本土化教育学学科体系的探讨正式拉开序幕。而教育学中国化这一核心议题于 1957 年 7 月在《人民教育》杂志上以《营造教育科学繁荣之沃土》为题的文章中得到了正式确立与深化，该文章汇聚了多位学者的真知灼见。诸多学者深刻剖析了教育学中国化进程中潜藏的教条化倾向、经验主义的局限以及修正主义的偏差，强调在汲取马克思列宁主义教育学精髓的同时，必须牢固植根于中国悠久而丰富的教育实践土壤之中，实现理论与实践的深度融合，通过精准对接中国教育从古至今的宝贵经验与创新成果，灵活应对教育学本土化过程中的挑战，旨在保障中国教育学能够稳健前行，实现持续且健康的发展。②

1957 年，曹孚撰写并发表了题为《教育学研究中的若干问题》的学术论文。在文中，他深刻审视了当时中国教育学因受苏联教育学影响而显现出

---

① 侯怀银：《20 世纪中国教育学史》，人民教育出版社，2020，第 110 页。
② 胡强迪：《教育学中国化的发展历史探究》，《公关世界》2022 年第 2 期。

的模仿倾向及过度依赖现象，并进行了深入的反省与分析，提出了对教育学继承性的思考。随后，他还针对当时教育领域内以凯洛夫所著《教育学》为主导的思潮进行了深入反思与批判性审视。这一反思与审视基于一个核心观点：尽管凯洛夫的《教育学》在推动社会主义教育体系构建与发展上扮演了重要角色，其历史贡献不容忽视，但与此同时，也需要认识到该著作在某些方面的局限性及可能带来的固化思维影响，存在过度的教条化倾向，应在借鉴其的同时适当考虑中国国情。曹孚的批判性思考对当时中国教育学本土化重建进程产生了重大影响。

1958 年，中共中央、国务院联合颁布了《关于教育工作的指示》，其中鲜明地确立了教育旨在服务于无产阶级政治事业，并强调教育与生产实践紧密结合的基本原则，为当时及后续的教育工作指明了方向。然而，随着"左"倾思想的蔓延，教育学中国化的探索进程逐渐偏离了理性的轨道，陷入了急躁激进的盲目发展状态。这场政治批判运动迅速转化为群众性的、大规模的"反右斗争"，导致中国教育学学科体系建设出现了"大跃进"的局面，刚刚起步的教育学中国化探索道路遭受了重大挫折。以教育与无产阶级政治服务紧密结合为核心目标的"教育大革命"运动从 1958 年开始持续了两年时间，对中国教育学的发展产生了深远的影响。其中，最为显著的一个倾向体现在教育学教材的编写上，使其显得尤为混乱。这一时期，教育学教材呈现出一种"教育政策汇编式"的特点，教育学学科体系建设过程中，教育学被错误地等同于教育方针政策学。这种倾向盲目地将中国的政治方针政策套用于教育领域，导致教育政治化，从而削弱了教育学的学术性。这种极端化的倾向，严重扭曲了教育学中国化的初衷，阻碍了其健康发展。

20 世纪 60 年代，中国教育学在经历了一系列政治风波的冲击后，逐渐引起了公众的广泛关注与高度重视。在这一背景下，教育学者的"左"倾思想逐渐得到改变，他们开始对当前教育学学科体系建设的现状及偏离正常轨道的问题进行深入反思，并结合中国国情进行了相应的调整与改进。这一时期在中国教育学的发展历程中具有重要意义，中国教育学逐渐走出学术政治化，开始回归学术本真。在这一关键时期，教育领域的首要使命聚焦调整与优化教育方针，并致力于恢复并稳固教育的正常秩序，此举为中国教育学的后续繁荣与深化发展铺设了坚实的基石。

1961 年 4 月，中央宣传部在北京隆重举办了全国范围内的高等学校文科及艺术领域院校教材编纂与遴选工作会议，中宣部部长周扬深入剖析了中国教育学目前面临的本土化困境，并批评了将教育学与政治方针政策混为一谈的做法，强调教育学应当保持其学术性和独立性，避免被政治因素左右。此次会议还郑重决定，委任刘佛年先生为《教育学》一书的主编。随后，刘佛年先生迅速组建了一个以华东师范大学教育学专业教师为核心成员的编纂团队，该团队即刻投入了紧张而有序的工作之中。编写组收集了当时所能收集到的所有国内外资料，经反复学习、研究、讨论，在此基础上写出初稿。在广泛听取各方面的意见后，又反复修改，最终于 1963 年下半年编成了《教育学（讨论稿）》。这本教材突破了原有的教育学框架，运用马克思主义理论总结了新中国成立后十多年来教育实践工作的经验与教训，代表了当时中国教育科学的发展水平。会议召开后，各学科领域开始编写、出版相关教材，中国教育学在重建道路中找到了发展方向。

1961 年，政府出台了《关于自然科学研究机构当前工作的十四条意见（草案）》与《教育部直属高等学校暂行工作条例（草案）》两项重要文件，进一步推动了科学事业的发展。

二　中国教育学的曲折发展

1966~1976 年是中国历史上极为特殊的一个时期，有着极为复杂的国际国内的社会历史背景。在这期间，"文化大革命"的爆发使中国教育学的发展经历了前所未有的曲折与困境。中国教育学经历了一次重大转变，这种转变导致教育学学科发展史出现第三次思想中断，即由原本的知识性和学术性转向了政治性①。

---

① 刘燕楠、涂艳国：《中国教育学学科的历史演进与价值选择》，《教育理论与实践》2016 年第 7 期。

（一）教育学的重建成果被否定

1966 年 5 月，中共中央政治局召开了一次扩大会议，会议审议并批准了具有里程碑意义的《中国共产党中央委员会通知》（以下简称《五·一六通知》）。该文件系统地阐述了一套"左"倾的理论体系、行动路线、指导方针及政策措施，旨在加强党在文化领域的领导权与控制力。这一时期，"左"的思想倾向在党内逐渐占据上风，对教育、文化艺术及科学研究等多个领域产生了深远且负面的影响，造成了广泛的冲击与不可估量的损害。同时，中国教育学遭到了严重的迫害与打击，许多教育学的著作和研究成果被批判为"资产阶级"或"封建主义"的产物而遭到销毁，使得教育学的研究和实践陷入了混乱和停滞。教育领域充斥着政治口号和空洞的政治教育，使得教育质量严重下降，学生的全面发展受到了极大的限制。1966 年 8 月，《中国共产党中央委员会关于无产阶级文化大革命的决定》（即"十六条"）规定："改造旧的教育制度，改革旧的教育方针和方法，是这场无产阶级文化大革命的一个极其重要的任务。""在这场文化大革命中，必须彻底改变资产阶级知识分子统治我们学校的现象。"[1] 1967 年 7 月 18 日《人民日报》刊发了一篇题为《打倒修正主义教育路线的总后台》的文章，文中对"修正主义教育路线"进行了深刻的揭露与批判，并指出其"总后台"是"资产阶级反动权威"，对教育行业进行批判和清洗。同年 9 月，《红旗》杂志刊载了题为《沿着毛主席革命路线胜利前进》的文章，旨在进一步践行和弘扬毛主席关于教育革命的重要思想。强调了"无产阶级专政下继续革命"的思想，将学校视为阶级斗争的场所，将知识分子视为资产阶级的代言人，并提出通过政治运动来推动教育改革，这种方法违背了教育的本质和规律。学校停课，教育机构瘫痪，学生失去了接受正常教育的机会，许多学校被改为"红卫兵"的驻地，教育活动被政治运动取代，中国的教育人才大量流失。

---

[1]　瞿葆奎：《中国教育学百年（中）》，《教育研究》1999 年第 1 期。

（二）教育学的大批判和语录化

"文化大革命"时期不仅否定了中国教育学重建的全部成果，在教育学领域更是出现了大批判和语录化等现象。所谓"革命大批判"，实质上是通过运用大字报这种媒介开展广泛的大辩论活动，以及鼓励自由而激烈的意见表达（即"大鸣大放"），针对与自己相左的观点进行系统的批判与斗争。然而，这种批判往往超出了正常的讨论和批评的范畴，变成了一种颠倒是非、混淆黑白的错误手段。在批判过程中，一些观点被断章取义、颠倒是非，甚至被无限打击，严重破坏了教育的正常秩序和教学环境，违背了教育的科学性和规律性，也违背了马克思主义关于教育的本质要求。1970年，《文科大学一定要搞革命大批判》一文引发了文科领域大范围反思与深入讨论的风潮，尤其在教育学的舞台上，这一"深刻反思与批判运动"显著聚焦于"批凯""批杜""批孔"上。① 1971年，《全国教育工作会议纪要》在"四人帮"的控制下通过，此份文件对自新中国成立以来教育领域所取得的成就进行了全面否定，并引入了"两大估计"的论断，文件中指出，在过去的17年里，毛泽东主席倡导的无产阶级教育路线在实践中并未得到实质性的贯彻与体现，资产阶级在某种程度上占据了原本属于无产阶级的领导地位。该文件进一步指出，广大教师队伍及新中国成立后成长起来的大批学生群体，其思想观念根基上倾向于资产阶级立场。② 基于这些偏颇的评估，会议随后制定了一系列不合时宜的决策，包括长期安排工宣队主导学校管理工作，以及要求大部分知识分子深入工农兵群众接受再教育等。

"文革"风暴席卷之际，教育领域陷入了前所未有的混乱与动荡。这场运动对众多教育工作者及学生群体造成了程度不一的冲击，直接导致教学活动的暂停与学校日常秩序的瓦解。全国范围内，各级各类学校的招生与教学活动全面停滞，步入了一个被形容为"停课闹革命"的特殊时期。

---

① 侯怀银：《新中国成立以来教育学的发展历程及启示》，《中国教育科学》（中英文）2020年第2期。
② 陈学飞、展立新：《我国高等教育发展观的反思》，《高等教育研究》2009年第8期。

第三节　中国教育学的再建时期（1976~2000年）

一　中国教育学的恢复

1976 年"文化大革命"结束。经历"两年徘徊"后，我国开展了真理标准问题大讨论，1978 年党的十一届三中全会以后，中国全面实行改革开放。进一步解放了教育工作者的思想，坚定了教育工作者重建教育事业的决心。中国教育学开始了前所未有的发展，并步入了中国教育现代化建设的新阶段。

中国教育现代化建设在 1978 年萌芽，于 1979 年实现繁荣，并持续了十多年，在"教育本质"问题上也有了鲜明的反映。改革开放后，在党的领导下我国加速了社会主义现代化建设，在教育方面的改革和发展取得了一系列成绩，中国在坚持党的基本路线的基础上，继续走上了新的教育现代化之路。自党的十一届三中全会胜利召开以来，党中央高瞻远瞩，将教育事业提升至国家发展战略的核心地位，并适时颁布了《中共中央关于教育体制改革的决定》，这一里程碑式的文件为我国教育事业的现代化转型指明了新的航向，标志着我国教育领域迎来了一次深刻的变革与发展机遇。自教育学作为一门外来学科引入中国以来，其研究长期聚焦教育教科书的译介与编纂工作，这一现象固然促进了教育知识体系的本土化进程，但同时也暴露出对教育学本质探索的局限性。具体而言，针对教育现象的深入剖析、教育规律的科学揭示、教育实践的有效引导，以及教育学理论价值与实践作用的全面挖掘与利用，均显得相对不足且亟待加强。20 世纪 80 年代以后，出现了一系列教育学专著和教学参考书。另外，关于教育学的许多问题，教育学的研究也比以往任何时候都要活跃、广泛和深入。

"实事求是"作为党的思想路线的基石，对于我国社会主义事业的健康发展具有不可估量的深远影响，教育事业也迎来了辉煌的发展。我国的教育事业、教育科学取得了前所未有的进步，单是"教育学"一门学科就出版了两三百部著作，并且打破了"教育学"垄断的局面。随着教育领域的蓬勃发展，一批传统学科得以复兴，同时新兴学科如雨后春笋般涌现，构建了一个蔚为壮观的教育学学科体系。具体而言，教育哲学、教育社会学、教育统计学、教育经济学、教育文化学、教育人类学等新兴学科的创立，不仅丰富了教育学的理论内涵，也拓宽了其研究视野，形成了多维度、跨学科的教育学学科群落。与此同时，教育学内部亦经历着深刻的分化与细化过程，教育原理、教育概论、教学论、德育论、学校管理学等核心领域逐渐独立出来，成为各具特色的专门学科，标志着教育学研究向精细化、专业化方向迈进。在这一背景下，一系列具有影响力的教育学著作相继问世，如五所院校①联合编纂的师范院校公共课教材《教育学》、南京师范大学精心打造的《教育学》专著，以及针对中等师范学校设计的《教育学》教材等，这些作品不仅为教育学的教学与研究提供了重要参考，也促进了教育理念的传播与普及。此外，与教育学紧密相关的学科领域，如中外教育史、教育心理学等，亦迎来了出版高峰，大量高质量的学术著作与教材不断涌现，为学术界及广大教育工作者提供了丰富的知识资源与理论支撑。这一系列变化不仅彰显了教育学作为一门独立学科的成熟与繁荣，也预示着我国教育事业正步入一个更加注重科学研究、理论创新与实践应用的新时代。

文化是中国教育学的根本，也是中国教育学的内在灵魂。在宽松的学术氛围中，国内学者们从现实出发，大胆地进行思想改造，创作出一批富有个性的教学著作。在此期间，学者的自主性越来越强，研究的方式也越来越多元化，并且把思考和实证、定性和定量相结合。在学科分化和整合的大环境中，一些边缘学科如教育文化学、教育经济和教育管理学等都得到了不同程度的发展。在改革开放初期，我国教育学领域展现出了显著的复兴与革新态势。一方面，国家致力于恢复并强化既有的教育学分支学科体系，确保教育学学术传统的连续性；另一方面，秉持开放包容的姿态，广泛引进并翻译国

---

① 华中师范学院（现华中师范大学）、河南师范学院（现河南大学）、甘肃师范学院（现西北师范大学）、湖南师范学院（现湖南师范大学）和武汉师范学院（现湖北大学）。

外教育学及其分支学科的经典著作与教材，以此拓宽学术视野，促进知识交流与融合。这一过程将学科恢复、知识学习、体系重建与新兴领域的创建紧密结合，共同推动了我国教育学的全面复兴与发展。1978年，随着《高等师范院校教育系学校教育专业学时制教学方案（修订草案）》的正式颁布，教育系的教学改革迈出了坚实步伐。该方案明确要求，除教育学、教育心理学、中国教育史、外国教育史、小学教材教法等核心必修课程外，还需开设包括教育哲学、教学论、比较教育学、教育统计学、学前教育学、教育行政学与学校管理学等在内的丰富选修课程，旨在构建一个既扎实稳固又灵活多元的课程体系。这一系列举措不仅标志着教育学科恢复与重建工作取得了初步成效，而且为后续教育学研究的深化与拓展奠定了坚实的基础。

面对我国教育学学科体系发展相对滞后的现实挑战，我国学者已显著挣脱了"左"倾思想的束缚，转而立足全球视野，深刻审视并积极应对我国教育学在新时代背景下的发展需求。具体而言，他们聚焦教育学学科体系的恢复与重建工作，不仅倡导广泛吸纳国际教育学领域的最新研究成果，深入剖析教育学与其他学科的内在联系，还明确界定了教育学学科体系建设的具体任务与内容，细致剖析了教育学发展的特征与内在动力，初步构建了适用于我国国情的教育学学科体系发展方法论与实施路径。在此基础上，我国学者不仅致力于恢复并强化教育学、教育史、教育心理学等传统优势学科以及各科教学方法，还勇于探索，对教育经济学、教育社会学、教育管理学、教育哲学、比较教育学、成人教育学、高等教育学、教学论等新兴分支与交叉学科展开了深入研究，同时，也加强了对各学科内部体系建设的系统性探讨，力求构建更加完善、科学的学科架构。"文革"结束后，尤其是1978～1981年，我国教育学学科体系经历了显著的恢复与重建过程。这一时期的重建，已超越了简单的恢复旧有学科框架的范畴，而是旨在通过改革创新，加速追赶并力求超越国际先进水平。受国际教育学发展趋势的启发，我国学者积极引进国外先进学科理念与新兴学科，以丰富和完善我国教育学学科体系。尽管彼时"左"倾思想的残余影响尚未完全消除，但这一探索与构建的努力无疑是开创性的，为后续我国教育学学科体系的持续健康发展奠定了坚实的基础。

"文化大革命"的阴霾散去后,我国教育学在一片废墟上开始了艰难的恢复与重建工作。这一过程深刻根植于教育学界所经历的两轮深刻反思之中,其动力与方向逐渐明确。首轮深刻反思肇始于"四人帮"的倒台,标志着一个新时代的开启。通过对"四人帮"极端行径及其给教育事业带来的深重灾难进行彻底清算,教育学研究者们逐步挣脱了以"两个估计"为代表的思想桎梏,思维活力得以初步释放。在此背景下,教育学的恢复与重建工作渐次展开,其标志性成就不仅体现在确立了构建全面覆盖、结构合理且具备一定规模的教育学学科体系之目标上,而且体现在通过制度化的手段实现了教育学课程体系的扩充与多样化上,同时,积极探索并推动了教育学教材内容与形式的革新,为教育学的后续发展奠定了坚实的基础。第二轮深刻反思的浪潮以1978年党的十一届三中全会的胜利召开为新的起点,其核心在于深刻剖析并克服"两个凡是"的思想禁锢,引领教育学界以更为开放和批判的视角重新审视我国进入社会主义初级阶段以来的教育发展历程。这一过程中,关于教育本质问题的广泛讨论成为焦点,它不仅触动了教育学研究的深层根基,而且激发了我国教育学研究者对教育多元社会功能的再认识。自1977年起,围绕教育本质的深入讨论席卷学术界,这场讨论不仅为教育在社会主义现代化建设中的核心地位与作用提供了坚实的理论支撑,而且在思想层面为教育学学科内容的拓展与丰富奠定了坚实基础。它有效破除了"文化大革命"前教育学学科体系相对单一,仅聚焦教育学、教育史、教育心理学及各科教学方法等传统领域的局限,促进教育经济学等新兴分支与交叉学科在新时代蓬勃兴起,从而推动了我国教育学学科体系的全面革新与繁荣发展。

在第二轮深刻反思的坚实基础上,我国教育学迎来了重建与再造的崭新阶段,这一过程在多个维度上展现出鲜明的特征。首先,我国教育学研究者展现出前瞻性的视野,不仅积极倡导广泛吸纳国际教育学领域的最新研究成果,深入剖析教育学与其他科学学科的交叉融合,而且明确树立了构建具有中国特色的教育学,即"中国式教育学"的宏伟目标,这一主张彰显了我国教育学研究的自主性与创新性。其次，我国教育学研究者们对教育学发展的内在规律与动力机制进行了深入剖析，通过理论探索与实践总结，初步构建了适用于中国式教育学创建的方法论框架与实施路径，为学科体系的科学构建与持续发展提供了有力的指导。最后，顺应全球教育学发展的潮流与趋势，探索并构建中国式教育学学科体系已成为我国教育学界的广泛共识与共同追求。这一呼声不仅体现了我国教育学研究者对国际学术动态的敏锐洞察，而且彰显了他们在全球化背景下坚守本土特色、贡献中国智慧的决心与担当。

这一阶段对中国式教育学的探索尚处于初步阶段，其深度与广度尚待进一步拓展。然而，这一初步尝试无疑是一个积极的信号，预示着我国教育学研究正逐步摆脱历史束缚，向着更加自主、创新的方向发展。此阶段的努力与成果，为后续绘制以中国特色社会主义教育学为核心目标的宏伟蓝图奠定了坚实的基础，铺就了前行的道路。

1978年，教育领域掀起了一场以"教育属性的上层建筑定位"为发端，持续十年之久的关于教育本质的深度探讨。这场讨论不仅具有深远的理论意义，而且对教育实践产生了广泛而深刻的影响。在哲学层面，它促使学界对马克思辩证唯物主义和历史唯物主义进行了批判性审视，进而引入了马克思实践唯物主义，并在教育观念的构建中逐步确立了以人为本的马克思人学理念。置身于中国经济与文化亟待复兴的历史背景下，教育学作为文化复兴的重要组成部分，亦踏上了学科重建的新征程。此次重建，中国教育学界摒弃了过往"非黑即白"的单一思维模式，不再局限于对欧美、苏联或日本等单一国家的盲目模仿，而是秉持开放包容的态度，面向全球，广泛吸纳各国教育学的精髓，力求在多元文化的交融中构建独具特色的知识体系。在学科视野上，中国教育学界展现出了前所未有的开放性与前瞻性，不仅密切关注国际教育学领域的最新动态，还积极提升学科的自我反思与自我发展能力。随着元教育学理论的深入发展，中国教育学逐渐形成了初步的自我意识与自省机制，在吸收与内化国际先进教育理念的过程中，逐步探索出了一条符合自身国情、独立自主的发展道路。

其主要特征可归纳如下。首先，在主体层面，体现为思想束缚的显著松绑与自我意识的显著增强。我国众多教育学研究者秉持对历史负责的态度，立足全球视野，广泛搜集并精心筛选来自世界各地的教育智慧与资讯，展现出高度的自觉性与开放心态。其次，就内容而言，教育学领域积极吸纳了诸多新兴研究成果与教育理念，不断丰富和完善自身的理论体系，体现了学科的时代性与前瞻性。再次，从方法论视角审视，思辨与实证、定性与定量相结合的研究范式逐渐为大多数研究者所接纳，并在实践中得到应用，促进了研究方法的多元化与科学性。最后，在成果产出方面，尽管涌现了大量风格各异、质量上乘的教育学著作，但也不乏一些不容忽视的问题。诸如为评定职称而仓促编撰的"复制型"教育学、重形式轻实质的"装饰型"教育学、依托行政力量强制推广的"权威型"教育学、校际合作速成自用的"协作型"教育学，以及以经济利益为导向的"创收型"教育学等，这些现象不仅损害了教育学的学术声誉，也凸显了端正学风、净化学术环境的紧迫性。因此，教育学界需勇于自我审视，勇于接受外界监督，共同营造风清气正的学术氛围。

我国教育学学科体系在"文化大革命"终结后的全面复苏与蓬勃发展，实则肇始于党的十一届三中全会这一历史转折点。该会议不仅确立了社会主义现代化建设的基本方略，还重申了实事求是的思想精髓，为我国教育学学科体系的重构与发展铺设了坚实的政治与思想基石。在这一背景下，我国教育学学科建设驶入了前所未有的快车道，表现为学科架构的持续强化、学术观点的多元共生、学术视野的显著拓宽以及国际交流合作的日益频繁，共同构建了中国教育学学科的当代格局。尽管各学科间发展步伐不尽相同，但普遍增强的反思与批判精神成为这一时期的重要特征，标志着中国教育学学科建设正式迈入"自为"阶段，即学科自主性与创新性显著提升的新时期。随着思想禁锢的解除，教育学各分支学科相继焕发新生，国外先进教育理论被广泛译介至国内，教育学迎来了其科学发展的黄金时代。与此同时，教育学中国化作为时代发展的重要课题，吸引了学界的广泛关注与深入探讨。经过数年探索，学者们普遍认同，构建中国特色社会主义教育学体系需紧扣三大核心要义：一是根植中国实际，融汇古今中外的教育智慧；二是以马列主义、毛泽东思想为引领，确保学科发展的正确方向；三是勇于突破传统框架，顺应时代潮流，强化学科的分化与综合能力。然而，值得注意的是，这一时期的教育学学科建设虽以恢复和重建凯洛夫教育学体系为基础，但中国化的特征尚显薄弱，历史遗留的诸如过度依赖"引进"、偏重教材编纂而忽视原创研究等问题依旧凸显。总体而言，这一时期是我国教育学学科建设由恢复迈向繁荣，并逐步走向独立自主发展的关键阶段，为后续更深层次的发展奠定了坚实的基础。

二　中国教育学的调整

在改革开放的大背景下，中国的经济、政治、文化等各个领域都发生了深刻的变化。教育领域作为培养人才、推动社会进步的重要基地，也面临前所未有的挑战与机遇。因此，教育学的调整成为这一时期教育改革的重要组成部分。

1981～1985 年是中国教育学经历重大调整的 5 年。当时，中国政府意识到传统的教育体系存在一些不足之处，急需进行改革以适应社会发展的需求。这一时期，随着改革开放的深入推进，中国社会经济飞速发展，对教育领域提出了更高的要求。为了适应这种变化，中国教育学界进行了一系列的调整与改革，旨在提升教育质量，培养更多适应社会主义现代化建设需要的人才。

（一）教育政策的调整

为了适应改革开放和现代化建设的需要，教育部在这一时期对教学计划进行了全面修订。1981 年，遵循邓小平同志提出的"要办重点小学、重点中学及重点大学"的战略性导向，教育部正式颁布了《全日制六年制重点中学教学计划（试行草案）》，标志着中学教育开始更加注重培养学生的综合素质和实践能力。同时，五年制小学和中学的教学计划也得到了相应的修订，以适应学生的身心发展规律和社会的需求变化。这一政策的出台，标志着中国教育学开始关注重点学校建设，通过优化教学资源配置，加大对重点学校和学科的投入力度，提高教育质量和水平。同时，这也体现了国家对教育的重视，以及提升国民教育水平的决心。

（二）课程改革的推进

1981~1985年，中国教育学界在课程改革方面取得了显著进展。教育部门开始注重课程的实用性和创新性，增加了一些新兴学科和实用性课程，以培养学生的创新能力和实践能力。同时，传统学科的教学内容也得到了更新和完善，更加注重知识的系统性和连贯性。除了教学计划和课程设置的调整，教育管理体制也发生了变革。教育部门开始下放管理权限，确立了"一纲多本"的课程改革方略。这意味着在保持全国统一的教学大纲的前提下，各地区和学校可以根据自身实际情况，选择合适的教材和教学方法。这一改革举措极大地激发了地方和学校参与课程改革的积极性，促进了教育教学的多样化和创新，推动教育事业实现了多样化发展。

此外，在教育领域的课程目标设定、内容编排、组织方式及结构布局等多个维度上，我国教育部门展现出高度的开放性与前瞻性，积极汲取并融合国际上的前沿教育理念与实践经验，勇于突破传统课程改革框架中的诸多限制。具体而言，如"个性化发展"这一核心理念开始被引入课程设计中，关注学生的个性化需求和发展，强调因材施教，这在当时的教育领域无疑是一次重大的观念更新。

（三）教育学研究的深入

随着教育实践的不断发展，教育学研究也逐渐深入。这一时期，中国教育学界开始加强与国际教育学界的交流与合作，引进了一批先进的教育理念和教育方法。同时，国内学者也积极开展教育学理论研究，不断探索适应中国国情的教育发展道路。中国教育学研究者积极借鉴国际上的先进经验，探索适合中国国情的教育模式。这种开放与合作的态度为后来的教育改革提供了宝贵的经验和启示。

在教育学著作方面，1984年中国第一部高等教育学专著《高等教育学》的出版，标志着中国高等教育学研究迈上了新的台阶。该书由潘懋元教授组织编写，奠定了高等教育学这一新兴学科的理论基础，对中国高等教育的发展产生了深远影响。

（四）教师教育的改革与发展

教师是发展教育事业的中坚力量。1981～1985 年，中国教育学界对教师教育进行了全面的改革与发展。一方面，加强了对教师的职业培训，提高了教师的专业素养和教育教学能力；另一方面，完善了教师评价体系，激发了教师的工作积极性和创新精神。这些改革措施有效地提升了教师队伍的整体素质，为教育事业的发展提供了有力的人才保障。

（五）教育公平与普及的推进

在中国教育学调整的过程中，教育公平与普及也是重要的议题。为了实现教育资源的均衡分配，政府加大了对农村和贫困地区的教育投入力度，提高了这些地区的教育水平。同时，通过实施九年义务教育制度等措施，确保每一个孩子都能接受到基础教育，为他们的未来发展奠定了坚实的基础。

1981～1985 年中国教育学的调整是中国教育改革的一个重要里程碑。这一时期的教育学调整涉及政策、课程、研究、教师教育以及教育公平与普及等多个方面，通过对教学计划的修订、课程设置的优化以及教育管理体制的变革等措施，教育学得到了深刻的调整和发展。这一时期的调整不仅推动了教育事业的发展、提高了教育质量，还推进了教育的国际化进程。中国教育学家们的不断研究与改革实践，为中国教育的发展奠定了重要基础，也为今后的教育改革积累了宝贵的经验。然而，教育学的调整与改革是一个持续不断的过程，需要继续深化教育领域的研究与实践，不断探索适应时代需求的教育发展道路。

综上所述，中国教育学的调整时期（1981～1985 年）是一个充满变革与机遇的历史阶段。通过对这一时期的深入研究和反思，可以更好地理解和把握中国教育学的发展脉络和未来趋势，为推动教育事业的进步做出更大的贡献。

三　中国教育学的前进

1985～2000 年是中国教育学飞速发展的 15 年。这一时期，中国教育学在改革开放的大背景下，经历了前所未有的变革与进步。伴随社会经济的蓬勃发展，教育学界积极响应国家教育改革的号召，不断探索和实践新的教育理念和方法，为中国教育学的现代化和国际化发展做出了重要贡献。

（一）教育体制改革的纵深推进

1985 年颁布的《中共中央关于教育体制改革的决定》是我国新时期教育发展的真正起点，该决定的出台不仅昭示着教育改革在全国范围内拉开了序幕，也预示着教育体制将迎来一系列根本性、系统性的变革与革新。教育学的首要任务是响应时代的需求，为教育改革提供理论支撑和实践指导。

1985 年以后，中国教育体制改革进入深化阶段。政府逐步放权，鼓励地方和学校根据实际情况进行教育改革。这一时期的标志性事件是 1986 年中国正式颁布《中华人民共和国义务教育法》，该法案以法律的形式确立了国家推行九年制义务教育的基本国策，为所有适龄儿童与少年平等享有接受义务教育的权利奠定了坚实的法律基石。中国开始推行义务教育，提高了教育普及率。此外，高校改革也得到了推进，社会上建立了一批具有现代治理结构的高校。这不仅体现了国家对教育的高度重视，也标志着中国教育开始走向法治化、规范化的发展道路。

（二）素质教育的兴起

1985～2000 年，中国教育学界对课程设置进行了大胆改革。素质教育逐渐成为中国教育改革的重要方向。针对传统应试教育带来的问题，如学生创造力受限、过度追求分数等，中国教育学界开始反思并提出素质教育的理念。素质教育强调学生的全面发展，注重培养学生的创新精神和实践能力。这一时期，各级学校纷纷开展素质教育实践，如增加选修课程、开展社会实践活动、加强艺术教育等，为学生的全面发展提供了更多可能。从应试教育向素质教育转变，强调培养学生的创新能力和实践能力。课程内容更加注重跨学科的综合，以及与社会实际的联系。

（三）教育信息化的推进

随着科技的飞速发展，教育信息化成为这一时期教育学前进的重要动力。多媒体技术的引入，使得教学手段更加丰富多彩；互联网技术的普及，为学生提供了更加广阔的学习资源和交流平台；教育信息化的推进，不仅提高了教学效率，还激发了学生的学习兴趣，为培养创新型人才创造了有利条件。随着信息技术的普及，教育技术得到了快速发展。远程教育、在线教育等新型教育模式开始出现，为教育改革提供了新的契机。

（四）教师教育的持续发展

教师是发展教育事业的中坚力量。1985~2000年，中国教师教育得到了持续发展。一方面，教师教育体系不断完善，从职前培养到在职培训，形成了一套完整的教师教育体系；另一方面，教师教育的内容也不断更新，引入了新的教育理念和教学方法，提高了教师的专业素养和教育教学能力。这些举措为教育事业的发展提供了有力的人才保障。

（五）国际交流与合作的加强

随着改革开放的深入推进，中国教育学界开始加强与国际教育学界的交流与合作。通过引进国外先进的教育理念和教育方法，结合中国国情进行本土化改造，推动了中国教育学的国际化进程。同时，中国教育学者也积极参与国际教育学学术交流活动，展示了中国教育学的研究成果和实践经验，提升了中国教育学在国际上的影响力。

（六）教育公平与普及的进一步实现

在这一时期，中国教育学开始关注学生的全面发展，倡导探究式学习和自主学习。同时，教育公平和农村教育等问题也得到了重视。在教育学发展的过程中，教育公平与普及始终是重要的议题。为了实现教育资源的均衡分配，政府继续加大对农村和贫困地区的教育投入力度，提高了这些地区的教育水平。同时，通过实施一系列教育惠民政策，如"两免一补"、高校扩招等，确保了更多孩子能够享受到优质教育，为他们的未来发展奠定了坚实的基础。虽然教育普及率得到了提高，但教育质量仍然存在不足。同时，城乡、地区之间的教育差距仍然较大。

1985~2000 年是中国教育学前进的关键时期。这一时期的教育学发展涉及体制改革、素质教育、教育信息化、教师教育、国际交流与合作以及教育公平与普及等多个方面，为中国教育事业的后续发展奠定了坚实的基础。

如前文所述，截至 1966 年，教育学学科体系已基本形成。但是，"文化大革命"时期对自新中国成立以来 17 年教育学学科体系所取得的成果进行了全盘否定，使教育学学科体系的建构过程发生中断，从而造成教育学学科体系时间与空间形成断层。"文革"阴霾散去，历经拨乱反正的洗礼，我国教育学学科体系迎来了全面复兴。不仅成功复原了"文革"前既有的教育学、教育心理学、教育史及各类教育科学等经典学科，还重启并深化了新中国成立后 17 年间积淀的教育哲学、比较教育学、教育统计学、教育行政学、学校管理学等重要领域的研究与探索。历经多年砥砺前行，教育学学科体系已初具规模，展现出多元化、交叉融合的动态发展趋势，各学科功能显著增强。步入 20 世纪后半叶，中国教育学已构建起一个以教育学为核心，辐射范围广、层次分明的学科网络体系，其结构完备，组织有序，涵盖近百个二级、三级细分学科，知识体系既广博又精深，部分学科成就斐然，达到了国际先进水平。这一学科网络体系为中国 20 世纪后半叶的教育学发展奠定了基础。

展望未来，期待中国教育学能够在不断前进中，继续加强与国际教育学的交流与合作，引进先进的教育理念和教育方法；同时，注重培养创新型人才，提高学生的综合素质和实践能力。此外，还应关注教育公平与普及问题，努力实现教育资源的均衡分配，让每一个孩子都能享受到优质教育。相信在政府、学校、家庭和社会各界的共同努力下，中国教育学将迎来更加美好的未来。

第四节　中国教育学的发展时期（2000年至今）

进入 21 世纪以来，中国教育学界经历了一个从"全盘西化"到"本土改造"、从"多元参照"到"文化自觉"的发展历程。在这个新的历史阶段，中国教育学界更加注重传统文化的挖掘和传承，同时也更加积极地参与全球教育学的交流和对话。中国教育学界努力探索构建具有中国特色的教育学理论体系，为推动全球教育学的繁荣和发展做出了重要的贡献。

一　中国教育学的丰富

（一）独立研究领域阶段

2000~2003 年，中国教育学史被正式确立为一个独立的研究领域。这一时期的中国教育学史研究展现出了三个显著的特点，它们共同塑造了这个新兴领域的面貌，并为后续的研究奠定了坚实的基础。三大特点如下所示。

第一，中国教育学史开始作为一门独立的学科进行建设。有研究者明确提出，应将中国教育学史确立为一门独立的学科进行建设，并就此学科的研究对象、性质、任务及内容等核心议题进行全面且系统的探讨。此举标志着中国教育学史的研究已由单一领域研究阶段深化至系统的学科化建设阶段。

中国教育学史作为一门独立的学科逐渐崭露头角，越来越多的学者开始关注并投入这一领域的研究中。这一转变意味着中国教育学史不仅实现了更为系统化和学科化的建设，而且显示出了学术界对于中国教育学史及其发展脉络的深入探索与认识。

首先，将中国教育学史作为独立学科进行建设，是对其研究价值和学科地位的充分认可。教育学史作为教育学的一个分支，旨在探讨教育现象的历史演变和发展规律，对于理解当前教育现象、指导教育实践具有重要意义。中国教育学史则更进一步，它深入挖掘中国教育的历史传统和文化底蕴，为当今教育改革和发展提供了宝贵的历史借鉴和理论支撑。

其次，关于中国教育学史学科的研究对象、学科性质、研究任务以及内容等方面的系统性研究，为全面而深入地理解和认识中国教育学史提供了明确的理论框架和逻辑思路，这对于该领域的学术发展具有极其重要的指导意义。

研究者们通过对中国教育学史的梳理和分析，不仅揭示了教育发展的内在规律和趋势，还深入探讨了教育与社会、文化、政治等多个领域的交互作用和影响。这种跨学科的研究方法，不仅拓宽了我们的视野，也深化了我们对于教育现象的理解和认识。

此外，中国教育学史学科的建设还面临着一些挑战和机遇。一方面，由于历史资料的匮乏和研究方法的局限，我们在某些领域和时期的研究仍然相对薄弱，需要进一步加强。另一方面，随着数字化和信息技术的发展，更为丰富和便捷的研究手段和工具为中国教育学史的研究提供了新的机遇和可能。

将中国教育学史作为一门独立的学科进行建设，不仅是对其研究价值和学科地位的认可，也是学术界对于中国教育学史及其发展脉络的深入探索与认识的体现。在未来，我们有理由相信，随着研究的深入和学科的发展，中国教育学史将会为我们提供更多宝贵的历史经验和理论支撑，为推动教育事业的繁荣和发展贡献更大的力量。

第二，近年来，中国教育学史的研究成果呈现稳步增长态势。在这一阶段，该领域涌现出了一批重要的学术著作，如金林祥主编的《20 世纪中国教育学科的发展与反思》（上海教育出版社，2000 年版）、陈元晖的《中国教育学史遗稿》（北京师范大学出版社，2001 年版）以及郑金洲和瞿葆奎合著的《中国教育学百年》（教育科学出版社，2002 年版）等。这些成果不仅系统地梳理了中国教育学史的发展历程，而且深刻地揭示了中国教育学人在长时间跨度内对该领域的不懈探索与追求。

金林祥主编的《20 世纪中国教育学科的发展与反思》是一部具有里程碑意义的著作。该书详细回顾了 20 世纪中国教育学科的发展历程，深入分析了教育学在不同历史时期的发展特点与变革动力。金林祥通过对大量历史文献的梳理和解读，揭示了教育学在中国现代化进程中的重要地位和作用，同时也指出了教育学发展中存在的问题和不足。这部著作为我们提供了宝贵的历史资料，更为我们深入思考教育学未来的发展提供了重要的参考。

陈元晖的《中国教育学史遗稿》则是另一部值得关注的教育学著作。该书以遗稿的形式呈现了作者对中国教育学史的独到见解和深入研究。陈元晖通过对教育学史料的深入挖掘和整理，揭示了教育学在中国历史长河中的演变轨迹和发展脉络。同时，他还对中国教育学史上的重要人物和事件进行了深入的剖析和评价，为我们呈现了一幅生动的教育学史画卷。

郑金洲和瞿葆奎合著的《中国教育学百年》是一部全面系统地研究中国教育学史的著作。该书以百年为时间跨度，全面梳理了中国教育学的发展历程和主要成就。作者通过对各个历史时期教育学发展的深入分析和比较，揭示了教育学在中国现代化进程中的重要作用和贡献。同时，该书还对中国教育学未来的发展进行了展望和预测，为我们提供了宝贵的启示和思考。

这些学术著作的涌现不仅展示了中国教育学史研究的丰硕成果，而且彰显了中国教育学人对该领域的执着追求和深入研究。它们为我们提供了宝贵的历史资料和理论支持，也为我们思考教育学未来的发展提供了重要的参考和启示。在未来的研究中，我们应该继续深化对中国教育学史的研究和探索，不断推进教育学领域的理论创新和实践发展。

第三，中国教育学史研究正逐渐展现出一种引人注目的反思性特征。相较于过去那种以史论史的传统研究模式，现阶段的学者们已经开始深入反思中国教育学的发展历程，并尝试从历史的经验中汲取智慧，以此来推动教育学的进步。这种"以史为鉴"的研究路径不仅丰富了教育学的内涵，还为其未来的发展指明了方向。

叶澜教授主编的《中国教育学科年度发展报告·2001》是中国教育学发展史上的一个重要里程碑。这份报告不仅全面回顾了2001年教育学的研究进展，而且对中国教育学的未来发展进行了深入的反思和展望。通过这份报告，我们可以看到学者们对教育学传统模式的质疑，以及他们对新的研究方法和研究视角的探索。

例如，该报告中详细分析了当前教育学研究存在的问题和挑战，如研究方法单一、理论创新不足等。同时，报告还提出了许多有针对性的建议和解决方案，如加强跨学科合作、推动理论与实践相结合等。这些建议和解决方案不仅体现了学者们的批判性思维，而且为中国教育学的未来发展提供了宝贵的参考。

除此之外，该报告还对中国教育学的发展历程进行了深入的梳理和反思。通过对历史的研究，我们可以更好地理解当前教育学研究所面临的背景和困境，并从中汲取智慧和启示。这种对历史的深入反思不仅有助于我们更好地认识自己，还有助于我们更好地规划未来。中国教育学史研究展现出的反思性特征是一种进步。通过深入反思历史、批判性思维和创新探索，我们可以更好地理解教育学的本质和使命，并为其未来的发展注入新的活力和动力。

（二）分支学科的分化

教育学作为曾经的独立学科，已逐渐演变成为一个多元化的学科群，涵盖了众多分支领域。在新的发展阶段，教育学一级学科下衍生出了若干二级学科，同时原有的二级学科也在不断细化，形成了更为具体的研究方向。此外，教育学的发展已不再局限于学校教育的框架，而是逐步拓展至社会教育等更广泛的学科领域，显示出其日益丰富和深入的发展态势。

教育学学科体系的逐步细化以及新兴分支学科的出现，既彰显了中国教育学发展的勃勃生机，又体现了中国教育学对于新时代挑战的积极应对。然而，如何科学合理地推进教育学学科的分化，成为当前亟待解决的问题。在分化的同时，教育学亦应关注必要的整合，以确保学科体系的和谐发展。

教育学作为一门综合性的社会科学，其分化与整合的过程既是一个学术问题，又是一个实践问题。在分化方面，教育学需要与时俱进，紧跟时代步伐，针对社会发展的新需求，不断衍生出新的分支学科。例如，随着信息技术的快速发展，教育技术领域的研究逐渐兴起，为教育学注入了新的活力。同时，面对全球化和多元文化的挑战，比较教育学和跨文化教育学等分支学科也显得尤为重要。这些新兴分支学科的出现，不仅丰富了教育学的研究内容，而且为教育实践提供了有力的理论支持。

然而，分化并非无限制的。在追求学科细化的同时，教育学亦需关注整合的重要性。整合意味着在保持学科独立性的基础上，寻求不同分支学科之间的内在联系，构建一个有机统一的学科体系。通过整合，可以避免学科间的重复和冲突，提高研究效率，同时也有助于形成跨学科的研究方法，解决复杂的教育问题。

为了实现教育学的科学分化和合理整合，我们需要采取一系列措施。首先，要加强学科间的交流与合作，打破学科壁垒，促进知识的共享与创新。其次，要关注教育实践的需求，确保学术研究能够紧密联系实际，为教育实践提供有效的指导。最后，要加强教育学的学科建设，提高研究水平，培养更多的教育学专业人才，为教育学的发展提供有力的人才保障。

总之，教育学作为一门不断发展的学科群，既需要在分化中寻求创新，又需要在整合中保持和谐。只有这样，我们才能更好地应对新时代的挑战，推动教育学不断向前发展，为社会的繁荣与进步做出更大的贡献。

（三）教育学元研究探索

教育学元研究致力于深入剖析教育学自身的本质与发展历程，针对教育学的概念、性质、体系、研究对象、逻辑起点及学科独立性等基本问题，结合理论与历史维度展开批判性反思和建设性探索。自 21 世纪以来，这些问题吸引了越来越多教育学研究者的目光，并引发了一系列深入探讨。学者们在这些问题上取得了丰硕的研究成果，为推动中国教育学学科的不断完善与发展做出了重要贡献。

教育学元研究作为一种深度剖析和反思教育学自身内在逻辑的学术研究，无疑对于提升教育学的学科品质和理论深度具有重要意义。在当前全球化和信息化的时代背景下，教育学元研究更是显得尤为关键。它不仅可以帮助我们更好地理解和把握教育学的内在逻辑和发展规律，还可以为我们提供有力的理论武器，指导教育实践和教育改革深入进行。

面对教育学的复杂性和多元性，我们不仅要对教育学的基本概念、性质和研究对象进行深入的挖掘和理解，还要对教育学的理论体系、逻辑起点和学科独立性等基本问题进行全面的审视和反思。这需要我们站在更高的理论高度，以更广阔的视野和更深入的洞察力，去把握教育学的内在逻辑和发展趋势。

在这个过程中，我们需要借鉴和吸收国内外的研究成果，结合中国的实际情况，进行具有中国特色的教育学元研究。我们要在批判性反思的基础上，进行建设性的探索和创新，以推动教育学学科的不断完善和发展。

未来，随着社会的进步和教育改革的深入，教育学元研究必将发挥更加重要的作用。我们有理由相信，通过教育学人的不懈努力，中国的教育学元研究一定能够取得更加丰硕的成果，为提升我国教育学的国际地位和影响力、为我国教育事业的繁荣发展做出更大的贡献。

二　中国教育学的深化

（一）学科建设目标转向

20 世纪 20 年代，国内学者便萌生了"教育学中国化"的构想。20 世纪 50 年代，国人对此进行了更为深入的反思。自改革开放以来，教育学界普遍致力于构建具有鲜明中国特色的教育学体系。教育学中国化作为教育学界的长远追求和目标愿景，不仅凝聚了国内学者的共同努力，而且彰显了中国教育学发展的独特道路和坚定方向。叶澜教授曾积极倡导并致力于中国教育学的创立与发展，她坚信中国学者在全球教育学的发展中应当贡献独特的中国智慧，同时强调教育学领域的世界宝库亦应融入中国的原创性成果，共同推动教育学的繁荣与进步。为此，中国教育学人应致力于提升中国教育学界的国际影响力，以便在与世界各国教育学界的交流中实现平等对话与相互启发。[①] 在实践层面，以"生命·实践"教育学为引领，重建当代中国教育学的典范，是推进中国教育学发展的重要方向。

"教育学中国化"理念的提出，既是对当时西方教育学理论在中国传播和应用的反思，也是对中国传统文化和教育实践的重新认识和挖掘。到了

---

① 　侯怀银：《新中国成立以来教育学的发展历程及启示》，《中国教育科学》（中英文）2020年第 2 期。

50 年代，随着国家对教育事业的重视和投入，教育学中国化的讨论更加深入，更多的学者开始关注和研究如何将西方的教育学理论与中国的实际情况相结合，构建具有中国特色的教育学体系。

改革开放以来，随着中国经济的快速发展和社会的变革，教育领域也面临新的机遇和挑战。构建具有中国特色的教育学体系逐渐成为中国教育学界的共同追求。这种追求不仅仅是为了满足国内教育实践的需要，更是为了在全球教育学领域发出中国声音、展现中国智慧。

教育学中国化的提出代表着中国教育学应走独特道路。中国教育学不是对西方教育学理论的简单移植和应用，而是要在深入研究和理解中国传统文化和教育实践的基础上融合西方教育学理论，形成具有中国特色的教育学理论和方法。这种理论和方法不仅要能够解释和指导中国的教育实践，还要能够为全球教育学的发展贡献中国智慧。

叶澜教授是教育学中国化的积极倡导者之一。她坚定地认为，中国学者在全球教育学的发展中，应当积极贡献其独特的智慧与见解，同时，教育学领域的国际知识库亦应吸纳中国的原创性成果。因此，她郑重呼吁中国教育学界，应致力于提升我国教育学在国际舞台上的影响力，以期在与世界各国教育学界的交流互动中，实现平等对话与互相启迪，共同推动全球教育学的繁荣与发展。①

在实践层面，重建当代中国教育学的典范是推进中国教育学发展的重要方向。这一方向的核心是以"生命·实践"教育学为引领，强调教育应该以人的生命为基础，关注人的全面发展和实践能力的提升。这种教育理念不仅符合中国传统文化中的人文精神，而且符合现代社会对教育的需求。通过推广和实践这种教育理念，我们可以更好地培养出具有创新精神和实践能力的人才，为中国的未来发展提供有力的人才保障。

总之，教育学中国化是中国教育学界的长期目标和愿景，这一理念代表

---

① 侯怀银：《新中国成立以来教育学的发展历程及启示》，《中国教育科学》（中英文）2020年第 2 期。

着中国教育学应走独特道路，也代表着中国学者为全球教育学发展贡献中国智慧的决心和信心。在实践层面，重建当代中国教育学的典范是推进中国教育学发展的重要方向，它需要我们以"生命·实践"教育学为引领，深入研究和理解中国传统文化和教育实践，形成具有中国特色的教育学理论和方法。只有这样，我们才能在全球教育学领域中发出中国声音，展现中国智慧，为人类的教育事业做出更大的贡献。

（二）研究领域精细化

在中国教育学史的研究进程中，学者们在深入挖掘已有研究领域的基础上，不断开拓新的研究领域。他们对中国教育学的发展问题进行了更为细致和深入的探讨，从而拓展了多样化的研究领域。目前，已有的研究，如对中国教育学发展历程的系统梳理、对中国教育学史基本问题的深入探究、对中国教育学分支学科发展史的精确厘清等，都已进入了更为精细化的阶段。学者们不再满足于从宏观层面对已有教材、论文进行简单的列举，而是从更为微观的视角出发，深入剖析一本教材、一个团体、一份文件等在历史长河中产生的深远影响。这种研究趋势不仅促进了教育学研究方法的创新，也对研究者提出了更高的要求，需要他们具备更为深厚的学术积淀和更为敏锐的历史洞察力。

同时，这种研究趋势也为中国教育学史的研究带来了更为广阔的视野和更为丰富的研究内容。在深入挖掘已有研究领域的基础上，学者们开始尝试将中国教育学史与其他相关学科进行交叉研究，如历史学、社会学、心理学等，以期能够更加全面、深入地理解中国教育学的发展历程。

在未来，随着研究方法的不断创新和研究领域的不断拓展，中国教育学史的研究将会迎来更加繁荣的时期。我们期待更多的学者能够加入这个领域的研究中，共同推动中国教育学史的研究更加深入、全面和精细。

（三）研究方法多元化

中国教育学在该研究阶段显著的特点在于研究方法的探索与创新。自21世纪以来，西方教育学研究方法经历了翻天覆地的变化，而中国也在积极紧跟国际潮流，努力将这些新方法融入各研究领域中。传统上，中国教育学研究主要依赖文献法和历史法，这些方法在挖掘历史资料和梳理发展脉络方面发挥了重要作用。然而，随着学术研究的深入，这些方法逐渐暴露出它们的局限性，无法满足研究者在深入剖析教育学发展过程中的学术兴趣和需求。

在这一背景下，中国教育学研究者开始积极探索新的研究方法。他们不仅借鉴了西方的叙事法、个案研究法以及口述法等新兴方法，还尝试将这些方法与传统的文献法和历史法相结合，形成了独具特色的研究方法。这种综合性的研究方法不仅拓宽了研究视野，还拓展了研究的深度和广度，为中国教育学的研究注入了新的活力。

量化研究与质性研究的结合是该阶段研究的另一个重要特点。通过收集大量的实际数据，研究者们能够对教育学的发展进行更加精确的量化分析，从而揭示出隐藏在数据背后的深层次规律。同时，质性研究则帮助研究者们深入挖掘教育学的内涵和本质，为理解教育学提供了更加丰富的视角。这种量化研究与质性研究相结合的研究方法，使得研究结果更加全面、客观和准确。

以《论"教育学"概念在中国的早期形成》[①]一文为例，该文以"教育学"概念为核心，通过深入探讨其在中国早期的形成过程，将历史与现实紧密地联系在一起。文章不仅梳理了"教育学"概念在中国的发展历程，而且深入分析了这一概念对当前教育学发展的重要意义。这种跨越时间维度的研究方法，使得文章不仅具有深厚的历史底蕴，还展现出鲜明的时代特色。

此外，该文巧妙地运用了多种研究方法。在文献梳理方面，作者广泛搜集了相关历史文献，对"教育学"概念的形成进行了全面而深入的剖析。在量化研究方面，作者通过收集大量历史数据，对"教育学"概念在中国早期的发展进行了量化分析。而在质性研究方面，作者则通过对历史人物的

---

① 侯怀银、张小丽：《论"教育学"概念在中国的早期形成》，《教育研究》2013 年第 11 期。

访谈和口述资料的整理，深入挖掘了"教育学"概念背后的文化内涵和社会背景。这种综合性的研究方法使得文章在深度和广度上都达到了很高的水平。

综上，该研究阶段在研究方法上的探索与创新为中国教育学的研究注入了新的活力。通过综合运用多种研究方法和技术手段，不仅拓宽了研究者的研究视野，还拓展了研究的深度和广度。这种综合性的研究方法不仅有助于推动教育学研究的突破与创新，还为理解教育学提供了更加全面、客观和准确的视角。

（四）总结展望

在中国教育学发展历程中，我们不得不承认，在很长一段时间内，我们过于依赖外来理论和方法，而忽视了本土经验这一宝贵财富。这在一定程度上导致我们的教育学缺乏自主性、独立性和开放性，难以真正反映中国本土文化与教育传统的独特价值。然而，随着全球化的推进与"本土化"概念的兴起，我们有必要重新审视并强调中国教育学的"中国化"，以在全球范围内推动教育学的创新与发展。

"本土化"作为一个涵盖民族性与地域性的概念，提醒我们关注每个国家和地区独特的文化背景和教育实践。在中国，这意味着我们要以中国文化传统为根基，打造具有鲜明中国特色的教育学。这样的教育学不仅要扎根于中国的教育实践，而且要能够深刻反映中国本土文化与教育传统的精髓。为了构建这样的教育学，我们需要从多个方面入手。

首先，我们要深入挖掘中国传统文化中的教育思想，寻找教育学发展的本土资源。这不仅包括古圣先贤的教育智慧，也包括近现代中国教育家的实践经验和理论贡献。通过深入研究这些本土资源，我们可以为中国教育学的发展提供丰富的理论支撑和实践指导。

其次，我们要关注中国的教育实践和教育问题，将其作为教育学研究的重要来源。中国的教育环境、教育制度、教育对象等都具有独特性，这决定了中国教育学研究必须紧密结合中国的实际。通过深入调查和实践，我们可以发现并解决中国特有的教育问题，为教育学的发展贡献中国智慧和中国方案。

最后，我们要鼓励中国学者积极参与全球教育学界的交流与合作项目，为推动教育学的世界性发展做出贡献。这包括将中国教育学研究成果推向世界舞台，与其他国家的教育学者进行平等对话和深入交流。通过分享中国教育学发展的经验和见解，可以促进全球教育学的共同进步，为构建人类命运共同体贡献中国的教育力量。

总之，创建属于中国的"教育学"是一项长期而艰巨的任务。但我们坚信，在全体中国教育学人的共同努力下，我们一定能够打造出具有中国特色、世界水平的教育学学科，为全球教育事业的繁荣与发展做出重要贡献。这不仅是中国教育学谋求最大发展的历史判断与价值选择，更是教育工作者责无旁贷的使命与担当。

第三章

中国教育学的现状与省思研究

第一节　中国教育学的发展现状

一　中国教育学服务教育强国建设成效初显

自党的十八大以来，我国全面深化教育改革，矢志不渝地推进教育强国建设。在此过程中，中国教育学作为理论支撑和实践指导，展现出极高的自觉性和主体性，其服务教育强国建设的成效已初步显现。本部分旨在探讨中国教育学在这一历史进程中的角色定位、理论创新与实践探索，以及其在优化教育资源配置、完善教育体系、提升教育教学质量、优化人才培养结构、推进教育公平、扩大教育对外开放等方面所取得的显著成效。

（一）中国教育学的自觉性：理论创新与导向引领

1. 理论自觉与时代使命

习近平总书记在党的二十大报告中明确指出"加快建设教育强国、科技强国、人才强国"。建构中国教育学自主知识体系是教育强国建设的重要推动力量，是中国特色哲学社会科学的重要组成部分。党的十八大以来，中国教育学界以高度的理论自觉积极回应国家教育战略需求，深入研究新时代中国特色社会主义教育发展规律，构建了具有中国特色、世界视野的教育理论体系。这种理论自觉体现在对教育本质、教育目的、教育功能等核心问题的深度思考与精准把握上，学者们深入研究教育规律，借鉴国际先进教育理念，结合中国国情，提出了诸如"立德树人""公平而有质量的教育""五育并举"等教育新理念，为教育强国建设提供了坚实的理论基础和科学的理论依据。

2. 政策导向与战略规划

中国教育学界积极参与教育政策制定与战略规划，以其深厚的学术底蕴和敏锐的时代洞察力，为教育改革提供智力支持。中国教育学者们积极参与国家教育发展规划的研讨与编制，如《国家中长期教育改革和发展规划纲要（2010—2020年）》《中国教育现代化2035》等，为教育强国建设擘画蓝图。同时，通过学术研究、政策咨询、社会服务等方式，中国教育学者为各级政府提供专业建议，推动教育政策的科学化、精细化，确保教育改革举措落地，有力支持了教育强国战略的稳步实施。

（二）中国教育学的主体性：服务教育教学实践

1. 提升教师专业素养

中国教育学的主体性首先体现在对教师队伍建设的深度介入上。党的十八大以来，我国高度重视教师队伍建设，高度重视教师专业发展，积极探索教师教育改革、师德师风建设、教师评价制度改革等路径，着力提升教师队伍整体素质和教育教学能力。出台《关于加强和改进新时代师德师风建设的意见》等文件，明确师德师风建设目标、原则与措施，将师德师风作为评价教师队伍素质的第一标准，将其贯穿于教师招聘、培训、考核、晋升、奖励等全过程。通过实施"国培计划""乡村教师支持计划"等举措，显著增强和提高了教师的职业吸引力和社会地位，为教育强国建设提供了强大的人力资源保障。

2. 优化教育资源配置

优化教育资源配置是实现教育公平、提高教育质量、推进教育强国建设的关键环节。党的十八大以来，国家出台了一系列旨在促进教育资源均衡配置的政策文件，如《关于深化教育体制机制改革的意见》《关于全面深化新时代教师队伍建设改革的意见》等，明确了优化教育资源配置的目标、原则与路径，为各级政府和学校提供了行动指南。通过实施"全面改薄"（全面改善贫困地区义务教育薄弱学校基本办学条件）、"特岗计划"（农村义务教育阶段学校教师特设岗位计划）、"银龄讲学计划"等重大项目，有效改善了薄弱学校的硬件设施，补充了农村和边远地区师资力量，促进了优质教育资源向基层延伸。党的十八大以来，我国在教育资源配置方面进行了多层面、深层次的改革与探索，逐步形成了以均衡化、高效化、多元化为特点的资源配置优化格局，取得了显著成效。

3. 推动教育评价改革

教育评价是教育改革的关键环节，中国教育学的主体性在推动教育评价改革中得到充分体现。推广以学生为中心的教学法，如项目制学习、探究式学习、合作学习等，鼓励主动探索、解决问题和创新实践。利用信息技术（如在线教育平台、虚拟现实、人工智能辅助教学等）实现个性化、智能化教学，提高教学效率和效果。同时，倡导校内外结合、理论与实践结合的教育模式，如校企合作、社区服务、田野调查等。倡导"破五唯"（唯分数、唯升学、唯文凭、唯论文、唯帽子），主张建立以学生全面发展为核心，涵盖德智体美劳多方面的综合评价体系。这一系列改革举措有助于扭转过度应试倾向，激发学校和教师的教育创新活力，促进学生的个性化、全面发展，为教育强国建设提供了科学的评价导向。

（三）服务教育强国建设的成效初显

1. 教育资源配置优化

随着国家对教育投入力度的持续加大，教育资源在城乡、区域间的分布逐渐均衡。偏远地区和农村地区的学校设施得到显著改善，优质教育资源通过互联网等现代信息技术手段实现共享，有效缩小了"教育鸿沟"。同时，各类教育专项支持项目如"双一流"大学建设、职业教育产教融合等，推动了高等教育和职业教育质量提升，为社会输送了大量高素质人才。

2. 教育体系日益完善

从学前教育到高等教育，再到继续教育、终身教育，我国教育体系逐步健全，形成了涵盖各个年龄段、适应各类人群需求的全方位教育格局。特别是近年来，针对职业教育、在线教育、社区教育等的政策扶持力度加大，进一步丰富了教育供给方式，满足了社会多元化、个性化的学习需求。

3. 教育教学质量提升

在教育学的理论引导与实践推动下，我国各级各类教育教学质量明显提高。学前教育阶段，毛入园率从 2012 年的 64.5% 提升至 2020 年的 85.2%，实现了基本普及；基础教育阶段，义务教育巩固率达到 95.2%，实现了全面普及且质量明显提升，素质教育理念深入人心；职业教育领域，产教融合、校企合作进一步深化，为经济社会发展提供了有力的人才支持；高等教育层面，毛入学率从 2012 年的 30% 提升至 2020 年的 54.4%，进入普及化阶段，"双一流"建设成效显著，科研创新能力与国际影响力不断提升。随着教育法治化进程加快，《中华人民共和国民办教育促进法》修订、《中华人民共和国职业教育法》修订等重大立法工作完成，教育治理体系和治理能力现代化水平不断提升。

4. 人才培养结构优化

在服务经济社会发展需求的导向下，教育体系着力调整人才培养结构，加大对战略性新兴产业、现代服务业等领域急需人才的培养力度。同时，大力倡导创新创业教育，鼓励高校与企业深度合作，培养具有创新精神、创业意识和实践能力的复合型、应用型人才。

5. 教育公平持续推进

教育学研究者持续关注教育公平问题，通过实证研究、政策建议等方式，推动城乡义务教育一体化、贫困地区教育精准扶贫、特殊教育支持等政策落地，助力缩小区域、城乡、校际、群体间的教育差距，逐步取消义务教育阶段各类特长生招生，规范普通高中招生行为，推进高考综合改革，打破"一考定终身"的局面，为学生提供多元化的升学通道，减少教育机会的不平等，让更多孩子享有公平而有质量的教育，为教育强国建设奠定坚实的社会基础。

6. 教育对外开放扩大

中国教育的国际影响力不断提升，中外合作办学项目增多，留学生规模持续扩大，国际学术交流与合作日益频繁。同时，汉语国际推广、"一带一路"教育行动等项目推动中华优秀文化走向世界，提升了我国在全球教育治理中的地位和话语权。

总的来说，党的十八大以来，中国教育学在服务教育强国建设中，展现出极高的自觉性与主体性。理论创新与导向引领、实践探索与模式创新共同发力，推动我国教育教学质量显著提升、教育资源配置实现优化、教育公平持续推进。未来，中国教育学应继续秉持自觉性与主体性，深度参与并引领教育强国建设，为实现中华民族伟大复兴的中国梦提供坚实的人才支撑和智力支持。

二　教育学的中国特色日益凸显

在世界多元文化的宏大背景下，教育作为塑造未来、传承文明、提升国家竞争力的关键力量，其发展路径与模式往往深受所在国历史文化、社会制度、经济条件等多重因素的影响。中国作为全球最大的发展中国家，拥有五千年深厚的历史底蕴和独特的社会文化背景，其教育事业在长期实践中逐渐形成了具有鲜明特色的教育体系与发展模式，即"中国特色的教育学"。近年来，随着我国教育改革的深入推进以及在全球教育对话中影响力的不断提升，这种特色日益凸显，不仅为我国人才培养、社会进步提供了有力支撑，也为全球教育理论与实践贡献了宝贵的中国智慧。

（一）历史脉络与文化基因

中国特色的教育学植根于中华民族悠久的历史文化土壤之中。自古以来，我国教育就强调"教书育人""立德树人"的理念，注重道德品质与知识技能的双重培养。儒家提倡的"仁义礼智信"，道家主张的"无为而治"，法家倡导的"法治"思想等，都在不同层面影响着我国教育的价值取向和教育教学方式。这些深厚的传统文化基因，使得中国特色的教育学在弘扬社会主义核心价值观、培养德智体美劳全面发展的社会主义建设者和接班人方面，展现出独特的优势。

（二）体制创新与政策导向

中国特色的教育学还体现在我国教育体制的创新性与政策导向的鲜明性上。新中国成立以来，特别是改革开放以来，我国逐步建立起涵盖学前教育、基础教育、职业教育、高等教育、继续教育的全民终身教育体系，实现了教育的普及化、公平化。政府高度重视教育事业发展，坚持教育优先发展战略，出台一系列重大教育改革举措，如"双一流"建设、新高考制度改革、乡村教师支持计划等，旨在提升教育质量，优化教育资源配置，推动教育公平，服务经济社会发展。这种顶层规划、系统推进、持续创新的教育发展模式，体现了中国特色社会主义制度的优越性。

（三）实践探索与理论创新

中国特色的教育学在实践中不断丰富和发展，涌现出众多富有成效的教育模式与经验。比如："素质教育"理念的提出与推广，旨在打破应试教育的桎梏，关注学生全面发展；"产学研深度融合"的职业教育模式，旨在对接产业需求，提升人才培养的针对性与实效性；"互联网＋教育"的广泛应用，借助现代信息技术手段，打破时空限制，实现优质教育资源的共享。同时，我国教育学者在吸收借鉴国际先进教育理念的基础上，结合本土实际进行理论创新，如提出"情境认知理论""深度学习理论"等，为中国特色教育学的构建提供了坚实的理论支撑。

（四）全球视野与文化交流

在全球化背景下，中国特色的教育学积极融入国际教育交流与合作，既借鉴世界先进教育理念与经验，又展示中国教育的独特魅力。我国积极参与联合国教科文组织、亚太经合组织等多边教育对话，发起成立"一带一路"教育行动联盟，举办世界慕课大会等，推动教育领域的南南合作与南北对话，为构建人类命运共同体贡献教育力量。同时，汉语国际推广、中国学研究、中外合作办学等项目的开展，使中国文化与教育理念得以广泛传播，提升了中国教育的国际影响力。

中国特色社会主义教育学概念、范畴的逐渐形成是一个长期、复杂且动态的过程，它与中国社会经济转型、教育改革实践的深化、教育理论研究的进展以及全球教育思潮的影响紧密交织。

1. 孕育期（改革开放初期至20世纪末）

教育改革起步与理论探索。改革开放初期，中国教育开始打破计划经济体制下的单一模式，启动了一系列教育改革举措，如恢复高考制度、实施"科教兴国"战略、推行九年义务教育等，为中国特色社会主义教育学的孕育提供了实践基础。教育理论界开始关注并引入西方教育理论，如人本主义教育思想、终身教育理念、素质教育观念等，对传统教育观念进行反思与批判，为构建中国特色社会主义教育学体系提供了理论素材。

初步形成中国特色教育理念。在对国内外教育经验的比较研究中，中国教育学者逐渐认识到教育应与本国国情、社会制度、文化传统相结合，初步提出了教育要服务于社会主义现代化建设、培养德智体美劳全面发展的社会主义新人等理念。开始探讨教育公平、教育质量、教育体制创新等议题，为构建中国特色社会主义教育学体系打下基础。

2. 发展期（21世纪初至党的十八大之前）

教育改革深化与政策出台。进入21世纪，中国教育改革进一步深化，如推进新课程改革、扩大高等教育规模、实施农村义务教育经费保障机制、启动免费师范生政策等，教育实践的丰富为理论构建提供了丰富的实证材料。国家层面出台了一系列重要教育政策文件，如《国家中长期教育改革和发展规划纲要（2010—2020年）》，明确了教育改革与发展的战略目标、重点任务和政策措施，为中国特色社会主义教育学体系的构建提供了宏观指导。

中国特色社会主义教育学理论体系逐步成形。教育理论研究更加系统化，对教育公平、教育质量、教育现代化、教育法治化、教育国际化等专题进行了深入探讨，形成了一系列具有中国特色的教育理论观点。开始系统梳理中国特色社会主义教育学的范畴，如教育目标、教育功能、教育制度、教育内容与方法、教育评价等，中国特色社会主义教育学的概念与范畴逐渐清晰。

3. 成熟期（党的十八大至今）

新时代教育方针的确立。党的十八大以来，中国特色社会主义进入新时代，对教育提出了更高要求。习近平总书记在全国教育大会上明确提出"培养德智体美劳全面发展的社会主义建设者和接班人"的教育方针，为中国特色社会主义教育学确立了发展方向。强调"立德树人"是教育的根本任务，提出"六个下功夫"，即在坚定理想信念、厚植爱国主义情怀、加强品德修养、增长知识见识、培养奋斗精神、增强综合素质上下功夫，进一步丰富了中国特色社会主义教育学的内容。

教育现代化战略的实施。"十三五"期间，国家大力推进教育现代化，实施一系列重大工程项目，如"双一流"建设、职业教育改革、乡村教育振兴等，为中国特色社会主义教育学的实践提供了丰富案例。出台《中国教育现代化 2035》等重要文件，明确了教育现代化的战略目标、重点任务和实施路径，为中国特色社会主义教育学的未来发展描绘了蓝图。

教育理论研究的繁荣。国家高度重视教育科学研究，设立各类教育研究项目，鼓励教育学者深入研究中国特色社会主义教育的理论与实践问题，推动教育理论创新。加强对中国特色社会主义教育学的系统研究，出版相关专著、教材，举办学术研讨会，形成了一批具有影响力的理论成果，中国特色社会主义教育学体系更加完整、成熟。

中国特色社会主义教育学在形成过程中呈现以下特点。首先，理论与实践紧密结合：始终围绕我国教育改革与发展的实际问题展开理论探索，理论创新与实践改革相互促进。其次，继承与创新相统一：在继承我国教育优良传统的基础上，积极吸收国际先进教育理念，进行本土化创新。最后，时代性与民族性兼具：教育理论与实践既反映时代特征，顺应全球教育发展趋势，又深深植根于中华民族的文化基因和社会主义核心价值观。

综上所述，中国特色的教育学在历史脉络与文化基因、体制创新与政策导向、实践探索与理论创新、全球视野与文化交流等方面呈现出日益凸显的特点，它既是对我国优秀教育传统的继承与发扬，又是对现代教育理念与实践的创新与发展。中国特色社会主义教育学概念、范畴的形成过程历经孕育期、发展期、成熟期，是一个伴随着教育实践变革、教育政策调整、教育理论创新的互动过程。在这个过程中，中国特色社会主义教育学逐步形成了具有时代特征、民族特色、世界眼光的理论体系，为指导中国教育改革实践、提升教育质量、推进教育公平、培养适应新时代要求的人才提供了坚实的理论支撑。面对新时代新挑战，我们需要进一步深化教育改革，强化教育科研，提升教育质量，以更加开放包容的姿态参与全球教育治理，让中国特色的教育学在世界教育舞台上绽放更加璀璨的光芒。

三　教育学学科体系日益繁荣、日趋完善

（一）教育学派日益繁荣

1. 原创教育学派的形成与发展细化

中国原创教育学派并非简单地复制西方教育理论，而是立足于中国国情，针对我国教育实践中的具体问题进行深入研究。近年来，中国教育学界涌现出了一批具有中国特色的原创教育学派，如叶澜教授所创立的"生命·实践"教育学派，强调教育应当关注人的生命成长和教育实践的有机统一，倡导在真实的教育情境中生成和创新教育理论，在基础教育改革实践中提出了一系列新的教育理念和方法，提倡尊重学生的主体性，主张通过实践活动培养全面发展的人才。这一学派的理论研究与实践探索为我国教育改革提供了重要的理论支撑。

2. 教育理论的中国化创新与实践应用

在教育理论层面，诸多原创教育学派尝试将中国传统文化精髓与现代教育理念相结合，中国教育学者在继承与借鉴西方教育理论的同时，注重理论的本土化创新，构建了基于中国文化和社会背景的教育理论体系。比如：陶行知的生活教育理论倡导"教学做合一"，强调教育应紧密联系生活实际；李吉林的情境教育理论则主张创设适宜的学习环境，促进学生情感、认知与行为的和谐发展。这些原创的教育理论都凸显了中国特色，在各地学校得到广泛应用，为全球教育理论宝库做出了独特贡献。

3. 学科交叉融合与理论体系建设

当前，中国的教育学研究已经跨越单一学科边界，形成了跨学科、综合性强的研究格局。不同学派通过整合哲学、心理学、社会学等多学科资源，探讨诸如教育价值观、教育制度变迁、教育资源配置等深层次问题，促进了教育学学科体系的完善与拓展。中国教育学学科体系在发展过程中，注重理论与实践的紧密结合，许多原创教育学派的理论源于并服务于教育实践。例如，通过长期一线教学实践而形成的教育教学改革理念与模式，不仅在国内广泛推广应用，也在一定程度上影响了其他国家和地区的教育改革。

4. 学术交流与国际合作

国内原创教育学派在不断深化内部研究的同时，也积极参加国际学术交流，推动研究成果的国际化传播。不少学派的领军人物在国际舞台上发表论文、举办讲座，其理论框架和实践经验逐渐获得国际教育学界的认可，提升了中国教育学在全球的话语权。

5. 教育政策与实践改革导向

原创教育学派的研究成果为国家教育政策制定提供了有力的理论依据，一些原创教育学派的研究成果直接或间接影响了国家教育政策的制定，在很多政策文件中能看到相关理论的应用。比如，为教育公平、教育质量、教育现代化、教师队伍建设等方面的政策制定提供理论支持，助力我国教育政策的科学化与精细化。在推进素质教育、减轻学生课业负担、优化课程设置等方面，原创教育学派提出的观点和建议被吸纳进相关政策设计之中。

6. 人才培养与学术梯队建设

各原创教育学派通过设立研究中心、开设专门课程、培养研究生等方式，不断壮大人才队伍，形成了一支既有深厚理论素养又熟悉教育实践的研究队伍。这为持续推动中国教育学的发展奠定了坚实的人才基础。

总的来说，中国原创教育学派在学科体系上的繁荣不仅体现在理论创新和实践改革上，还体现在学科交叉融合、国际交流、人才培养等多个层面，共同展现了一个既扎根于中国土壤，又面向世界的中国教育学新貌。随着时代发展和教育改革的深化，这种繁荣还将进一步引领中国教育事业向着更加科学化、人本化、现代化的方向迈进。

（二）教育理论日趋完善

1. 中国特色教育理念的提炼与发展

在中国教育学理论体系的构建过程中，一方面，深入挖掘和传承中华优秀传统文化中的教育思想，如孔子的"有教无类""因材施教"等，将其融入现代教育理论体系；另一方面，系统研究和吸收借鉴马克思主义教育理论，结合马克思主义教育观，提炼出了"以人为本""全面发展""和谐教育"等一系列具有中国特色的教育理念。习近平总书记提出的"立德树人"是教育的根本任务，主张将德育放在首要位置，培养德才兼备的时代新人。"五育并举"则强调在加强德育工作的同时，注重智育、体育、美育、劳动教育的协同发展，培养学生的综合素质和创新能力，进一步丰富和完善了中国特色社会主义教育理论体系。

2. 教育制度与政策研究的创新

中国教育学者针对中国教育现状，深入研究教育公平、教育质量、教育投入、教育评价、教育治理等诸多领域，创新性地提出了"城乡教育一体化"、"教育精准扶贫"、"双一流"建设等重要理论和政策构想。此外，还就如何优化教育资源配置，破解"择校热""减负增效"等社会关注的教育问题，提供了针对性的理论分析和政策建议。

3. 教育教学理论的本土化创新

在课堂教学理论方面，中国教育学者借鉴国际先进教育理念，结合中国教育实际，提出了"生本教育""情境教学""翻转课堂"等新的教学模式。同时，对课程内容与教材编制也进行了大胆改革，强调课程内容的生活化、实践性和综合性，力求使教育更加贴近学生生活和社会发展需求。从注重知识传授转向关注人的全面发展，倡导素质教育，强调学生主体地位，重视培养学生创新精神和实践能力，提出教育应尊重个体差异，实现教育公平，满足人民群众对优质教育资源的需求。近年来，我国对教育本质和目标的认识更加深刻，将"立德树人"置于教育的核心位置，明确提出培养德智体美劳全面发展的社会主义建设者和接班人，体现了教育理论的与时俱进。

4. 教育心理学与教育社会学的本土贡献

在教育心理学领域，学者们关注中国学生的认知发展特点、学习动机、心理健康等问题，研究并提出了具有中国特色的心理教育模式和干预策略。在教育社会学领域，学者们着重研究中国社会变迁背景下教育机会不均等、教育的社会分层功能等问题，探索如何通过教育改革缩小城乡、区域、阶层之间的教育差距。

5. 教育学分支学科的创新发展

在宏观层面，如教育基本理论、教育经济与财政、教育政策与法律等领域取得显著进步；在微观层面，如课程与教学论、教育技术学、学习科学、教育心理学等具体领域也有了深入研究和突破。比如在课程设计上，研究如何更好地实施国家课程标准，开发校本课程，推行项目式学习、情境式教学等新型教学模式。在各个教育学分支学科中，学者们聚焦中国教育实践的具体问题，进行了卓有成效的理论创新。例如：在高等教育学领域，研究者关注高校人才培养模式改革、产学研用深度融合机制的建立；在职业教育学领域，研究者提出职业技能型人才的培养路径和产教融合新模式；在特殊教育学领域，研究者致力于构建并完善残障人士全纳教育体系。

6. 教育学研究方法论的探索与应用

中国教育学研究在方法论上实现了多元互补，既有对教育现象的深度理论剖析，又有基于实证数据的量化研究，更有结合具体情境的质性研究。借助信息技术手段，教育大数据、教育测评技术等的应用极大地提高了教育科学研究的精确性和科学性。中国教育学研究在方法论上寻求突破，不仅引入和运用量化研究、质性研究、混合研究等多元化的研究方法，而且注重在实践中检验和发展这些方法。比如：有的研究者通过扎根理论、案例研究等方法深入揭示中国教育实践中的复杂现象和内在规律；有的研究者则通过大规模数据调查与分析，为教育政策制定提供科学依据。

总的来说，中国教育学学科体系在原创教育理论层面的繁荣，既体现在对传统教育智慧的传承与创新上，又体现在对国际先进教育理念的吸收与转化上，更体现在对本土教育问题的敏锐洞察与有效解决上。这一系列理论成果和实践探索，有力地推动了中国教育事业的持续健康发展。

四　中国教育学学术体系逐渐形成

中国教育学学术体系可以分为以下几个主要组成部分，它们共同构成了一个有机整体，旨在反映中国教育学的学科特性、学术成就和话语表达。第一，学科体系。学科体系指的是教育学作为一个学科的架构，包括教育学的各个分支学科，如教育哲学、教育史、教育社会学、教育心理学、教育管理学、课程与教学论、比较教育学等。这些分支学科各有侧重，但都围绕着教育的核心问题进行研究。第二，学术体系。学术体系主要涉及教育学领域的理论研究、学术成果和研究方法。它涵盖了教育学的基本理论、教育问题的分析与解决、教育实践的指导原则，以及教育学研究的方法论，包括质性研究、量化研究、混合研究方法等。第三，话语体系。话语体系是指在教育学研究中使用的语言、概念、术语和表达方式，它反映了教育学的学术文化和价值观。话语体系的建设有助于体现中国教育学的特色，使中国教育学能够在国际学术交流中发出自己的声音。这三个体系相互关联，共同构成了中国教育学学术体系的基础。学科体系为教育学提供了分类和研究的框架，学术体系则是这一框架下理论和实践的探索，而话语体系则赋予了中国教育学特有的表达方式和文化身份。

此外，中国教育学学术体系的建设还强调以下几点。第一，自主性。中国教育学强调理论的本土化，即根据中国教育的实际需要和文化背景，发展具有中国特色的教育理论。第二，跨学科性。教育学与其他学科如心理学、社会学、经济学等的交叉融合，提高了教育学的综合性和创新性。第三，国际化。中国教育学学术体系的建设还注重与国际教育学界的交流与合作，借鉴国际先进的教育理念和研究成果，同时推广中国教育的成功经验和独特贡献。中国教育学学术体系的构建旨在形成一个既有国际视野又能体现中国国情和文化特色的教育学知识体系。中国教育学学术体系逐渐形成的过程对应着学科、学术、话语三大体系的发展和完善。

（一）学科体系的构建与深化

中国教育学的发展体现了学科体系的构建与深化，这一过程可以分为以下几个关键阶段。

1. 学科体系的初步构建

新中国成立初期至改革开放前：1949 年新中国成立后，教育学学科体系的构建受到了苏联教育学的影响，强调教育的社会功能和意识形态导向。1952 年高校院系调整，教育学作为一门独立学科的地位得以确立，学科内部结构初步形成，包括教育学原理、教育史、教育心理学、教育管理学等基础学科。

2. 学科体系的现代化与国际化

改革开放以来：自 1978 年开始，中国教育学学科体系开始向现代化和国际化迈进。这一时期，中国教育学界开始大量引进西方教育理论，如认知心理学、建构主义、人本主义等，促进了学科体系的丰富与深化。研究方法不断科学化：教育研究方法从单一的思辨性研究转向实证研究，量化研究、质性研究、实验研究等方法的应用，使得教育学研究更加科学严谨。

3. 学科体系的深化与本土化

20 世纪 90 年代至今：中国教育学学科体系的深化体现在对教育问题的深入研究上，如素质教育、教育公平、教育信息化、教育国际化等议题成为研究热点。同时，中国教育学界也开始注重本土化研究，探索符合中国国情的教育理论。中国教育学界出现了以陶行知等为代表的有影响力的原创教育学派，其在理论创新和教育实践方面影响深远。

4. 学科体系的交叉与融合

跨学科研究兴起：教育学与其他学科的交叉研究日益增多，如教育神经科学、教育经济学、教育技术学等新兴交叉学科的出现，反映了教育学学科体系的开放性和综合性。重视"三大体系"建设：中国教育学学科体系的构建强调学科体系、学术体系、话语体系"三大体系"的建设，旨在打造具有中国特色、科学性和国际影响力的教育学知识体系。

5. 学科体系的国际化与话语权提升

开展国际交流与合作：中国教育学者积极参与国际学术交流，与海外学者开展合作研究，不仅引进了国际先进的教育理念和教育方法，而且将中国教育的特色与经验推向国际，提升了中国教育学的国际影响力。重视国际比较教育研究：中国教育学界开始关注国际教育发展趋势，进行跨国教育比较研究，以全球视角审视中国教育问题，拓宽了教育学的国际化视野。

6. 学科体系的政策导向与教育改革

依托于政策支持与资源投入：政府及各类基金会加大了对教育科研项目的资助力度，为教育学研究提供了资金保障，拓展了学术研究的深度和广度。有赖于教育改革的推动：国家教育政策的变化与教育改革的推进，如新工科、新文科、"双一流"建设等，为教育学研究提供了新的课题和动力。

7. 学科体系的人才培养与师资队伍建设

教育学专业教育的发展：在高等教育的范畴里，教育学专业的设置持续优化，本科、硕士、博士层次的人才培养架构逐步健全，为教育学研究输送了众多专业人才。师资队伍建设的加强：教育学学科建设中，师资队伍的建设被放在了重要位置，通过引进高水平学者、培养青年教师、建立教师培训体系等方式，提升了师资队伍的整体素质。

中国教育学学科体系的构建与深化是一个持续进化的过程，它既体现了中国教育学对国际教育理论的吸收与创新，又反映了教育学在中国社会经济、文化背景下的独特发展路径。这一学科体系的构建与深化，不仅推动了中国教育学理论与实践的进步，而且为全球教育学的发展贡献了中国智慧和中国方案。

（二）学术体系的丰富与创新

中国教育学的发展在学术体系的丰富与创新方面取得了显著成果，这一进程可以细分为以下几个关键环节。

1. 理论研究的深化与本土化

首先，对传统教育思想的再阐释。中国教育学的学术体系在发展过程中，重新审视并丰富了中国传统的教育思想，如儒家的"仁义礼智信"、道家的自然无为观、墨家的实用主义等，使其在现代社会中焕发新生。其次，对现代教育理论的构建。自 20 世纪下半叶起，中国教育学者开始构建具有中国特色的现代教育理论，如素质教育、终身教育、教育公平、教育信息化等概念的提出，反映了对教育本质和目标的深入思考。

2. 研究方法的多元化与科学化

第一，强调实证研究。中国教育学研究逐渐重视数据和证据的重要性，量化研究、质性研究、混合研究等方法的运用，提升了研究的科学性和可靠性。第二，跨学科研究的兴起。教育学与其他社会科学、自然科学领域的交叉融合，如教育神经科学、教育经济学、教育信息技术等，拓宽了教育学的研究视野和研究路径。

3. 学术成果的积累与传播

首先，学术著作、教材和论文数量增加。大量教育学专著、教材和学术论文的出版，不仅积累了丰富的学术成果，也促进了教育学理论的传播。其次，学术期刊与学术活动越发活跃。中国教育学界创办了多份高质量的学术期刊，定期举办的学术会议和论坛，为学者提供了交流与合作的平台。

4. 学术流派与理论创新

陶行知的生活教育、陈鹤琴的活教育、李吉林的情境教育等学派为中国教育的发展注入了新的活力。此外，中国教育学者积极投身国际学术交流活动，与海外学者广泛开展合作研究。在这个过程中，他们不但积极引进国外的先进教育理念，为中国教育的发展提供了新的视角和方法；而且将中国教育的特色与宝贵经验推向国际舞台，促进了全球教育的交流与合作，为推动全球教育的发展贡献了中国智慧和力量。

5. 学术体系的政策影响与教育改革

第一，为教育政策的制定提供理论支撑。中国教育学的学术成果为国家和地方教育政策的制定提供了理论依据，如素质教育、教育公平等政策的背后都有深厚的理论支撑。第二，为教育改革充当学术引领。学术体系的丰富与创新，为教育改革提供了理论指导，如课程改革、教学方法创新、评价制度改革等，都是在教育学理论的指导下进行的。

6. 教育学人才培养与师资队伍建设

一方面，致力于教育学专业教育的发展。在高等教育范畴内，教育学专业的设置持续优化与完备。从本科层次到硕士层次，再到博士层次，其人才培养体系逐步趋于健全和成熟。这一完善的体系源源不断地为教育学研究领域输送了众多专业素养高的人才，有力推动了教育学研究的深入发展和专业队伍的不断壮大。另一方面，加强师资队伍的专业化。教育学学术体系的发展促进了师资队伍的专业化建设，通过继续教育、学术交流、国际合作等方式，提升了教师的学术水平和教学能力。

中国教育学学术体系的丰富与创新，不仅体现在理论研究的深化与本土化、研究方法的多元化与科学化、学术成果的积累与传播上，还体现在教育学派的形成、理论创新、国际学术交流的拓展、对教育政策的理论支撑以及教育改革的学术引领上。这一系列进展，反映了中国教育学学术体系在本土化与国际化、传统与现代之间的平衡与融合，展现了中国教育学在全球教育学领域的独特贡献和日益增长的国际影响力。

（三）话语体系的构建与国际交流

"中国教育学要有自己独特的话语体系，必须把生长的根系扎进丰富的民族精神家园之中，扎进当代中国教育变革的大地之中。"[①] 中国教育学的发展在话语体系构建与国际交流方面的体现，可以从以下几个层面来阐述。

1. 话语体系的构建

首先，强调理论基石的确立。即以马克思主义为指导思想，结合习近平新时代中国特色社会主义思想，确保教育学话语体系的思想根基。其次，注重本土特色的提炼。在中国教育学话语体系构建中，中国教育学者致力于提炼中国教育的本土特色，如传统文化中的教育智慧、中国教育改革的经验教训，以及中国社会特有的教育问题与解决方案。最后，注重国际视角的融合。在中国教育学话语体系的构建过程中，中国教育学者积极理性分析、选

---

① 叶澜：《创生学派，推进当代中国教育学发展》，中国社会科学网，https://www.sinoss.net/c/2022-03-04/620898.shtml。

择性地吸收和借鉴西方教育理论中的有益成分，以增强中国教育学话语体系的国际兼容性。

2. 国际交流与合作

第一，多方参与学术会议与论坛。中国教育学者频繁参与国际性的学术会议和论坛，与世界各地的教育学者进行面对面的交流，分享研究成果，探讨教育前沿话题。第二，积极促进合作研究项目。中外教育学者开展合作研究项目，共同解决全球性的教育问题，如教育公平、教育质量提升、教育技术应用等，拓展了教育学研究的深度和广度。第三，倡导参与国际组织的教育项目。中国教育学者和机构积极参与联合国教科文组织、世界银行等国际组织的教育项目，提升了中国教育学在国际舞台上的可见度和影响力。

3. 中国教育经验的国际传播

一方面，注重案例分享与模式输出。中国教育学界通过出版、演讲、在线课程等形式，向国际社会介绍中国教育的成功案例，如素质教育、高考制度、教育信息化等，这些经验吸引了国际教育界的关注。另一方面，寻求国际教育援助与合作。中国通过教育援助项目，如孔子学院、汉语桥等，向其他国家传播中文教育和中国文化，同时也促进了教育理念的双向交流。

4. 话语体系的创新与发展

一方面，要应对时代变迁。随着社会的快速发展，中国教育学话语体系不断适应新的教育需求，如对 STEM 教育、终身学习、在线教育等新兴教育形式的讨论，展现了其与时俱进的特性。另一方面，要不断批判与反思。中国教育学界在构建话语体系时，也注重对既有教育理论和实践的批判与反思，不断寻找更符合中国国情的教育理论和模式。

5. 提升国际影响力

一方面，进行学术出版与国际期刊发表。中国教育学者在国际顶级教育学期刊上发表论文，参与编辑工作，提升了中国教育学的国际学术声誉。另一方面，建立智库与提供政策建议。中国教育学智库为国际教育政策制定提供资料，并通过研究报告和政策建议，影响全球教育议程。

中国教育学在话语体系构建与国际交流方面的努力，不仅丰富了中国教育学的理论内涵，也促进了中国教育学界与国际教育学界的对话与合作。这一进程体现了中国教育学在吸收国际先进经验的同时，也自信地展示了自己的教育智慧，为全球教育事业的发展贡献了中国智慧与中国方案。通过持续的学术创新与国际交流，中国教育学正在逐步提升其在全球教育学话语体系中的地位和影响力。

中国教育学学术体系的形成与原创教育学派的发展是一个相辅相成、互为促进的过程。中国教育学学术体系为学派的理论创新提供了理论基础和研究框架，而原创教育学派的实践探索又为中国教育学学术体系的深化和丰富提供了源源不断的动力。在这个过程中，中国教育学既保持了对中国传统教育思想的继承，又不断吸收国际教育学的先进理念，最终形成了具有中国特色、时代特征和国际视野的教育学学术体系。

五　中国教育学话语体系逐渐显现

"话语"一词源于拉丁文中的"discursus"，意指"包含一个以上句子的连续语段，可以是谈话、叙述、论述、演说等"。现代英文中"discourse"一词代表话语，意指人类沟通交流的言语行为，即表达者与倾听者基于特定的语境以语言符号为媒介进行观点、意见、思想等的对话沟通。话语在现代语境中主要包含"概念"与"陈述"两大组成部分。"概念"是构成话语的最小单位，主要承载话语的内容，是人在认识过程中经由演绎、归纳而形成的对于某一对象的理性、系统、科学的认识，以生动形象、全面准确的语言表达来描述对象。"陈述"是对各概念间关系的描述，主要表现话语的形式，指人在对话过程中条理清晰地表达自己的所思、所想、所感。陈述有着丰富多样的表达形式，其根本在于为概念的表达服务。英国哲学家密尔（John Stuart Mill）认为，"概念是人类各种理论的核心"[①]。由此可见，承载着话语内容的概念，应作为中国教育学话语体系的根基。

---

① 〔美〕加里·戈茨：《概念界定：关于测量、个案和理论的讨论》，尹继武译，重庆大学出版社，2014。

在西方，"话语"最早源自对文学作品的批判，直到 20 世纪 50 年代，"话语"逐渐成为语言学的一个分支，后经结构主义改造，逐渐成为现代西方社会的一种建构工具，被学者广泛运用于制度、学科等研究中。《牛津英语辞典》中的"话语"一词指"通过言语进行的思想交流"。在我国，"话语"一词引入后主要应用于语言学领域及哲学社会科学领域，受福柯（Michel Foucault）、布迪厄（Pierre Bourdieu）等人影响，"话语"一词的使用带有较强的批判意味，"话语"的相关研究从最初语言学的"话语"意蕴诠释、解读，到哲学社会科学中的"话语权""话语体系"，从思辨逐渐步入实用。随着"话语"研究的深入以及研究成果的丰富，目前，"话语"被广泛应用于语言学、哲学、教育学、社会学等学科领域。《辞海》中"话语"主要指人类言语交际中的言语行为，通过言语运用进行有效的信息传递。

由上可见，中国教育学话语体系的基础是概念，一个个概念就像一块块砖瓦，构筑起了中国教育学话语体系的恢宏大厦。概念是中国教育学话语体系在新时代进行理论创新的动力源泉，是建造科学知识系统的砖瓦[1]，在西方学术话语强势冲击下，中国教育学者应当清醒地认识到：概念是知识生产和理论体系的基石，可弥补本土理论知识创新不足的短板[2]。根据概念的形成逻辑，概念一般分为原始概念与衍生概念。原始概念是最初形成的概念，是衍生概念的基础，对于话语体系而言，具有原初性、根本性。衍生概念则是基于原始概念演绎而来，对于话语体系而言，具有再生性、发展性。一个个概念汇聚成为中国教育学话语体系中的概念系统。

20 世纪末，中国教育学者在元教育学的研究过程中，对中国教育学的基本范畴、价值诠释、历史变迁、基本主题、主要问题、研究范式、实践理路、未来走向等领域进行了深入讨论，中国教育学话语体系研究随之产生，

---

[1] 〔奥地利〕赫尔穆特·费尔伯：《术语学、知识论和知识技术》，邱碧华译，商务印书馆，2011。

[2] 丁钢、缪锦瑞：《如何提升中国教育研究的国际影响力——基于专家评估报告的分析》，《复旦教育论坛》2021 年第 1 期。

并随着相关研究的深入与丰富，汇聚出了四种较为典型的研究成果。

其一，中国教育学话语体系形成的历史过程研究。主要包括"两阶段说"与"三阶段说"。"两阶段说"主要以中国历史发展的基本进程为依据，以自新中国成立至今为研究时段，以改革开放前后为阶段分期，聚焦"理论与实践相统一"，对中国教育学话语的基本特征做出历史性回顾。其中：第一阶段为 1949～1978 年，该阶段中国教育学话语相对单一，主要表现为对于"元理论"的依附；第二阶段为 1978 年改革开放至今，该阶段中国教育学话语由前一阶段的相对单一发展逐渐转向多元化发展，主要表现在由前一阶段的"元理论"依附转向"元教育学"研究，多元研究主体逐渐确立，教育理论转向应用领域、生活本位。① "三阶段说"则是站在教育研究者的角度做出的历史划分。第一阶段为 1901～1949 年，主要表现为在近代西方文化的冲击下，面对中西文化差异，中国社会的基本现实与矛盾。中国教育学者基于时代特征、基本国情，对中国本土教育进行研究，以及将西方进步的教育理念、教育哲学应用于中国实际，对教育做出的中国化改造进行探索，如陶行知的生活教育理论、陈鹤琴的活教育理论、梁漱溟的乡村建设理论。第二阶段为 1958～1966 年，中国教育学者的民族自尊心推动其对教育学做出中国化诠释。第三阶段为改革开放以后，在西方教育学或主动引入或被动输入的冲击下，中国教育学者立足中国国情，开始走向文化自觉。有学者认为自改革开放以来，中国教育学话语体系在反思中重建。② 简而言之，中国教育学话语体系经历了从相对单一化到丰富多元的发展过程。在理论层面，从最初形而上的"元理论"依附逐渐发展为偏重生活、偏重实用的理论与实践相统一；在文化层面，从引进西方文化、学习西方文化、批判传统文化逐渐走向文化自觉、文化自信，辩证看待中西文化，弘扬中华优秀传统文化；在教育学者层面，从盲目、被动逐渐走向辩证、主动。

其二，中国教育学话语体系建构过程的现实困境研究。中国教育学话语

---

① 于述胜：《"理论与实践相统一"——六十年来中国的教育学话语史论》，《社会科学战线》2009 年第 11 期。

② 郅庭瑾、李世奇：《讲好教育学的"中国话"》，《文汇报》2018 年 6 月 8 日。

体系建构过程中主要面临三大发展困境：对西方教育学话语的依赖性较强，与中国本土教育实际的联系仍不够紧密，中国教育学话语体系在世界范围内的传播力、影响力仍有待提升。中国的教育学思想更多渗透于哲学思想之中，由于传统官方哲学儒家思想主张"庶、富、教""学而优则仕"，自古以来儒家学者十分重视教育，形成了丰富的、具有中国智慧的教育思想。然而，教育学作为一门独立的学科是自 17 世纪以来欧洲科学发展与学科分化的结果，随着人们认识的深入，知识复杂程度不断提高，各学科发展日趋成熟，1632 年夸美纽斯（J. A. Comenius）的《大教学论》被誉为"西方第一部独立形态的教育学著作"，自此，教育学脱离了对哲学的依附，把教育问题作为自己独特的研究领域，教育学作为一门独立的学科正式诞生。教育学在我国是近代"西学东渐"的舶来品，教育学在中国并不是依照中国国情产生与发展的，而是近代进步人士在直接引进、传播西方教育思想和教育制度的过程中逐步建立的，中国教育学者大多是西方教育理论与模式的追随者。这使得教育学在中国缺少话语生成的土壤和条件，造成"先天不足"和对西方话语的依附。① 而面对具体的教育实践时，我国教育学更多是以既有的话语体系来解决问题，用现有范式"隔靴搔痒"，既不能跳出原有话语体系的"藩篱"，又不能生成新的话语体系来解决理论与实践发展的核心问题。②

其三，中国教育学话语体系的内涵与价值诠释。学者们诉诸中国教育学话语体系的时代需求、国家需求、学科需求，探讨中国教育学话语体系的当代价值。在时代需求上，中国教育学话语体系既要为新时代教育强国建设、为中华民族伟大复兴、为中华优秀传统文化的弘扬提供有力支撑，又要反映新时代教育学的学术面貌和学科走向。③ 时代是话语体系建构的背景和依托，话语体系以时代为基础，体现着时代的特色。在国家需求上，中国教育

---

① 冯建军：《构建教育学的中国话语体系》，《高等教育研究》2015 年第 8 期。
② 刘铁芳：《必要与可能：教育学范式的打破与话语的更新》，《高等师范教育研究》1997 年第 5 期。
③ 周洪宇：《论教育史学中国学术话语体系的构建》，《河南大学学报》（社会科学版）2016 年第 3 期。

学要提升世界话语权与国际影响力，摆脱"跟随者"的姿态，逐渐成为"引领者"，依托教育现代化建设成果，总结中国教育智慧，在国际教育学界发出中国声音、传递中国经验，为在世界范围内提升中国学术话语权贡献力量。在学科需求上，中国教育学话语体系要立足学科发展逻辑，廓清学科基本范畴，明确学科定位与发展方向，提升学科自觉性，加快形成学科自主知识体系，促进分支学科均衡发展，推动综合学科、交叉学科的融合、延伸、拓展与深化，革新研究范式与研究方法。

其四，中国教育学话语体系的建构路径研究。中国教育学话语体系的建构是一个自上而下的演绎性课题。① 相关研究既有微观方面的分析，又有宏观方面的探索，在对中国教育学发展现状与困境的省思中，展开了与欧美发达国家教育学发展的比较研究。立足时代发展方向，发掘中华优秀传统文化中的有益经验，依托实践创生，正确处理中国教育学话语与西方教育学话语的关系等，是目前学者们提出的有效建构中国教育学话语体系的路径。过往研究虽已取得一定的成果，但仍有一些现实性问题值得关注。过往中国教育学话语体系的相关研究缺乏大教育学视野，主要立足于具体教育实践场域的问题与经验。未来中国教育学话语体系研究应提高站位，立足大教育学视野，力争面向从宏观到微观的各个教育领域展开全面深入研究，汲取不同学科的知识营养，凝聚普适性经验。未来中国教育学话语体系建构路径研究应当聚焦三大问题：第一，立足大教育学视野系统分析中国教育学话语体系的建构路径，以形成更为宏观的中国教育学话语体系建构视野；第二，立足教育强国、教育现代化建设，中华民族伟大复兴的时代诉求，回应国家发展、民族复兴中亟待解决的时代问题；第三，立足大教育学思维，重构对中国教育学话语体系的当代理解。

第二节　中国教育学的发展困境

中国教育学的发展困境是多方面的，既包括社会环境、文化背景等

---

① 孙元涛：《论中国教育学的学术自觉与话语体系建构》，《教育研究》2018 年第 12 期。

外部因素的影响，又包括教育学自身建构以及教育实践等方面。就中国教育学学科本身而言，其发展困境主要包括学科自觉性和自主性不足、基本理论基础较为薄弱、应对实际问题存在局限、学科成果转化乏力、世界话语权有待提升几个方面。

一 中国教育学应对重大理论、现实问题、政策问题

中国教育学在应对重大理论、现实问题和政策问题等时表现出一定的乏力现象。首先，在本土化教育理论的建构方面。尽管中国有着丰富的教育实践，但在建构基于中国情境和教育实际需求的教育理论方面仍显乏力。例如，在尝试将西方教育心理学理论应用于中国学生时，往往没有充分考虑到文化差异和学生特点，导致理论适用性不强。其次，在应对现实问题方面。以"双减"政策的实施为例，近年来，教育部门一直在推行"双减"政策，旨在减轻义务教育阶段学生作业负担和校外培训负担。然而，在实际操作中，由于教育资源分配不均、升学压力等多重因素，这一政策并未能有效实施，学生的学业负担依然沉重。教育学界在提供有效解决方案方面显得力不从心。再次，在应对政策问题方面。以高考改革为例，高考作为中国教育制度的核心，一直是教育改革的重要议题。尽管多年来进行了多次改革尝试，但高考制度仍然存在诸多问题，如应试教育倾向、评价标准单一等。教育学界在推动高考实质性改革方面提出的建议和方案往往难以被采纳或实施，显示出其对政策问题应对的乏力。最后，在教育公平方面，虽然政策上一直在强调教育资源的均衡分配，但实际上，城乡之间、不同地区之间的教育资源差距仍然显著，教育公平之路仍然漫长。

这种乏力现象是多方面因素共同作用的结果，既涉及学科内部的理论建构和学术研究，又与外部环境、政策制定和实施等方面有关。本节主要就中国教育学在建构系统的理论体系方面的问题进行阐述。

（一）理论品性与实践品性不足

从理论品性和实践品性来看，中国教育学在建构系统的理论体系方面还存在不足。一方面，教育学理论尚未形成完整、严密，有很强解释力、阐释

力、引领力的逻辑体系，导致在面对复杂的教育现象和问题时，难以提供有力的理论支撑。另一方面，教育学理论对中国教育实践品质提升的作用、对世界教育改革发展的影响力有待进一步提升。

1. 理论品性的不足

首先，我国教育学理论缺乏创新性和前瞻性。当前的教育学研究往往过于依赖西方教育学理论，且更为侧重于对现有教育现象的描述和分析，而缺乏创新性理论研究以及对教育未来发展的深入思考和预测。这导致教育学理论在面对我国本土新的教育问题时，往往无法提供有效的指导和解决方案。

其次，理论与现实脱节。部分教育学理论过于抽象和理想化，与当前教育实际存在较大的差距，这种脱节使得这些理论在实际应用中难以发挥作用，甚至可能在教育实践中产生偏差。这主要表现在以下几个方面。其一，抽象性与具体性的矛盾，教育学理论往往具有高度的抽象性和普遍性，旨在揭示教育现象的一般规律和原理。然而，现实教育情境是复杂多变的，具有高度的具体性和特殊性。这种抽象与具体之间的矛盾，使得理论难以直接应用于现实。其二，缺乏实证检验。一些教育理论可能基于逻辑推理或哲学思辨构建，而缺乏实证数据的有力支持。这导致这些理论在现实教育实践中的可操作性和有效性受到质疑。其三，实践环境的复杂性。实践环境受到多种因素的影响，包括学生特点、教师能力、学校文化、社区环境等。这些因素都可能对教育实践产生影响，使得实践结果与理论预期产生偏差。同时，教育环境快速变化，随着科技的快速发展，特别是信息技术的革新，教育环境和教育方式发生了翻天覆地的变化，传统的教育理论可能难以解释和应对这些新现象。社会文化背景的变化也会影响教育理论与现实的关系。比如，新一代学生的学习习惯、价值观和动机与过去的学生相比可能有所不同，这就要求教育理论能够与时俱进。其四，教育理论与实践产生偏差的其他原因。产生这种偏差的原因还会跟政策制定与执行过程、实践者对理论掌握程度等有关，因此会与原始理论设想产生偏差甚至脱节。

2. 实践品性的不足

首先，实证研究有待进一步加强与深化。在中国教育学界，实证研究方法的应用还相对薄弱。这主要体现在以下几个方面。其一，研究方法不够丰富，目前，中国教育学界的实证研究方法主要集中在问卷调查、访谈等传统的社会调查方法上，而对于实验、准实验等更为科学的研究方法应用较少。其二，数据处理和分析能力有待提高，实证研究需要做大量的数据处理和分析工作。然而，目前中国教育学界在数据处理和分析方面的能力还有待提高，尤其是在运用高级统计方法和数据挖掘技术方面的能力。其三，研究问题的深度和广度有限。现有的教育学实证研究往往集中在某些特定领域或问题上，而对于更广泛的教育现象和问题涉及较少。此外，一些研究问题的深度也有限，未能深入挖掘教育现象背后的本质和规律。

其次，忽视实践反馈。教育实践是一个动态的过程，需要不断地根据反馈进行调整和优化。然而，当前的教育学研究往往忽视实践中的反馈，使得理论和实践之间的鸿沟越来越大。其一，缺乏实践反馈机制。当前的教育学研究，尤其是理论研究，往往更注重构建和完善理论体系，而忽视了从教育实践中获取反馈的重要环节。实践是检验理论正确性和有效性的关键，缺乏来自实践的反馈，理论研究就可能变得空洞和不切实际。其二，研究方法的局限性。一些教育学者可能过于依赖量化研究方法，而忽视质性研究和实践观察的价值。量化研究虽然能够提供一定的数据支持，但往往难以全面反映教育实践的复杂性和多样性。缺乏对实践的深入观察和了解，就很难获得真实、全面的反馈，从而导致理论与实践脱节。其三，学术评价体系的问题。当前的学术评价体系往往更侧重于理论创新和学术发表，而对于实践应用和社会影响的评价则相对较少。这种学术评价体系可能会引导学者更加注重理论研究，而忽视实践反馈和实际应用。其四，沟通与合作的障碍。教育学者和实践者之间缺乏有效的沟通渠道和合作机制。教育学者可能不了解实践者的真实需求和问题，而实践者也可能缺乏向教育学者反馈的渠道和动力。这种沟通与合作上的障碍，使得理论和实践难以相互滋养和促进。

（二）中国教育学的基本理论基础依然薄弱

中国教育学目前尚未形成完善扎实的理论体系，缺乏具有本土性、创新性与前瞻性的理论成果。在面对重大理论与实际问题时，教育学往往难以提供有效回应。

1. 理论体系尚未完善

中国教育学虽然历史悠久,但在构建具有中国特色的教育学理论体系方面仍存在诸多不足。目前,很多教育学理论依然停留在对西方教育学理论的介绍和模仿上,缺乏基于我国教育实践和文化背景的创新性理论的构建。这种情况限制了教育学在我国教育实践中指导作用的发挥,也使得我国教育学在国际学术界的地位不够突出。

中国教育学的理论体系尚未形成一个统一、完整、逻辑严密的理论框架。虽然教育学领域内存在多种理论和观点,但这些理论和观点之间往往缺乏有机的联系和整合,导致整个理论体系显得零散和碎片化。同时,中国教育学尚未构建起完善的概念体系。在教育学的理论中,许多核心概念尚未得到明确的界定和阐述,导致学术交流中容易出现误解和混淆。这不仅影响了教育学理论体系的构建,也制约了其在实践中的应用。

2. 研究方法较为单一

教育学研究方法的多样性和科学性是保证理论质量的关键。然而,目前我国教育学研究方法相对单一,过于依赖传统的文献研究和理论分析方法,较为缺乏实证研究、质性研究、量化研究等科学方法的应用。这限制了教育学理论的深度和广度,也影响了其科学性和说服力。

首先,研究方法的多样性不足。教育学在研究过程中,长期以来过于依赖传统的文献研究和理论分析方法。这些方法虽然对于梳理历史脉络、探讨理论构建有着重要作用,但过于侧重理论和思辨,往往缺乏实证数据的支持。实证研究的缺乏导致很多教育学的观点和结论难以得到实践的验证,限制了教育学的科学性和实用性。

其次,量化研究相对欠缺。量化研究能够通过数据分析和统计检验提供更为客观、精确的结论,有助于揭示教育现象背后的规律和影响因素。然而,由于种种原因,包括研究者对量化研究方法的掌握不足、数据收集较为困难等,量化研究在中国教育学中的应用并不广泛。

再次,质性研究的局限性。虽然质性研究在中国教育学中有一定的应用，但往往局限于个案研究、访谈等少数几种方法。这些方法虽然能够深入揭示个别案例的内在逻辑和丰富性，但在广泛性和普遍性上存在局限。此外，质性研究对研究者的专业素养和经验要求较高，不当的操作可能会影响研究的信度和效度。

最后，对新兴研究方法的探索和应用不足。随着科技的进步和研究范式的更新，越来越多的新兴研究方法被开发和应用，如大数据分析、网络调查等。这些方法为教育学研究提供了新的视角和工具。然而，目前中国教育学者对这些新兴方法的探索和应用相对较少，导致研究方法的更新换代速度较慢。

3. 缺乏跨学科整合

在当前的学术环境下，学科之间的交叉融合已成为推动学科发展的重要途径。然而，中国教育学在这方面的尝试和努力还远远不够。教育学作为一门综合性很强的学科，需要与其他学科进行深度融合和交流。然而，目前我国教育学在跨学科整合方面还存在明显不足。与其他学科的交叉融合可以为教育学提供新的研究视角。目前，心理学、社会学、人类学等相关学科的研究成果未能充分融入教育学理论中。

同时，与其他学科的交叉融合还可以为教育学提供新的研究方法。然而，目前中国教育学在研究方法的运用上，相对缺乏跨学科的融合和创新。心理学、社会学、经济学等其他学科的研究方法未能充分引入教育学研究中，限制了教育学研究的广度和深度。

（三）现代教育学与传统教育思想之间的断裂

中国传统教育思想蕴含着丰富的智慧和经验，对于指导现代教育实践具有重要意义。然而，当前中国教育学研究对中华优秀传统教育思想的挖掘、继承、创新不够，导致现代教育学与传统教育思想之间出现断裂。这种断裂使得教育学在应对现实问题时缺乏历史视野和文化底蕴，难以形成具有中国特色的教育学理论体系。

1. 存在断裂的具体体现

首先，理论框架的断裂。传统教育思想历经千年沉淀，形成了独具特色且富有哲理的理论体系。然而，随着现代教育学的兴起，这种理论体系在某种程度上被现代学术规范边缘化。现代教育学往往追求科学化、系统化的理论构建，而传统教育思想中的许多元素因缺乏现代科学的支撑，难以直接融入现代教育学体系。这种理论框架的断裂导致传统教育思想在现代教育学的语境中难以得到全面、深入的解读和应用。同时，传统的教育思想强调实践与理论的结合，很多古代教育家如孔子、孟子等的教育思想是基于长期的教学实践得出的。然而，在现代教育体系中，这种实践与理论的紧密联系有时被忽视。现代教育学更多地侧重于理论构建和概念分析，而较少关注这些理论如何在实践中应用。

其次，教育目标的偏移。传统教育思想强调"修身、齐家、治国、平天下"，注重人的全面发展和道德品质的培养。然而，在现代教育体系中，由于应试教育的影响，教育目标往往过于偏重知识技能的传授和考试成绩的提升，而忽视了对学生道德品质、人文素养和创新能力的培养。这种教育目标的偏移使得现代教育学与传统教育思想在育人理念上产生了断裂。

再次，教育方法未能充分传承。传统的教育方法注重因材施教、循序渐进，强调教师的身教和学生的自我修养。然而，在现代教育体系中，由于应试教育和功利化倾向的影响，教育方法往往变得机械化和应试化，忽视了学生的个体差异和全面发展，这使得现代教育学难以继承和发扬传统教育思想的精髓。

最后，文化价值观的淡化。传统教育思想根植于深厚的中华文化土壤，蕴含着丰富的文化价值观，如尊师重教、孝亲尊长等。这些价值观不仅是教育的核心理念，也是中华民族传统文化的重要组成部分。然而，在现代社会中，随着西方文化的冲击和多元文化的交融，这些传统文化价值观有时被淡化或忽视。现代教育学在追求国际化的同时，往往忽视了对本土文化价值观的挖掘和传承，导致传统教育思想中的文化元素在现代教育学中难以得到充分体现。

2. 出现断裂的多种原因

首先，历史原因是导致断裂一个重要因素。近代以来，中国社会经历了多次剧烈的变革和动荡，包括战争、政治变革和"文化大革命"等。这些历史事件对教育领域产生了深远的影响，导致传统教育思想在传承和发展上遭遇了巨大的挑战。特别是在一些特殊历史时期，如"文化大革命"时期，传统教育思想受到了严重的冲击和破坏，造成了传承的断裂。

其次，现代化进程中的文化冲击是导致断裂的原因之一。随着中国社会的快速发展和现代化进程的推进，西方文化和教育理念大量涌入，对传统教育思想形成了冲击。现代化的教育模式、课程体系和教育技术往往更加注重实用性、科学性和创新性，而与传统教育思想中的某些观念产生了一定的冲突。这种文化冲击使得传统教育思想在现代教育学中的地位逐渐边缘化。

再次，教育体系改革的不彻底是导致断裂的原因之一。虽然中国教育改革在近年来取得了一定的进展，但仍存在一些问题和挑战。其中之一就是教育体系改革并未能完全融合传统教育思想中的精华部分。现代教育体系往往更加注重与国际接轨、引进先进的教育理念和教育模式，而忽略了对本土传统教育思想的深入挖掘和传承。

最后，缺乏对传统教育思想的深入研究和传播也是导致断裂的原因之一。尽管中国拥有丰富的传统教育思想，但目前对这些思想的深入研究和传播仍显不足。许多有价值的传统教育思想未能被充分挖掘和整理，也无法有效地融入现代教育体系中。这导致传统教育思想与现代教育学之间出现断裂。

为了弥补这种断裂，我们需要深入挖掘和整理传统教育思想中的精华部分，加强其与现代教育学的融合与创新，并推动教育体系改革的进一步深化和完善。

二　中国教育学学科自觉性和自主性亟待提升

中国教育学学科的自觉性和自主性确实是一个值得关注和探讨的话题。在当前全球化的背景下，教育学作为一门研究教育现象、揭示教育规律的学科，其自觉性和自主性的提升对于推动教育事业的进步和发展具有重要意义。

（一）学科自觉性和自主性不足

教育学作为一门独立的学科，其自觉性和自主性对于学科的发展至关重要。然而，当前中国教育学的自觉性和自主性不足，还有待提升。

1. 学科自觉性不足

学科自觉性是指一个学科领域内的学者和从业者对本学科的深刻理解和主动探索的精神状态。它意味着学者和从业者能够站在学科的高度，以责任感和历史使命感为基础，自觉地思考和研究学科的核心问题，推动学科的发展和进步。这种自觉性不仅包括对学科基础理论和知识的深入掌握，还涉及对学科前沿动态的敏感度和对未来发展趋势的预见性。

首先，学科自觉性不足体现在对教育学自身特性的认识不足上。教育学作为一门研究教育现象、揭示教育规律的学科，需要深入探索教育的本质和价值，形成独特的学科视角和话语体系。然而，当前中国教育学研究往往过于依赖西方教育理论支撑，缺乏对本土化理论体系的深入挖掘和反思。同时，还表现为缺乏对自身研究的批判性反思，研究者未能在已有研究的基础上，深入探究其研究的局限性、潜在的问题以及改进的方向。

其次，过于注重教育理论和方法的探讨，对实际教育问题解决、人的发展，以及对教育学立场、人学立场的关注不够。教育学研究应该更加注重实际教育问题的解决，将理论与实践紧密结合，深入教育实践，了解教育实践的需求和挑战，通过实证研究为教育实践提供有效的指导和支持。教育学研究应该更加关注人的全面发展，包括认知、情感、社会性等各个方面，深入研究教育对人的影响，探索如何通过教育促进人的潜能发挥和全面发展。教育学作为一门独立的学科，应该坚守自己的立场和使命，应该明确教育学的研究对象和范围，形成独立的理论体系和研究方法，为教育实践提供独特的视角和见解。教育学与人学密切相关，应该更加注重对人的本质、人的价值、人的发展等问题的研究，通过深入探讨人与教育的关系，为教育实践提供更加人性化的指导和支持。

2. 学科自主性不足

学科自主性指的是学科在发展过程中保持独立和自主决策的能力与特

性。它意味着学科能够根据自身的发展规律和内在逻辑，自主确定研究方向、选择研究方法、设置课程体系、开展学术交流等，而不受或少受外界不合理的干预或影响。具体来说，学科自主性主要体现在研究方向的自主性、研究方法的自主性、课程体系的自主性、学术交流的自主性等几个方面。目前，中国教育学学科自主性不足主要表现在以下几个方面。

首先，研究方向的受限。在教育学的研究方向上，中国教育学往往受到政策方针导向、资金导向、社会舆论等多重外部因素的影响，很多研究项目和课题的选择并非完全基于学科自身的发展需要和内在逻辑。这种情况会影响教育学研究方向的自主选择，使得一些重要的学术问题可能因不符合当前政策热点而被忽视。

其次，研究方法的局限。在选择研究方法上，中国教育学也受到一定的外部干预。尽管理论和实证研究等方法在学术界被广泛接受，但在实际应用中，由于资源分配、评价机制等因素的影响，某些特定的研究方法可能更受青睐。这导致一些传统的、具有中国特色的研究方法或者新兴的研究方法可能得不到充分的探索和应用。

再次，课程体系的僵化。中国教育学的课程体系是一个涵盖了多个层次和多个方面的综合体系，旨在培养具备教育学理论知识和实践技能的专业人才。这个课程体系包括幼儿教育、基础教育、高等教育等不同的教育阶段，并涉及教育理论、教育心理学、教育方法学、教育管理学等多个学科领域。中国教育学课程体系知识全面且丰富，但长期固定不变，呈现出部分僵化的特征。其主要表现为课程内容较为陈旧、缺乏系统性多层次设计、与实践脱节、缺乏灵活性、评估方式单一等。同时，课程体系的更新和优化速度较慢，难以及时反映教育学领域的最新研究成果和趋势。

最后，在学术交流方面，虽然中国教育学内部相互交流日益增多，但仍然存在一定的限制。尤其是中国高校教育学科建设的开放度不够，且受多方面因素影响，某些话题或研究方向可能受到一定限制，从而影响了学术交流的自由度和深度。

综上所述，中国教育学在研究方向、研究方法、课程体系和学术交流等方面都表现出一定程度的自主性不足。这种状况可能会限制中国教育学学科的深入发展和创新能力的提升。

（二）学科定位模糊，缺乏独特的学科立场、学科范式依附

中国教育学学科在发展过程中确实面临学科定位模糊、缺乏独特的学科立场和学科范式依附的问题。这些问题不仅影响了教育学学科的独立性和自主性，也制约了学科的深入发展和创新。

首先，中国教育学的学科定位相对模糊，这不仅体现在它与其他学科的交叉融合上，还体现在其研究领域的广泛性和复杂性上。由于教育学涉及的领域广泛，它经常与心理学、社会学、政治学等多门学科发生交叉融合。这种交叉融合虽然丰富了教育学的研究内容，但同时也导致学科定位模糊。人们往往难以明确界定哪些问题是纯粹的教育学问题，哪些问题属于其他学科范畴。这种模糊性不仅让外界对教育学产生误解，也让教育学者自身在研究过程中感到困惑。这种模糊性使得教育学者在研究过程中难以把握核心问题和研究方向，导致研究成果的针对性和深度不足。当学科定位不明确时，研究成果就很难形成体系，也难以对教育实践产生实质性的指导作用，从而影响了成果的转化和应用。

其次，教育学缺乏独特的学科立场。学科立场是学科发展的灵魂，它决定了学科的研究视角、价值取向和实践方向。然而，中国教育学在发展过程中尚未形成独特的学科立场，这使得教育学者在研究过程中缺乏统一的价值判断和实践指导，教育学就难以形成独有的理论体系和解决方案，这不仅削弱了学科的凝聚力和影响力，也限制了学科研究成果的转化和应用。因为缺乏独特立场的教育理论或实践方案往往难以被教育界和社会广泛接受和认可。

最后，教育学还面临缺乏学科范式依附的问题。学科范式是学科研究的基本框架和方法论指导，它对于规范学科研究、推动知识积累和创新具有重要意义。然而，中国教育学在发展过程中并没有形成独有的学科范式，这主要体现在对西方教育学的过度借鉴和模仿，以及缺乏本土化的创新和发展上。中国教育学在借鉴西方教育学理论的过程中，往往忽视了本土化的改造

和创新。这使得中国教育学在学术范式上缺乏独立性和创新性，难以形成符合中国国情的教育理论。学术范式的依附性还体现在依附于其他学科的研究方法和理论框架，以及对特定理论或流派的过度推崇。一些学者在研究过程中往往倾向于某一学科或理论流派，而忽视了其他有价值的学术观点。这种依附性不仅限制了教育学的理论创新，也影响了其实践应用的针对性和有效性。当教育学没有自己的学科范式时，就很难形成系统的、有针对性的研究成果。因为依附于其他学科的范式往往不能完全契合教育学的实际需求，导致研究成果与实践脱节。

综上所述，中国教育学学科定位模糊、缺乏独特的学科立场和学科范式依附等问题严重影响了学科研究成果的转化和应用。为了解决这些问题，我们需要进一步明确教育学的学科定位、确立独特的学科立场和发展独有的学科范式。

（三）缺乏有效的应对方案、解释能力和学科智慧

中国教育学对于许多现实问题无法提供针对性与实践性很强的建议与方案，主要是由于学科本身缺乏相对有效的应对方案、解释能力和学科智慧。

首先，缺乏有效的应对方案。教育学作为一门实践性很强的学科，其研究成果应当能够直接应用于教育实践，解决实际问题。然而，目前中国教育学在提供有效的应对方案方面存在明显不足。这可能是因为研究过于理论化，与实践需求脱节，或者是因为缺乏足够的实证研究来支持理论的应用。这种情况下，即使研究成果再丰富，也难以转化为实际的教育改进方案。

其次，解释能力不足。教育学的解释能力是其学科价值的重要体现。然而，目前中国教育学在解释教育现象和问题方面存在明显的不足。主要表现为：在面对教育实践中的复杂问题时，教育学理论往往不能提供及时和有效的回应；在对某些教育现象的解释上，教育学理论可能只停留在表面，未能深入挖掘并解释，缺乏深度和全面性；教育学在预测教育发展趋势和未来挑战方面表现出明显的不足。

最后，缺乏学科智慧。学科智慧是指学科在长期发展过程中积累的独特见解、方法论和实践经验。然而，目前中国教育学在学科智慧方面还有很大

的提升空间。这可能是由学科发展时间相对较短等多方面原因造成的，缺乏学科智慧使得教育学在面对复杂多变的教育问题时难以提出有洞察力的见解和解决方案。

三 中国教育学的学术风格和精神品质的困惑

在当前的学术环境中，中国教育学的学术风格和精神品质确实面临着一些困惑。

（一）中国教育学学术风格的困惑

中国教育学的学术风格指的是在教育学研究中形成的一种独特的学术氛围、研究方法和表述方式等。中国教育学学术风格的困惑主要体现在传统与现代的融合、理论与实践的关系、学术研究经验化以及国际化与本土化的平衡等方面。

首先，传统与现代的融合。中国教育学的学术风格深受传统文化影响，儒家思想、道家哲学等都在教育学理论与实践中留下了深刻的烙印。然而，随着社会的快速发展和全球化的推进，现代教育理念和技术不断涌现。如何在继承和发扬传统教育文化的基础上，吸收和借鉴现代教育理念，形成既具有中国特色又符合现代教育发展规律的学术风格，是当前中国教育学学术风格面临的一个重要困惑。

其次，理论与实践的关系。中国教育学的理论研究一直较为深入，但在将理论转化为实践方面却存在一定的困难。一方面，一些教育理论过于抽象，难以直接被应用于实际教学中；另一方面，教育实践中的复杂性和多变性也给教育理论的实践应用带来了挑战。因此，如何在理论和实践之间架起一座桥梁，使教育理论能够更好地指导实践，同时在实践中不断反思和完善理论，是中国教育学学术风格面临的另一个困惑。

再次，学术研究经验化。当前，中国教育学的学术研究存在过于依赖经验的问题。许多研究往往基于个人的教学经验或教育观察，而缺乏科学、系统的研究方法。这种经验化的研究方式，虽然能够反映一定的教育现象，但往往难以深入揭示教育规律，也无法形成具有普遍意义的教育理论。经验化的学术研究还容易导致研究成果的主观性和片面性。由于每个人的经验和观察角度不同，所得出的结论也可能大相径庭。这种主观性和片面性不仅影响了教育学的学术严谨性，也削弱了其在教育实践中的指导意义。

最后，国际化与本土化的平衡。在全球化的背景下，教育学的发展也越来越注重国际化。然而，在追求国际化的同时，如何保持和发扬中国教育的特色和优势，避免盲目跟风和西化倾向，是一个值得深思的问题。中国教育学需要在吸收国际先进教育理念的同时，结合本国的教育实际和文化传统，形成独具特色的学术风格。

（二）中国教育学精神品质的困惑

中国教育学的精神品质主要指的是教育学在研究和实践中所体现出的一种学术态度、价值观念和价值追求，这些精神品质构成了教育学学科的核心和灵魂，引导着教育学者的研究方向和实践行为。具体来说，中国教育学的精神品质包括求真务实、人文关怀、开放包容、创新精神、批判性思维、社会责任感等方面，这些精神品质共同构成了中国教育学的学科精神和核心价值，引导着教育学者的研究方向和实践行为，这不仅是学科发展的内在动力，也是教育学者应当秉持的职业操守和学术追求。中国教育学精神品质的困惑主要体现在如何坚持对教育本质的追求、如何保证学术独立性与社会责任的平衡，以及如何培养持续的创新精神等方面。

首先，如何坚持对教育本质的追求。教育的本质是什么？这是中国教育学者长期思考的问题。在现代社会的快节奏和压力之下，教育有时被功利化，过于强调分数和升学率，而忽视了对学生个性、情感和价值观的培养。这种偏离教育本源的现象让许多教育学者感到困惑：教育究竟是为了培养应试机器，还是为了塑造有思想、有情感、有创造力的人？回归教育的本质，真正关注学生的全面发展，是摆在中国教育学面前的重要课题。

其次，如何保证学术独立性与社会责任的平衡。教育学作为一门学科，需要保持其学术独立性，进行深入的理论研究。然而，教育又与社会紧密相连，教育学者的研究往往需要回应社会的需求和期望。这就带来了以下困惑：如何在保持学术独立性的同时，履行好社会责任？如何在追求学术自由的同时，确保教育研究能够为社会带来实际价值？这种平衡对于教育学者的精神品质提出了较高的要求。

最后，如何培养持续的创新精神。教育是一个不断发展的领域，需要不断创新以适应时代的变化。教育学者们深知因循守旧不可取，但如何培养持续的创新精神？如何保持学术研究的深入创新？如何在继承优良传统的基础上不断探索新的教育理念和方法？这是很多教育学者们的困惑之处。

四 中国教育学的世界话语权有待进一步提升

在全球化学术交流的今天，话语权不仅代表一个国家或学科在国际舞台上的影响力，而且是其软实力的重要体现。对于中国教育学而言，提升世界话语权意味着能够在国际教育领域中发挥更大的作用，引领教育理论和实践的发展方向。

（一）中国教育学在话语权方面的历史背景与现状

中国教育学从边缘逐渐走向中心，从觉醒到逐渐发声，并逐渐受到承认和重视，经历了曲折的过程。从历史的角度来看，中国教育学在世界话语权方面曾长期处于相对弱势地位。这与中国历史、文化和社会背景有关，也与国际政治、经济格局的变化紧密相连。过去，由于种种原因，中国教育学在国际上的地位相对较低，很多时候是西方教育理论和模式的跟随者而非引领者。

在改革开放初期，中国教育学界开始迫切要求突破苏联凯洛夫教育学范式，这标志着中国教育学在话语体系方面的初步觉醒和对自主性的追求。随着社会的快速发展和教育改革的深入推进，中国教育学界逐渐对工具化取向的教育现象进行反思，并开始关注人的全面发展，这为中国教育学话语权的确立奠定了哲学和人文基础。

随着中国经济的快速发展和综合国力的增强，中国教育学也迎来了前所未有的发展机遇。中国独特的教育实践、丰富的教育资源和庞大的教育体系，都为中国教育学提供了丰富的研究素材和实践经验。进入 21 世纪，中国教育学开始以更加开放的心态与世界对话，诸如"素质教育""中国教育体制"等具有中国特色的教育理念逐渐进入国际视野，成为中国教育学话语体系中的重要组成部分。这些理念不仅丰富了中国教育学的内涵，也为中国教育学在国际上争取话语权提供了有力支撑。

当前，中国教育学在话语权方面呈现出以下特点。首先，国际影响力逐步提升。随着中国教育实践的丰富和中国教育学者研究成果的积累，中国教育学在国际上的影响力逐渐提升，越来越多的中国教育学者受邀参加国际学术会议，发表研究成果，与国际同行进行深度交流。其次，本土话语体系的构建。中国教育学在借鉴国际先进教育理念的同时，也注重本土话语体系的构建，诸如"立德树人""德智体美劳全面发展"等具有中国特色的教育理念逐渐成为主流话语。再次，多元话语共存。在全球化背景下，中国教育学话语体系呈现出多元共存的态势，不同流派、不同观点的教育学者都在积极发声，为中国教育学的发展提供了多元化的视角和思考。最后，挑战与机遇并存。虽然中国教育学在话语权方面取得了一定的进展，但仍面临诸多挑战。在全球化的大背景下坚守中国教育学的本土特色，并与国际接轨，是中国教育学面临的重要课题。然而，这也为中国教育学提供了难得的发展机遇，与国际教育学的交流与碰撞有助于推动中国教育学话语体系的创新与发展。

（二）提升中国教育学的世界话语权的具体策略

提升中国教育学的世界话语权是向世界阐述中国发展道路的必然要求。随着中国改革开放和国际化程度的不断提升，我们需要在国际上占据理论制高点、获得话语权、传播中国声音、增强新时代中国特色社会主义理论体系的国际影响力与吸引力。在这个过程中，教育学作为一门重要的社会科学，应该发挥更加重要的作用。通过加强与国际教育界的交流与合作，我们可以更好地展示中国教育的独特价值和贡献，从而增强国际社会对中国发展的认同感。提升中国教育学的世界话语权是一个多维度、长期性的战略任务，涉及教育理论体系与话语体系、教育实践、教育研究和国际交流等多个方面。以下是一些具体策略，有助于提升中国教育学的世界话语权。

首先，构建中国特色教育学理论体系与话语体系。加强理论研究，构建中国特色教育学理论体系。中国有着悠久的教育历史和独特的文化底蕴，这些都是构建中国特色教育学理论体系的宝贵资源。通过深入挖掘这些资源，结合现代教育理念和技术手段，可以形成具有国际影响力的教育学理论成果。同时，在总结中国教育实践经验的基础上，构建具有中国特色的教育学话语体系。这包括提炼中国教育核心价值观、教育理念、教育方法和教育评价等方面的独特表达，形成具有国际影响力的教育学术观点和理论体系。通过学术出版、媒体报道等渠道，向世界传递中国教育的声音和主张。

其次，提高教育实践的国际化水平。一方面，深化教育研究与学术交流。加强与国际教育学界的学术交流和合作研究，共同探讨全球教育问题及其解决方案。支持中国学者在国际学术期刊上发表高质量的研究成果，提升中国教育学在国际学术界的影响力。鼓励中国教育学者参与国际教育的热点问题和前沿领域研究，提出中国视角解决方案。另一方面，鼓励和支持中国学校与国际学校开展合作项目，促进师生交流，拓宽国际视野。同时，推动中国教育机构参与国际教育评估和标准制定，提升中国教育的国际认可度。加强与国际教育组织的合作，参与国际教育援助项目，展现中国教育学者的国际责任感。此外，加强国际化教育人才的培养和引进，提高教师队伍的国际化水平。支持教师赴海外学习和交流，引进海外优秀人才参与中国教育事业。注重培养具有国际视野和跨文化交流能力的学生，为他们提供多元化的教育资源和国际交流机会。

最后，在推动构建人类命运共同体理念下进行教育合作与发展。作为人类命运共同体的重要组成部分，教育合作与发展对于促进各国之间的文化交流与互鉴具有重要意义。我们可以通过开展跨国合作项目、推动教育资源共享等方式，促进不同国家之间在教育领域的交流与合作，推动构建人类命运共同体理念下的教育合作与发展。

综上所述，提升中国教育学世界话语权需要政府、学校、学术界和社会各界的共同努力。

（三）在全球网络集群背景下提升中国教育学世界话语权

现代信息技术日新月异，充分利用现代信息技术手段扩大中国教育的国际传播范围和影响力至关重要。在全球网络集群背景下，该如何进一步提升中国教育学的世界话语权？网络集群作为现代社会信息传播和公共讨论的重要平台，对于塑造和传播教育理念起着至关重要的作用。

首先，全球网络集群为教育学提供了一个前所未有的国际交流和合作平台。通过网络，各国的教育学者可以迅速分享最新的研究成果、教育实践和创新想法。目前中国教育学在全球网络集群中的声音不够响亮，这在一定程度上限制了其国际影响力的增强。

其次，网络集群的匿名性和即时性特点使得各种教育理念和实践经验能够迅速传播并引起广泛关注。这对于中国教育学来说，既是一个机遇又是一个挑战。一方面，中国可以通过网络平台积极推广自己的教育理念和实践经验，增强其在国际教育领域的存在感；另一方面，也需要警惕网络上的负面舆论和误解，及时做出回应和澄清。

最后，全球网络集群中的教育讨论往往涉及多元文化和教育价值观的碰撞与交融。中国教育学要想在这一环境中提升话语权，就必须积极参与到这些讨论中去，用国际化的语言来阐述自己的教育观点。这不仅可以提高中国教育学的国际认可度，也有助于推动全球教育的多样性和包容性发展。

为了在全球网络集群中提升中国教育学的世界话语权，我们可以采取以下措施：一是加强与国际教育组织和学者的线上交流与合作，共同推动教育研究的深入发展；二是积极利用社交媒体和网络论坛等平台，发布和推广中国教育学的最新研究成果和实践经验；三是培养和引进具有国际视野的网络传播人才，提升中国教育学在网络空间的影响力。全球网络集群为中国教育学提升世界话语权提供了新的机遇和挑战。我们应该紧紧抓住这一时代契机，积极参与国际交流和讨论，推动中国教育学的国际化发展。

第三节 中国教育学的发展省思

教育不仅是国之大计，党之大计，也成为事关人民群众切身利益的民生之要，寄托着亿万家庭对美好生活的期盼。伟大的思想以其崇高的精神力量，严谨、务实、求真的科学魅力指导着伟大的事业，"一个民族要想站在科学的最高峰，就一刻也不能没有理论思维"①。加快推进教育现代化，建设教育强国，是中国特色社会主义教育事业的重大部署，中国教育学要为这项伟大事业贡献伟大的思想、伟大的理论、伟大的智慧，担负起社会主义现代化建设、中华民族伟大复兴的时代责任。

一 助推教育强国建设，实现社会主义现代化

2019 年，教育部发布的《关于加强新时代教育科学研究工作的意见》指出，教育科学研究是教育事业的重要组成部分，对教育改革发展具有重要的支撑、驱动和引领作用。同时，该文件还明确了新时代教育科学研究工作的核心任务，即推动建设具有中国特色、世界水平的教育科学理论体系，不断提升教育科研质量和服务水平，为加快推进教育现代化、建设教育强国、办好人民满意的教育提供有力的智力支持和知识贡献。② 建设教育强国是中华民族伟大复兴的基础工程，党的二十大做出加快建设教育强国的重大战略部署。教育强国建设作为新时期教育工作的根本目标，是一项责任重大、工程浩大、挑战巨大的任务，中国教育学的未来发展需直面这一挑战，对"什么是教育强国""怎样建设教育强国"等一系列问题进行深入探讨，为建设教育强国建言献策。

2023 年 9 月，习近平总书记在中央政治局第五次集体学习中指出："纵观人类历史，教育兴则国家兴，教育强则国家强。世界强国无一不是教育强国，教育始终是强国兴起的关键因素。建设教育强国，是全面建成社会主义现代化强国的战略先导，是实现高水平科技自立自强的重要支撑，是促进全体人民共同富裕的有效途径，是以中国式现代化全面推进中华民族伟大复兴

---

① 《马克思恩格斯选集》（第三卷），人民出版社，2012。
② 《教育部关于加强新时代教育科学研究工作的意见》，中华人民共和国教育部网站，2019 年 10 月 30 日，http://www.moe.gov.cn/srcsite/A02/s7049/201911/t20191107_ 407332.html，最后访问日期：2024 年 4 月 8 日。

的基础工程。"① 党的十八大以来，党中央在教育事业发展上做出一系列重大部署，推动新时代的教育事业取得了历史性的成就、发生了格局性的变化。现阶段，我国已建成世界上规模最大的教育体系，教育现代化发展总体水平跨入世界中上国家行列。② 当今世界已经步入以人工智能为代表的新一轮社会变革的浪潮中，随着科技竞争日趋激烈，产业转型日趋迅速，围绕科技、创新、人才的国际竞争空前白热化。党的二十大报告进一步强调科教兴国战略、人才强国战略、创新驱动发展战略，凸显出当前国际形势下党中央对于科技、人才、创新的重视。为此，中国教育学的学科建设、自主知识体系建构应当能够助推教育强国建设，助力社会主义现代化远景目标的实现。

中国教育学的"中国"二字，突出了"中国教育学"发展的语境，即要摆脱对西方国家教育理论与实践经验的依附，构建中国自主的知识体系支撑框架，凸显中国教育学自身的主体性和民族性。为此，在助推教育强国建设、全面建成社会主义现代化强国的道路上，中国教育学首先要明确把握培养什么人、怎样培养人、为谁培养人的根本问题。其中，"培养什么人"是我国人才培养的目标定位，"怎样培养人"蕴含着我国人才培养方法、范式的根本智慧，"为谁培养人"体现着我国教育社会主义方向的价值立场。这三个问题维度相互联系、相辅相成，共同构成系统的有机组成部分。③ 中国教育学需要结合传统与当下、理论与实践、中国经验与世界经验，为这一根本问题做出解答。

习近平总书记指出，为党育人，为国育才，是教育强国建设的根本目标。④ 我们要为社会主义现代化建设、中华民族伟大复兴培养一批可堪大用、能担重任的栋梁之材，中国教育学应当始终贯彻、全面落实立德树人的根本任务，把培养德智体美劳全面发展的社会主义建设者和接班人作为根本

① 习近平：《扎实推动教育强国建设》，《求是》2023 年第 18 期。
② 《中国的全面小康》，中国政府网，2021 年 9 月 28 日，http://www.gov.cn/zhengce/2021-09/28/content_5639778.htm，最后访问日期：2024 年 4 月 8 日。
③ 王彦、马焕灵、袁磊等：《建设教育强国笔谈》，《广西师范大学学报》（哲学社会科学版）2023 年第 6 期。
④ 《加快建设教育强国 为中华民族伟大复兴提供有力支撑》，《人民日报》2023 年 5 月 30 日。

目标。中国教育学的发展要同习近平新时代中国特色社会主义思想紧密结合，加强社会主义核心价值观的弘扬，做好学生理想信念的引领，为社会主义现代化建设、实现中华民族伟大复兴建言献策；要坚持理论创新，发挥教育学对于解决"怎样培养人"这一问题的理论支撑作用，使教育研究更加体系化和理论化；要改变长期存在的"学徒困境"和"跟随状态"，中国教育学学科体系仍处于建设和发展中，照搬西方教育学范式会导致我们的教育学缺乏时代特征和中国特色，教育学的研究不仅需要演绎继承，而且需要归纳创新，要善于从我国广阔而丰富的教育改革实践中获取灵感，探索中国教育学的应然范式，建构能解决中国教育问题的知识体系。

党的二十大报告把教育、科技、人才单独成章进行布局，指出"教育、科技、人才是全面建设社会主义现代化国家的基础性、战略性支撑"，这吹响了加快建设教育强国的号角。当今时代，科技是第一生产力，人才是第一资源，创新是第一动力，建设教育强国、科技强国、人才强国具有内在一致性和相互支撑性，要把三者有机结合，统筹推进，形成推动高质量发展的倍增效应。在社会主义现代化建设的道路上，中国教育学首先要坚持理论创新，为中国教育高质量发展提供新思路，以教育强国、科技强国、人才强国的统筹推进为导向，在理论层面深刻揭示教育、科技、人才的关系逻辑，探索智能时代拔尖创新人才自主培养的有效路径，建构有国际竞争力的人才自主培养体系，为新时代创新型人才培养做好理论支持与实践保障，为国家战略发展提供人才支撑；其次要对国家各领域人才发展趋势及需求做好系统调研、预判、分析，提升教育对高质量发展的支撑作用；最后要做好职业教育、高等教育、继续教育领域研究，深入挖掘职普融通、产教融合、科教融汇的实践路径，为社会主义现代化源源不断地输送高素质技术技能人才。

基础教育是教育强国建设的根基，优质均衡的基础教育为教育强国建设提供稳固的支持。因此，中国教育学未来首先要重点加强对科学的人才观、成才观、教育观的省思，既要将学生的知识基础打牢，又要激发学生好奇心、求知欲，培养学生勇于探索、主动创新的精神品质，扭转当前"唯分数""唯升学""唯文凭""唯论文""唯帽子"① 的教育功利化倾向，构筑良性的基础教育环境生态。其次要放眼全球，注重高等教育发展，高等教育是教育强国建设的龙头，任何一个教育强国都是高等教育强国。为此，中国教育学要深入探讨高等教育发展问题，助推世界一流大学与一流学科建设，助力高校的原始创新能力与人才培养质量的提升。最后要重视终身教育视界中中国教育学学科体系的建构，关注全民终身学习的学习型社会、学习型大国建设问题，加强终身教育学学科建设，推动形成人人皆学、处处能学、时时可学的社会氛围，同时为世界范围内建设学习型社会提供中国方案。

中国教育学要拓宽国际视野，阐明中国教育与世界教育的关系，以中国智慧为世界教育、人类发展、伦理价值等一系列问题提供学术借鉴，全面提升中国教育学的国际影响力与话语权。事实上，我国能在短时间内建成世界上规模最大的教育体系，并以标准化统筹配置基本公共教育服务，基本实现义务教育均衡发展，意味着我国的教育实践本身就有着许多有价值的经验与方法。为此，我们应当不断挖掘具有中国特色的经验与方法，形成能够为全球知识体系做出贡献的中国方案，积极参与全球教育治理，增强我国教育学的国际影响力和话语权。

二　加强中国特色社会主义教育理论研究

宏观教育学以教育事业为研究对象，研究教育与社会的各种关系及规律，解决教育的定位和边界问题。宏观教育学与特定的社会发展、社会需求紧密联系在一起，受教育外部影响较大，往往具有较强的时代性和政治性，其基本范畴涉及教育方针、德育与思想政治教育等一系列重大命题。② 作为宏观教育学的主要研究对象，中国特色社会主义教育理论立足于中国教育实践，系统总结改革开放以来中国教育改革与发展的典型经验，形成适合中国

---

① 《习近平出席全国教育大会并发表重要讲话》，中国政府网，2018 年 9 月 10 日，http：//www.gov.cn/xinwen/2018－09/10/content_ 5320835.htm，最后访问日期：2024 年 4 月 10 日。
② 中国教育科学研究院课题组：《中国教育学论纲》，《教育研究》2023 年第 4 期。

国情的教育理论体系。① 过往，中国教育学在中国教育改革与发展的实践过程中催生出了一系列新理念、新思想、新观点，在教育基本理论、课程与教学、基础教育、高等教育、德育、教师教育等领域取得了丰硕的研究成果，这是中国教育学对我国教育事业规律性认识的深化，来之不易，应当坚持并不断丰富发展。新时期，中国教育学应当进一步加强中国特色社会主义教育理论研究，为全面贯彻落实立德树人根本任务、培育和践行社会主义核心价值观提供有效的知识供给和科学的理论支撑。

中国特色社会主义教育理论研究，对于建设中国特色社会主义教育学、引导新时代中国教育的改革与发展、提升中国教育学的国际话语权，具有重要的学术价值和社会意义。加强中国特色社会主义教育理论研究，需要深入研究习近平总书记关于教育改革发展的重要论述、重要思想，揭示其理论内涵。这不仅是建构新时代教育意识形态的重要使命，也是建构中国特色教育科学学科体系、学术体系、话语体系的重要课题。习近平总书记多次强调要落实"立德树人"根本任务，希望学校"承担好立德树人、教书育人的神圣职责，着力培养造就中国特色社会主义事业合格建设者和接班人"②。2016 年，在全国高校思想政治教育工作会议上，习近平总书记再次强调，"高校立身之本在于立德树人"，"要坚持把立德树人作为中心环节，把思想政治工作贯穿教育教学全过程"③，将立德树人提升到新的战略高度，深刻揭示了教育的本质特征，丰富了"人的全面发展"的内涵，为培养德才兼备、全面发展的人才，明确了目标、指明了方向、提供了根本遵循。

中国教育学要紧密围绕立德树人根本任务开展理论研究，深刻揭示中国特色社会主义教育的本质特征。习近平总书记从目标、任务的角度准确概括

---

① 刘世清：《论中国特色社会主义教育理论》，《国家教育行政学院学报》2008 年第 9 期。

② 《习近平总书记给中央民族大学附属中学全校学生的回信》，中国法院网，2023 年 10 月 7 日，https://www.chinacourt.org/article/detail/2013/10/id/1103995.shtml，最后访问日期：2024 年 4 月 10 日。

③ 《把思想政治工作贯穿教育教学全过程 开创我国高等教育事业发展新局面》，《人民日报》2016 年 12 月 9 日。

了教育的本质特征，指出"教育是人类传承文明和知识、培养年轻一代、创造美好生活的根本途径"①。他反复强调要紧紧抓住"培养什么样的人、如何培养人以及为谁培养人这个根本问题"②，办好中国特色社会主义教育。立德是人才培养之根、教育立身之本，立德树人旨在启迪人的心智、陶冶人的情操、提高人的素质，与社会主义教育的目标和内在属性相一致。把立德树人作为教育的根本任务，明确表达了我们党对于社会主义教育根本使命的坚守，是对教育的根本性质和任务的新概括，更好地回答了培养什么样的人、如何培养人以及为谁培养人这个根本问题。

中国教育学要紧密围绕立德树人的思想主张，丰富和深化"人的全面发展"的理论内涵。立德树人的思想主张不仅在总体上揭示了教育的本质，而且从德智体美等多个方面有针对性地将"培养什么样的人"的有关内容具体化、精细化，体现了对马克思的"人的全面发展"理论内涵的深化和拓展。习近平总书记特别强调理想信念教育是立德树人的首要问题和实现保障。德智体美全面发展，缺一不可。要培养有志向的人，青少年"要从小学习立志"，"人生最重要的志向应该同祖国和人民联系在一起，这是人们各种具体志向的底盘，也是人生的脊梁"③；要培养有理想的人，"青年一代有理想、有担当，国家就有前途，民族就有希望"④；要培养有创造性的人，"青年是社会上最富活力、最具创造性的群体，理应走在创新创造前列"⑤；要培养有体魄的人，要更加重视青少年体育工作，引导广大青少年"积极参与体育健身运动，强健体魄，砥砺意志，凝聚和焕发青春力量"⑥。"立德树人"教育思想无论是在培养人所需的素质构成、目标，还是在内容指向、实现方式等各个方面，都进行了拓展和延伸，是对"人的全面发展"理论

① 《习近平谈治国理政》，外文出版社，2014。
② 《把思想政治工作贯穿教育教学全过程 开创我国高等教育事业发展新局面》，《人民日报》2016年12月9日。
③ 《美好的生活属于你们 美丽的中国梦属于你们》，《人民日报》2015年6月2日。
④ 《习近平给华中农业大学"本禹志愿服务队"回信》，《大方报》2013年12月10日。
⑤ 《习近平在同各界优秀青年代表座谈时的讲话》，《人民日报》2013年5月5日。
⑥ 《引导广大青少年弘扬奥林匹克精神 为中华民族伟大复兴作出应有贡献》，《人民日报》2015年4月7日。

的丰富和深化。

立德树人是新时期引领中国教育改革方向的理论基础与实践依据。坚持立德树人，要培育和践行社会主义核心价值观这个"大德"。习近平总书记指出："国无德不兴，人无德不立。"培育和践行社会主义核心价值观，要从娃娃抓起、从学校抓起，做到进教材、进课堂、进头脑，使社会主义核心价值观内化为人们的精神追求。广大青少年一定要坚定理想信念、练就过硬本领、勇于创新创造、矢志艰苦奋斗、锤炼高尚品格；要把正确的道德认知、自觉的道德养成、积极的道德实践紧密结合起来，弘扬奉献、友爱、互助、进步的志愿精神。党的十八届三中全会通过的《中共中央关于全面深化改革若干重大问题的决定》明确提出"全面贯彻党的教育方针，坚持立德树人"，并就学生德智体美等全面发展提出明确要求。立德树人的号召，使教育界进一步明确教育的育人目标和任务，使之具体化，提高可操作性。重视全程育人、全方位育人，成为学校教育的重要任务。在2014年教育部印发的《关于全面深化课程改革落实立德树人根本任务的意见》中，首次提出"核心素养体系"概念。聚焦核心素养就是把立德树人作为根本目标；聚焦核心素养，就是聚焦人才培养的关键点，为学生提供可持续发展的、终身受用的关键品格和能力。它把全面发展的总体要求和社会主义核心价值观细化为具体的品格要求和能力要求，进而贯穿到各学段、融合到各类课程当中。2016年9月，《中国学生发展核心素养》正式发布。"核心素养"把立德树人作为根本目标，是教育改革的新生长点，为学生成长固本强基。本轮课程改革将核心素养作为课程设计的依据、出发点和愿景，并落实到国家课程标准中，这是教育理论、政策、实践上的一次重大创新，是在提升教育质量方面取得的实实在在的突破。

正确价值观的养成是时代新人健康成长的重要保障。中国教育学应围绕时代新人的价值观教育问题，探索实现个人价值取向与社会价值导向有机统一的方式方法，实现勤学修德、明辨笃实。为此，中国教育学要深入推进社会主义核心价值观培育和弘扬研究，以不断增进时代新人对社会主义核心价值观的认同，逐步将价值认同、理想信念转化为实际行动与行为习惯。社会主义核心价值观对当代以及未来中国学校教育的培养目标给予了明确的回答，要培养合格的公民，培养爱国、敬业、诚信、友善的公民。只有在一个富强、民主、文明、和谐的国家，在一个自由、平等、公正、法治的社会，才能培养出合格的社会主义公民。依据社会主义核心价值观，国家、社会与个人三位一体，相辅相成，缺一不可。只有富强、民主、文明、和谐的国家和自由、平等、公正、法治的社会，才呼唤公民、需要公民。也只有在自由、平等的法治社会和民主、文明的国家制度中，才能培养出现代公民。党的十八大提出的社会主义核心价值观，既回答了为什么要培养公民，又回答了怎样培养公民。社会主义核心价值观旗帜鲜明地表明了中国教育学的价值取向与价值立场，既继承了中华民族的优良传统美德，又吸取了人类的价值共识，它理所当然地成为教育者和受教育者判断大是大非的依据，是人们道德判断和行为选择的依据。

三　促进学科交叉和新兴学科的发展，完善学科体系

（一）完善学科体系，致力于学科长久发展

1. 回归教育本质与使命

教育学在完善学科体系时，首先要重新审视教育的本质，即教育的目的不仅仅是传授知识，更重要的是培养具有良好道德品质、创新思维和健全人格的个体，强调人的全面发展，包括道德品质、身心健康、创新能力、社会责任感等多方面素质的培养，这意味着教育学研究不仅要关注教育的内容与方法，而且要考虑教育的价值取向和育人目标。因此，教育学研究需从"育人为本"的视角出发，关注人的全面发展，反思当前教育体系是否真正做到了以学生为中心，是否有利于培养适应现代社会需求的公民和人才。

2. 理论与实践的深度融合

反省以往教育学理论研究过于抽象、脱离实践的问题，强调理论研究必须紧密联系中国教育实践，切实解决教育改革和发展中的实际问题。这就要求教育学研究更加注重田野调查、案例分析和实证研究，形成既有中国特色又能指导实践的教育学理论体系。在理论研究方面，中国教育学认识到理论

研究不能孤立于教育实践，需要深入学校一线，密切观察和研究教育教学现场，让理论研究更具针对性和实效性。为此，教育学者们提倡通过实地考察、案例研究、行动研究等方式，使理论研究与教育实践紧密结合，避免空谈理论、脱离实际。

3. 学科交叉与新兴领域拓展

随着社会的快速发展和教育问题的日益复杂，中国教育学意识到单一学科无法完全解答教育的所有问题，需要打破传统的学科界限，积极开展跨学科研究，如教育经济学、教育心理学、教育社会学、教育技术学等新兴交叉学科研究。同时，面对人工智能、大数据等科技浪潮，教育学还需及时跟进，研究和探索在线教育、智慧教育、未来教育等新兴领域，构建与之相适应的教育学理论体系。

4. 本土化与国际化并举

虽然借鉴国际先进教育理念和实践经验很重要，但中国教育学同样强调要结合中国国情和教育实际，发展具有中国特色的教育理论和实践模式。这就需要在引进和消化外来理论的同时，深入挖掘和弘扬中华优秀传统文化中的教育思想，探索适用于中国社会的文化教育路径。既要吸取国际先进的教育理论和实践经验，又要根据中国国情，发展具有中国特色的教育理论和实践模式。这包括对不同文化背景下的教育模式进行比较研究，探索如何在开放中保持教育的本土特色和优势。

5. 关注教育公平与质量提升

教育学学科体系的完善还需要重点反思和解决教育公平问题，研究如何通过政策调整、资源配置等手段缩小城乡、地区、学校之间的教育差距，确保每一个孩子享有公平且优质的教育机会。同时，对教育质量的追求也是不可忽视的，这涉及教学方法的改进、评价体系的改革以及教师队伍的建设等多方面内容。关注教育公平问题，尤其是城乡、地区、群体间教育机会和质量的差距，加强对弱势群体的关注，研究如何通过教育制度设计和资源配置来促进教育公平，同时提升全体教师的教育教学质量和学生的终身学习能力。

6. 学科体系结构的适时调整

面对教育领域的变化趋势和新的教育需求，应及时调整和优化教育学学科体系，增设和强化如终身教育学、家庭教育学、职业教育学、特殊教育学等适应时代发展的学科，同时对传统教育学分支进行深度挖掘和创新拓展。面对新的教育需求和挑战，应反思并调整原有的教育学科体系结构，增设如在线教育学、人工智能教育学、终身教育学等适应社会发展需要的新学科，以满足未来教育改革与发展的需求。

7. 研究方法与评价体系的改进

提倡严谨的科学研究方法，构建更为科学合理的教育学评价体系，克服可能存在的主观性、片面性和功利性倾向，增强教育研究的科学性和客观性。教育学研究方法的科学性、多元性和规范性有待进一步提高，应鼓励采用量化研究、质性研究、混合研究等多种研究方法，构建更为科学合理的教育评价体系，摒弃单纯依赖学业成绩的评价方式，倡导全面、动态、过程性的评价理念。

8. 师资队伍建设与人才培养

教育学自身的发展离不开高水平师资队伍的建设和高素质教育人才的培养。教育学界需要反思当前教师教育和人才培养模式，思考如何培养具有较高教育理论素养、实践创新能力以及具有跨学科视野的教育工作者，以适应教育改革和发展的迫切需要。对教育学学科体系下的人才培养模式进行反思，倡导培养具有宽广视野、扎实专业知识和跨学科研究能力的复合型教育人才，为教育学科的长远发展储备力量。

总之，中国教育学在完善学科体系的过程中，始终秉持自我反思与批判的精神，致力于构建更加科学、合理、前瞻且具有中国特色的教育学学科体系，以更好地服务于我国教育事业的发展和进步。

（二）审视学科建设，促进交叉学科和新兴学科发展

1. 课程设置与教学模式改革

中国教育学在课程设置上，积极推动教育学与其他学科交叉融合，例如设置教育心理学、教育社会学、教育经济学、教育信息学等跨学科课程，让

学生能在教育学主干课程之外拓宽视野，理解教育问题的多元性与复杂性。在教学模式上，鼓励体验式、研讨式、项目制等新型教学模式，打破传统的学科壁垒，促进不同学科背景的学生和教师共同参与到教育问题的研究和解决中去。

2. 科研机构与平台建设

创建跨学科科研机构和实验室，推动跨学科团队的组建，支持跨学科项目的申报与实施，如有关教育科技、教育经济、教育心理学、教育数据科学等领域的交叉研究，以解决复杂教育问题为导向，催生新兴学科的发展。建立跨学科研究中心和实验室，如教育大数据分析中心、教育神经科学实验室、教育科技研究所等，吸引来自教育学、计算机科学、心理学、神经科学等多领域的研究人员协作攻关，共同推动教育科技创新与新兴学科的成长。

3. 师资队伍建设与人才培养

高等教育机构大力培养和引进具有跨学科背景的教师和研究人员，鼓励他们开展跨学科合作，培养能够掌握多学科知识和技术的新一代的教育学研究者，以便其在未来教育研究和改革中发挥关键作用。高等院校积极实施跨学科人才培养计划，开设跨学科课程，鼓励学生跨专业选修，培养具有多学科背景和跨学科能力的复合型人才，从而促进教育学与其他学科在人才培养上实现交叉融合。推行双导师或多导师制度，允许研究生在完成教育学学业的同时，接受其他相关学科导师的指导，培养具有跨界思维和实践能力的高端教育人才。

4. 政策支持与制度保障

国家层面，国务院学位委员会、教育部等相关部门出台了一系列政策，明确表示鼓励和支持学科交叉融合，新设置了"交叉学科"门类，如"集成电路科学与工程"和"国家安全学"等一级学科，这为教育学与其他学科的交叉发展提供了制度保障。国家及地方教育行政部门推出一系列政策，鼓励和支持教育学与其他学科交叉研究和新兴学科发展，如设立专门的跨学科研究基金和项目，对跨学科成果给予优先认可和奖励。通过制定相应的学科分类和学位授予办法，如设立"教育信息技术""教育数据科学""教育神经科学"等交叉学科的硕士学位和博士学位点，鼓励新兴交叉学科的发展。

5. 学术交流与合作研究

组织全国乃至国际范围内的跨学科教育学术会议和论坛，邀请不同领域的专家学者分享最新研究成果，推动教育学与其他学科的思想碰撞和知识共享，促进不同学科领域的专家学者相互交流、协同创新，共同攻关教育领域内的重大问题，通过跨学科的合作研究来孵化新兴学科。加强与企业、社区、政府等部门之间的合作，开展跨学科的应用研究和项目合作，推动教育学研究成果在解决社会实际问题中得以应用和验证，进一步促进新兴学科的发展。

6. 资源与技术支持

教育部在《关于加强国家重点学科建设的意见》中强调，要通过调整学科布局，支持交叉学科平台建设，引导和支持教育学与其他学科如心理学、社会学、经济学、信息技术、医学等进行深度交叉融合，形成新的研究领域和增长点。投入必要的资金和设备资源，打造一流的教育科研设施，尤其是针对新兴教育科技领域的硬件支持，如人工智能教育实验室、虚拟仿真教学平台等，为教育学与其他学科的交叉研究提供有力的技术支撑。

中国教育学通过课程设置与教学模式改革、科研机构与平台建设、师资队伍建设与人才培养、政策支持制度保障、学术交流与合作研究、资源与技术支持等多方面的努力，持续推动学科交叉和新兴学科的发展，为教育学的现代化转型和教育事业的高质量发展注入强大动力。

四　以问题为导向，开展中国教育改革重大问题的原创性研究

习近平总书记指出："问题是创新的起点，也是创新的动力源。只有聆听时代的声音，回应时代的呼唤，认真研究解决重大而紧迫的问题，才能真正把握住历史脉络、找到发展规律，推动理论创新。"① 以问题为导向的中

①　习近平：《在哲学社会科学工作座谈会上的讲话》，《人民日报》2016 年 5 月 19 日。

国教育改革重大问题原创性研究，是一个系统性、动态性、迭代性的过程，它要求研究者具备敏锐的问题意识、扎实的理论基础、科学的研究方法和强烈的实践导向。通过这一过程，不仅能促进中国教育学理论的创新，而且能为解决中国教育的现实问题提供科学依据，推动教育改革的持续深入。

（一）持续推进原创性问题的研究

第一，进行问题识别与界定。原创性研究需关注社会经济背景分析，从中国当前的社会经济背景出发，识别教育体系面临的紧迫问题，如城乡教育差距、教育资源分配不均、教育公平、教育质量提升、高等教育与就业市场匹配度等。原创性研究需分析现有教育政策与实践之间的脱节问题，识别政策实施中遇到的具体挑战，比如政策目标与地方实际情况的矛盾、政策执行的难度等。第二，进行文献回顾与理论构建。原创性研究可聚焦国内外研究综述，系统梳理国内外关于所研究问题的相关文献，了解理论前沿和研究空白，为原创性研究奠定基础。原创性研究着力于理论框架的构建。基于文献回顾，构建或整合适用于解决中国教育问题的理论框架，如社会学理论、教育经济学理论、教育社会学理论等，为研究设计提供理论支撑。"一门学科如果想发展成为一门合规律性、合目的性的学术，那么就必须有确定的研究主题、研究对象以及科学的研究方法。"[1] 第三，进行方法论的选择与设计。原创性研究注重研究设计的原创性。根据研究问题的性质，选择合适的研究方法，包括但不限于质性研究（如深度访谈、案例研究）、量化研究（如问卷调查、大数据分析）、实证研究（如随机对照试验）或混合研究等方法。原创性研究重视数据收集与分析。设计数据收集工具，如问卷、访谈指南，确定数据来源，规划数据分析流程，确保研究结果的准确性和可靠性。第四，进行实践验证与案例研究。原创性研究倾向于教育试点项目。在小范围内实施教育改革试点项目，以验证理论假设和政策建议的可行性，收集一手资料。原创性研究可进行详细的案例分析。选取具有代表性的地区或学校进行深入研究，通过案例分析揭示问题的本质和潜在解决方案。第

① 谭光鼎、王丽云：《教育社会学：人物与思想》，华东师范大学出版社，2009。

五，进行结果分析与提供政策建议。原创性研究需要进一步分析与解释数据。运用统计软件或其他分析工具处理数据，解释结果，确保研究发现的科学性和有效性。原创性研究基于研究结果，提出具体、可行且有针对性的教育改革建议，包括政策调整、教学方法创新、资源配置优化等。第六，成果推广与社会影响。学术发表与公众传播：通过学术期刊、会议报告、政策简报、媒体报道等多种途径，分享研究成果，提高研究的学术影响力和社会认知度。政策倡导与社会动员：与政府、教育机构、非政府组织、媒体等合作，推动研究成果转化为政策行动，促进教育改革的实际落地。第七，持续监测与评估。后续跟踪研究：对教育改革措施的实施效果进行长期跟踪，评估其对教育质量和教育公平的影响。反馈与迭代：根据后续研究的反馈，不断调整和优化教育政策和研究方向，确保改革措施的有效性和适应性。

（二）围绕三大体系进行原创性教育学问题研究

当我们将学科体系、学术体系、话语体系这三个维度结合起来，以问题为导向，开展中国教育改革重大问题的原创性研究时，更为细致的阐述如下。

1. 学科体系：构建与深化

首先，进行多元学科视角的融合。可以进行跨学科研究：教育学与其他学科如心理学、经济学、社会学、信息技术等交叉融合，为解决教育问题提供多维视角。例如，教育技术学可以研究信息技术如何影响教学方法和学生学习效果，教育经济学则探讨教育投资的效率和回报。其次，致力于学科分支的细化与深化。可以进行细分领域的研究：教育学的各个分支学科，如教育政策分析、教育心理学、比较教育学等，各自深入研究特定领域内的问题，如教育政策对教育公平的影响、学习心理对教学策略的指导等。最后，进行教育学理论与实践的互动。实现理论与实践的循环迭代：教育学理论指导实践，而实践又反馈于理论，形成理论与实践的良性互动。例如，素质教育理论的提出，激发了一系列教育实践的创新，而这些实践又进一步丰富和发展了素质教育的理论内涵。

2. 学术体系：丰富与创新

首先，鼓励原创性研究。例如，开展创新性课题：鼓励学者开展具有创新性的教育研究，探索中国教育的独特问题及其解决方案，如针对中国农村教育的特殊性进行研究，提出针对性强的教育改革建议。其次，应用科学研究方法。进行量化研究与质性研究：采用量化研究方法收集和分析数据，同时也利用质性研究方法深入挖掘教育现象背后的原因和机制，如通过深度访谈了解教师的教学体验和学生的学习感受。最后，进行学术研究成果的转化与应用。学术研究成果不仅能够形成高质量的论文和报告，更重要的是能够转化为教育政策建议和教育实践指导，如基于教育公平研究提出的教育资助政策建议，或基于教育技术研究的课堂创新方案。

3. 话语体系：构建与国际交流

首先，进行本土教育经验的总结与传播。讲好中国教育故事：提炼中国教育改革的成功案例和经验，如高考制度改革、义务教育普及、教育信息化推进等，通过国际学术会议、国际期刊发表等形式，向世界讲述中国教育的故事。其次，进行国际教育理论的对话与融合。多方面参与全球教育议题：中国教育学者积极参与全球教育议题如教育公平、教育质量提升、教育与可持续发展等议题的讨论，与国际教育学界开展对话，借鉴国际经验，同时展现中国智慧。最后，进行教育政策与实践的国际比较。进行实际的比较教育研究：通过国际比较教育研究，分析不同国家的教育政策和实践，为中国的教育改革提供国际视角和参照系，促进教育政策的完善和教育实践的创新。

4. 原创性问题研究应用示例

以"教育公平与教育质量的提升"这一研究主题为例，可以从学科体系视角、学术体系创新以及话语体系建设层面进行原创性问题的研究。首先，学科体系视角层面。第一，进行教育社会学分析：从教育社会学角度分析城乡、区域、阶层之间的教育差异，探究导致教育不公平的社会结构因素。第二，进行教育心理学洞察：运用教育心理学原理，研究如何设计更有效的教学方法和营造更有益的学习环境，以提升全体学生的学习质量。其次，学术体系创新层面。第一，教育公平指数开发：创新性地开发教育公平指数，量化衡量教育公平的状况，为政策制定提供数据支持。第二，教育质量评估体系建设：构建全面的教育质量评估体系，包括学生学业成就、身心健康、社会技能等多维度指标，以促进全面发展。最后，话语体系建设层面。第一，提出教育公平与质量提升的中国方案：提炼中国在教育公平与质量提升方面的成功经验和模式，如"希望工程""雨露计划"等，形成具有中国特色的教育公平与质量提升话语体系。第二，积极进行国际交流与合作：通过举办国际教育论坛、参与国际组织教育活动等方式，分享中国教育改革与发展的经验，同时引进国际先进教育理念，促进教育学的国际交流与合作。

通过学科体系、学术体系、话语体系的协同作用，中国教育学领域能够以问题为导向，深入研究中国教育改革中的重大问题，不仅丰富了教育学理论，也推动了教育实践的创新，为构建更加公平、高质量的教育学体系提供了坚实的基础。

五　构建具有科学性、民族性、大众性和世界性的中国教育学话语体系

我国目前的教育学研究分化趋势明显，教育学话语体系建构也随之出现一定的分化趋势，即教育学各分支学科立足自身教育领域的特色来建构其话语体系，伴随教育学研究分化趋势增强，各分支学科话语体系分化建构趋势也将逐步增强。在这种分化建构趋势下，就必须有大教育学学科视野，其既能统合各分支学科的特色话语，又能建构起系统完整的话语体系。

应以大教育学为中国教育学话语体系建构的逻辑起点。强调大教育学学科视野不是要泛化教育学的边界和范围，而是在以马克思主义为指导，以教育学为学科核心的基础上，以教育领域为主阵地，向外关注其他领域。中国教育学话语体系的建构应能包容教育问题和社会发展的问题，还能包容人的发展问题。如果还仅停留于在教育领域发声进行中国教育学话语体系的建构，将使中国教育学话语体系更加封闭于教育领域，不能发挥教育与社会其他系统以及人的发展的良性互动。

需要从"跨学科"转向"去学科"。"跨学科",即大教育学视野下的中国教育学话语体系的建构应当跨越教育学的学科范围,广泛依靠其他学科,从相邻学科话语中寻找话语体系建构的灵感。通过跨学科来建构中国教育学话语体系有三方面原因。一是教育研究活动的有机化。教育研究从最初的基础教育、学校教育研究,已发展到对教育各大领域的研究。目前,各大教育领域研究的独立性越加明显,若不以跨学科思维来进行教育学话语体系的建构,一些新兴的问题就难以体现在教育学话语体系中。二是教育学学科体系的多元化。教育学学科体系日趋分化,教育学与社会其他领域的交叉学科越加多元,单凭教育学话语来阐释这些交叉学科的问题将是不全面的。因此,需要跨学科思维来建构中国教育学话语体系。三是教育问题的复杂化。教育问题本身具有复杂性,包括教育与社会以及教育与人的关系等广泛问题,任何一个教育问题的出现,都可能会牵引出众多教育以及其他领域的因素。中国教育学话语体系的建构只有具备跨学科视野,才能吸取各学科的话语优势,解决好中国的教育问题。

"跨学科"是中国教育学话语体系建构的开端,其最终走向应当是"去学科"。[①]"去学科",即打破学科的界限进行中国教育学话语体系的建构。教育问题属于中国实践问题的分支,这只是我们在学术界的人为划分。从人与社会发展的角度看,解决人与社会发展的问题应是所有学科的统一旨归。学科的发展是为了使理论更好地服务于实践,如果局限于学科的界限,人为地创设了解决实践问题的障碍,则会弄巧成拙,无法直面问题本身,也不能找到解决问题的万全之策。"去学科"不是反对学科的设立,而是中国教育学人在建构中国教育学话语体系过程中应当有的胸怀和境界。中国教育学人应当以马克思主义为指导,以学术共同体为中国教育学话语体系的建构载体,灵活运用各种方法,直面问题本身,坚持科学性与意识形态的统一,探寻中国教育学话语体系建构的自由之路。

教育学既是一门体现世界教育学问的世界性的学科,又是通过各个国

---

① 侯怀银、王喜旺:《中国教育学未来发展趋势探析》,《当代教育与文化》2013年第1期。

家、民族特色建构起来的民族性的学科，先有民族性，才有世界性。① 中国教育学话语体系的大教育学建构视野应该返本开新，遵循"置身世界教育学之中"的建构逻辑，将中国教育学置于"世界视域"中去思考。② 在民族与世界问题上，应当坚持民族性与世界性的统一，要先注重民族性，回归中国文化传统，打造具有中华民族特色的中国教育学话语体系。

第一，以文化自觉为前提，回归中华文化传统，发掘传统话语。文化自觉即要对中华文化传统有全面理解，在中国教育学话语体系建构中要讲清楚中华文化传统的鲜明特色，立足中华民族文化基因，进行文化取舍和选择。如前所述，中国教育学自古就有一些优秀的话语可循，在西方教育学被引进中国之后，中西教育学话语对话的不平等，使得我们在建构中国教育学话语体系的过程中"唯西方教育学话语是瞻"，丢掉了原有的话语体系。这就要求我们在建构中国教育学话语体系的过程中，既要秉持"天人合一"的情怀，又要关注"无法阐明"的教育问题，发掘中华文化传统中特色话语体系因子，建构具有中国智慧的教育学话语体系。

第二，以文化自信为根本，立足新时代文化背景，进行话语创新。中华优秀文化传统是中国教育学话语体系建构的软实力，建构中国教育学话语体系，应坚定文化自信，具备时代视野，在优秀文化传统话语体系基础上，结合新时代文化背景，对中华文化传统实施现代性、创造性转化，实现时代性与创新性的统一，以及中国教育学话语体系的更新和创新。一是中国教育学话语体系的更新重在对传统话语体系的改造，以延续传统话语体系为本，加入新时代的新文化要素，建构适应新时代教育学发展的中国教育学话语体系；二是中国教育学话语体系的创新重在创建新的话语体系，利用传统话语体系的建构机理，促进建构逻辑和建构方法的创新，以建构出体现时代特色的中国教育学话语体系。

第三，以文化回馈为旨归，博古通今，建构中国教育学话语体系。文化

---

① 冯建军：《构建教育学的中国话语体系》，《高等教育研究》2015 年第 8 期。
② 李政涛、文娟：《教育学中国话语体系的世界贡献与国际认同》，《北京大学教育评论》2018 年第 3 期。

回馈即"由内而外"的文化交流境界，中国文化走向世界，为世界文明发展做出贡献，获得国际认同。中国教育学话语体系建构应当具备全球视野，通过教育学学派的争鸣，激发中国教育学话语体系的建构动力，推动中国教育学话语体系的建构历程，使中国教育学话语体系由"西学东渐"向"中学西渐"转变。在我国教育学人的努力之下，我国已产生了具有国际影响力的教育学派，如"生命·实践"教育学派。

我国教育学人应当博古通今，"预时代之流""预世界之流"，以更加自觉的意识和精神去建设中国教育学派，建构具有中国特色的教育学话语体系。中国教育学话语体系应当超越时空、综合创新，既体现出中华文化传统的魅力，又体现当代中国的背景和实际，还应具有海纳百川的胸怀和自信，立足于世界教育学舞台，发出独具中华文化特色的中国声音。

当前，中国教育学概念体系走向世界的客观基础已经具备。2002 年，国际知名的中国教育专家、加拿大多伦多大学教授许美德（Ruth Hayhoe）曾指出，"如果要提起在教育领域为全球共同体贡献有价值的理念，那么中国又该具体承担何种责任？……当全球共同体正在寻找新的教育方向时，中国能够或者应该与全球共同体分享什么？……我想呼吁所有的中国教育学者都来考虑下面这个问题带来的挑战，这个问题便是：面对'文明间的对话'，你们能够做出什么样的贡献呢？"[1] 多年来，中国学者做出了不懈的努力，中国教育研究取得了突飞猛进的发展。在论文方面，中国目前已经成为全球英文学术论文的第二大产出国。[2] 中国教育研究虽然在国际学术界中的地位还有待提高，在世界知识生产分工中处于"学术加工"位置[3]，但其发展潜力巨大，国际影响日益凸显。在中国学者著作的外译和推广方面，顾明远、潘懋元、叶澜等学者的研究成果已被翻译出版，成效初显。从论文、著作两个方面来看，中国教育学话语体系建构已略具规模，正在为全球教育贡

---

[1] 丁钢主编《中国教育：研究与评论（第 3 辑）》，教育科学出版社，2002。

[2] 李琳琳、冯燕：《国际中国教育研究的知识谱系：主题与前沿分析》，《教育发展研究》2019 年第 3 期。

[3] 王独慎、丁钢：《中国教育研究的国际发表概貌与特征》，《教育发展研究》2019 年第 3 期。

献着中国智慧。研究表明：中国教育学目前正处于世界知识生产体系由"半边缘"向"中心"过渡的"临界线"上，发展仍任重而道远。[①] 要提升中国教育研究的国际影响力，还需要站在全球教育发展的视角上考虑中国教育研究提供了什么样的实践经验，以及为全球教育知识体系的成长做出了什么样的理论贡献，并使中国创办的英文教育学期刊成为立足于中国教育实践、向世界传播中国教育知识与理论创新的重要阵地。[②] 在中国教育学话语体系建构的背景下，国际期刊与中国创办的英文期刊成了中国教育学话语体系建构的重要媒介。[③] 近年来，中国已创办了多种英文期刊，并在全球出版，系统地宣传着中国教育学话语体系。

[①] 吴寒天、李梅：《走向世界的中国教育研究：基于国际学者视角》，《教育发展研究》2019年第3期。

[②] 丁钢、缪锦瑞：《如何提升中国教育研究的国际影响力——基于专家评估报告的分析》，《复旦教育论坛》2021年第1期。

[③] 李梅、苏淑丽：《国际英文期刊中国教育研究论文的关键作者及其合著网络》，《现代大学教育》2020年第5期。

第四章

中国教育学的国际比较研究

第一节　中国教育学与美国教育学的比较与启示

　　美国教育学的蓬勃发展，深刻植根于其对教师培训需求的积极响应之中。随着美国教育体系的演进，传统师范学校中教育学"一统天下"的局面逐渐被打破，大学逐渐成为推动教育进步的核心舞台。当教育学作为一门独立学科融入大学体系后，其科学研究活动作为大学教育不可或缺的一环，逐渐赢得了广泛认可与重视。在美国高等教育体系的框架下，教育学的学科结构日益完善，专业性显著增强，学科内容不断丰富与深化，研究方法亦与时俱进，持续创新。这种发展不仅体现在知识体系的拓展上，而且体现在对教育理论探讨的深入与细化上。尤为重要的是，实用主义哲学深刻塑造了美国教育学的核心理念与价值导向，将教育视为促进个人成长与社会进步的实用工具，而非实现固定目标或创建理想国的手段。具体而言，美国教育学的实践导向强调教育的动态性与适应性，旨在培养个体面对未来挑战的持续学习能力和推动社会持续发展的创新能力。它关注的是如何使个人在快速变化的环境中保持竞争力，如何培养个人灵活应变的能力和高效利用资源解决问题的能力。这种教育理念深刻体现了美国文化中对实用、进步与创新的追求，为美国教育学的持续繁荣注入了动力。

一　特色创新的教育学学科

中国教育学与美国教育学在学科属性上的比较涉及多个层面，包括学科的形成与发展历史、学科的研究范围、学科的研究方法、学科的社会功能以及学科的国际影响力等。

在学科的形成与发展历史方面，美国教育学的发展起步较早，其学科属性的形成受到了欧洲特别是德国教育学的影响，同时在美国本土的师范教育和大学教育中逐渐发展和完善。① 美国教育学强调实证研究和应用性，其学科发展与教师培训紧密相关，注重对教育实践和教育政策的研究。相比之下，中国教育学的发展起步较晚，受到西方教育学特别是苏联教育学的影响，经历了从模仿到自主创新的过程，逐渐形成了具有中国特色的教育学体系。

在学科的研究范围方面，美国教育学的研究领域较为广泛，涵盖了教育心理学、教育政策、教育经济学、教育技术等多个分支，强调跨学科的研究方法和应用。中国教育学则在坚持马克思主义指导原则的基础上，结合中国的教育实践和文化传统，找到了适应中国国情的教育学研究领域和方向。

在学科的研究方法方面，美国教育学倾向于采用量化研究、实证研究等科学化的研究方法，注重数据分析和实证证据。中国教育学则更多地采用质性研究、历史研究和哲学思辨等方法，强调理论与实践相结合，注重教育学研究的人文关怀和社会责任感。

在学科的社会功能方面，美国教育学强调对教育政策制定的影响力，以及对提高教育质量和效率的贡献。中国教育学则更侧重于服务国家教育发展战略，推动教育公平和教育现代化，以及培养社会主义建设者和接班人。

在学科的国际影响力方面，美国教育学由于其较长的发展历史和强大的研究实力，对全球教育学的发展产生了深远的影响，其研究成果和教育理念广受国际认可。中国教育学虽然起步较晚，但近年来随着中国在国际舞台上的影响力增强，中国教育学的研究成果和理论也逐渐受到国际关注，开始在

---

① 李福春：《美国教育学发展考析》，《大学教育科学》2010 年第 6 期。

全球教育学领域发挥重要作用。

综上所述，中国教育学与美国教育学在学科属性上既有共通之处，又各有特色，两者的比较可以为我们提供更广阔的视野，促进教育学的国际交流与合作，共同推动全球教育事业的发展。

二　学科基础的文化性与本土化

中国教育学与美国教育学在学科基础上各有特色，反映了各自不同的文化传统、社会需求和学术发展路径。两者的比较有助于我们更好地理解教育学的多样性和复杂性，也为国际教育交流与合作提供了丰富的视角和经验。

（一）理论基础

中国教育学的学科理论基础深受马克思主义哲学的影响，强调教育与社会发展的关系，注重教育的公平性和普及性，以及教育对于社会主义建设的服务功能。中国教育学在理论建构上，强调理论与实践的结合，注重从中国特有的历史文化和社会实际出发，形成具有中国特色的教育学理论体系。

相比之下，美国教育学的学科理论基础则更加多元化，受到社会效能观、实用主义、科学管理以及社会重建等理念的影响。其中，实用主义理念强调教育的主要目标是为未来的职业和公民身份做准备；科学管理理念则重视目的与手段的合理性以及实证方法的应用；而社会重建理念则看重学校在推动社会改革与重建中的作用，强调个体的发展、创新和批判性思维的培养，以及教育对于民主社会的贡献。[①]

（二）内容基础

中国教育学的内容基础集中在教育政策、教育制度、教育管理、课程与教学论等领域，特别关注教育公平、教育质量以及教育改革等问题。中国教育学的内容发展与国家教育发展战略紧密相关，注重解决中国教育实践中的具体问题，如农村教育、民族教育、职业教育等。

---

① 李栋：《论中国教育学学科体系的构建》，《教育研究》2023 年第 12 期。

美国教育学的内容基础则更加广泛，除了包括教育政策、教育制度等宏观领域，还深入教育心理学、教育技术、特殊教育等微观领域。美国教育学更多地根据社会发展和未来社会生活的需求来选择教育内容，并基于心理学原理来制定相应的教学方法。[①] 美国教育学的研究内容也更加注重教育的国际化和全球化趋势，如多元文化教育、全球教育政策等。

（三）方法基础

中国教育学的方法基础强调质性研究和量化研究的结合，注重历史研究、比较研究以及案例研究等方法的应用。中国教育学研究方法的发展受到中国传统学术思想的影响，注重从整体上把握教育现象，强调理论与实践的统一。

美国教育学的方法基础则更加强调实证研究和科学方法的应用，如实验研究、统计分析、元分析等。美国教育学研究方法的发展受到心理学和社会学等学科的影响，注重研究的精确性和可验证性。在美国教育学中，经验研究和实验研究不仅是确定教育内容和方法的重要手段，同时也是判断教育目标是否科学的主要依据。

三　学科体系的多元性与学科规模的差异化

学科不仅是开展科学研究的专业化阵地，同时也是人才培养的基础。在科学研究领域，学科紧密围绕其研究对象的本质特征与科学进步的内在逻辑构建，强调客观事实的揭示与普遍规律的探索；而在人才培养方面，学科则着眼于社会发展的需要，融入了一定的价值取向与教育目标，体现出一定的主观设计与目的性。因此，学科是科学规律性与教育目的性的有机结合，其中，对客观规律的尊重与遵循是其构建与发展的基石。教育学专注于教育现象及其规律的深入研究，其研究范围广泛，跨越了多个学科边界与视角，旨在综合各领域知识以全面解析教育的本质与功能。因此，教育学学科体系是

---

① 王飞：《德国教育学与美国教育学的比较研究及启示》，《国家教育行政学院学报》2014 年第 6 期。

建立在众多学科基础之上的。这一体系是教育学从单一领域发展到多元领域的产物，其建立标志着教育学的成熟与繁荣。①

（一）教育学学科体系的比较

经过一个世纪的探索和寻找，中国教育学者致力于将教育学本土化特色化，构建具有中国特色的教育学，以此来摆脱对西方教育学的过度依赖。然而，这更多地表现为中国教育学者的自发行为，客观条件的不足限制了其全面发展。历经40余年改革开放的深厚积淀，中国特色社会主义教育实践的丰富经验为中国特色教育学的形成构筑了稳固基石。习近平总书记在哲学社会科学工作座谈会上的重要论述，为这一过程注入了新的动力，促使中国特色教育学的构建由个别学者的自发探索转变为学科领域内的集体共识与自觉行动。鉴于此，我们亟须采取系统化、组织化的方式，全面构建中国教育学的学科体系、学术体系及话语体系，确保它们充分彰显中国独特的理论色彩、实践风格与文化魅力。在这一宏伟蓝图中，学科体系居于核心基础地位，它依据学问的内在逻辑与学术的专业性质，科学划分并整合了一系列相互关联、层次分明的学科分支，共同构筑起一个完整而系统的知识领域。

目前，我国的教育学学科体系已逐步完善，成为一个庞大而复杂的系统，涵盖多个学科领域，目前教育学学科体系包含了教育基本理论、课程与教学论、教育史、教育心理学、比较教育学、教育社会学、教育经济学等。近年来，由于社会的快速发展与变革，教育技术学、教育法学、教育评价等领域也逐渐成为教育学学科体系的重要组成部分。这些学科领域相互关联、相互渗透，共同构成了中国教育学学科体系的有机整体。

而美国教育学学科体系也相当丰富和多元，其深度和广度都体现了美国在教育学领域的深厚底蕴和广泛实践基础。这个体系涵盖了多个方向和细分领域，每个方向和领域都有其独特的研究内容和应用背景。首先，美国教育

① 冯建军：《构建中国特色教育学的"三大体系"——基于改革开放后教育学发展的分析》，《社会科学战线》2021年第9期。

学学科体系包含了教学方向，其中又细分为多个学科，如数学、美术、音乐、体育、历史、地理等。除了学习相关学科的知识背景，学生还需要深入研究教育心理学、课程设置，以及性别、种族、宗教等因素对教学的影响。这种综合性的学习有助于培养具备全面教育视野和实际操作能力的教育工作者。其次，教育心理学方向是美国教育学学科体系中一个重要的分支，包括人类发展与心理学、儿童研究与儿童教育心理学等领域。这些方向的研究有助于深入理解学生的心理发展、学习过程和个体差异，为教育实践提供科学依据。再次，语言学方向在美国教育学学科体系中也占据重要地位，特别是TESOL/TESL/TEFL（英语教学）等领域。这些方向的研究涉及语言学理论、英语教学方法和课堂实践等方面，为培养具备国际视野和教育能力的英语教师提供了有力支持。最后，教育技术方向也是美国教育学学科体系中不可忽视的一个分支。随着科技的快速发展，教育技术在美国教育学学科体系中的地位日益提升。这个方向的研究关注如何利用技术手段提高教学效果和学习体验，为教育现代化提供了重要支撑。

值得注意的是，美国教育学体系还非常注重学科交叉与知识融合。通过融合多个学科和领域的智慧与技巧，旨在增强学生的跨领域综合能力与创新思维能力。这种跨学科的研究方法有助于解决复杂的教育问题，推动教育学的创新和发展。美国教育学融合普通教育、专业训练和职业训练于一体，美国高等教育学专业高层次人才的培养具有多学科的性质，通才教育、多学科、应用性强和为再就业做准备是其突出的特点。

总的来说，美国教育学学科体系是一个多元化、综合性的体系，涵盖了多个方向和细分领域。这个体系不仅为学生提供了丰富的学术资源和实践机会，也为培养具有全球视野和创新能力的教育工作者奠定了坚实基础。

（二）教育学学科规模的比较

钱钟书先生在他的著作《围城》中对教育学的学科地位有过形象的描述。"因为在大学里理科学生瞧不起文科学生，外国语文系学生瞧不起中国文学系学生，中国文学系学生瞧不起哲学系学生，哲学系学生瞧不起社会学系学生，社会学系学生瞧不起教育系学生，教育系学生没有谁可以给他们瞧不起了，只能瞧不起本系的先生。"[1] 通过这段描述，我们可以清晰地洞察到新中国成立前教育学的边缘化状况，而令人遗憾的是，至今教育学仍未能摆脱这种被冷落的命运。这一现状在我国各层级教育学学位授予情况中得到了印证。观察中国教育学学位在当年学位授予总数中的占比，我们不难发现，教育学学士学位的授予比例相对较低。具体来说，1998~2008 年，其占比从 3.61% 微降至 3.59%，在所有学科中排名一直较靠后，1998 年和 2008 年均居第八位。同样，教育学硕士学位的授予比例也较低，尽管从 1998 年的 2.01% 增长至 2008 年的 3.76%，但增长幅度有限。至于教育学博士学位，其授予比例从 1998 年的 1.43% 仅增长至 2008 年的 2.03%，在学科排名中亦处于较后位置，1998 年位列第十，2008 年为第九。根据教育部官方数据，截至 2021 年，中国教育学一级学科博士学位授权点共有 57 个，硕士学位授权点共有 117 个。无论是哪个层级的学位授予，教育学在我国均处于相对靠后的位置，这充分揭示了我国教育学专业所面临的冷清局面。

与中国的情况形成鲜明对比，教育学在美国备受重视，居于强势学科的地位。具体来说，美国在 2008 年教育学学位的授予比例在所有学科中位列第三，这一数据足以证明其受重视程度。进一步观察美国教育学硕士学位的授予情况，我们可以发现其占比相当大。1998~2008 年，这一比例从 26.36% 增长至 28.13%，并且在学科排名中从第二跃升至第一。同样，美国教育学博士学位的授予比例也非常高，1998 年便在所有学科中排名第一，2008 年虽稍有下降，但仍位居第二。从这些数据可以明显看出美国教育学专业的强势地位，与美国对教育的重视和投入密不可分。[2] 此外，中国教育学的学位授权点主要集中在师范类院校。相比之下，美国教育学科的学位授权点数量更为庞大，且分布在各种类型的高等教育机构中，包括综合性大学和州立大学等。

---

① 钱钟书：《围城》，人民文学出版社，2017。
② 阳荣威、唐琼：《试论中国教育学的作为——基于中美教育学发展境遇的比较与启示》，《教育科学》2011 年第 3 期。

四　学科质量的稳定性与学科影响的多样化

美国教育学科在学科质量评估体系、学科影响力、国际化水平等方面相对成熟和领先，而中国教育学科虽然起步较晚，但在政府和教育部门的推动下，正在快速发展，学术影响力和人才培养质量逐步提升。两国教育学科的发展各有特点，相互学习和借鉴对方的经验，有助于推动全球教育学的进步和发展。

（一）学科质量评估体系的比较

在学科质量评估体系方面，美国教育学科质量评估体系较为成熟，具有明确的管理和运作机制。美国的高等教育认证制度由区域性、全国性和专业性三类认证机构组成，这些认证机构通过自评、同行评审、入校调研等方式进行学科质量评估，旨在保证和提升教育质量。而中国教育学科质量评估体系也在不断发展和完善，近年来，中国政府和教育部门加强了对高等教育质量的监管和评估，推动了学科质量评估体系的建立和完善。

在美国高等教育体系中，各高等院校在认证制度的框架下，积极自主构建其独特的学科评估与质量保障机制。这一过程中，政府角色的定位成为探讨的焦点之一。尽管如此，认证制度巧妙地平衡了政府与高校之间的关系。一方面，政府通过资源配置对认证机构进行授权与管理，体现了其在高等教育领域的政策导向与公益责任，确保了认证制度的权威性与公信力。另一方面，鉴于认证制度根植于高校自主发展的历史传统，并致力于促进高校实现自我设定的教育目标，学术自主与专业权威得以彰显，学术权力与专业权力在认证过程中占据主导地位，超越了行政干预的范畴。

此外，认证工作由独立于政府和高校之外的第三方机构及专业学会承担，这些机构及专业学会以深厚的专业能力为基石，确保了认证过程的专业性与公正性，有效规避了行政干预的潜在影响。对于既依赖政府资助又需保持独立办学权的美国公立高校而言，这一特点尤为重要。认证标准展现出高度的针对性、多样性与灵活性，聚焦于具体的学位项目，每个学科领域均拥有量身定制的标准体系。这种模式下，不同地区与学校可根据自身特色灵活选用不同标准，避免了单一认证机构或统一标准的垄断现象，确保了认证的服务性质而非强制性导向。因此，认证机制在约束高校的同时，也充分保障了其学术自由与办学自主权，实现了两者之间的良好平衡。①

（二）学科排名的国内外比较

在学科排名方面，近年来中国高校的教育学科在世界大学排名中表现突出，如北京师范大学和华东师范大学的教育学科在 QS 世界大学排名中位列前 100。然而，美国高校的教育学科在全球排名中占据更多前列位置，其教育学科的质量和影响力在全球范围内处于领先地位。美国作为高等教育领域的佼佼者，不仅高校数量庞大，而且在教育学科领域亦展现出强劲实力。截至 2016 年，美国设有教育学科的高校已高达 356 所。中国教育学一级学科排名往往以美国教育学院的排名为重要参考依据，其独特的比较价值不容忽视。值得注意的是，美国官方并未设立大学或学科排名体系，这一职能多由新闻媒体及专业组织承担，其中，《美国新闻与世界报道》（*U. S. News & World Report*）杂志发布的排行榜因其权威性和广泛影响力而备受瞩目，成为衡量美国高等教育质量的重要标尺。1983 年《美国新闻与世界报道》发布的"美国最佳大学排名"是世界上最早的大学排名，该刊从 1990 年开始将美国研究生教育分为法、商、工、医等学科进行排名。在美国研究生教育体系中，教育学占据着举足轻重的地位。鉴于此，自 1995 年起，美国便开始对教育研究生院进行排名，初期榜单仅涵盖了 25 所顶尖学府。进入 2000 年后，排名进一步细化至具体教育学科，包括课程与教学、教育管理与督导、教育政策、教育心理学、小学教师教育、中学教师教育、高等教育管理、特殊教育、学生辅导与人事服务技术及职业教育等十个细分领域，这些学科在美国的学术体系中相当于中国的二级学科范畴，因此直接与中国教育学一级学科的整体排名进行直接比较存在一定的局限性。《美国新闻与世界报道》所进行的教育学院排

① 尤铮：《美国高等教育学科评估的体系及标准研究——基于对两所大学教育学院的调研》，《世界教育信息》2018 年第 19 期。

名，由于其专注于研究生教育层面，与中国教育学一级学科在培养高层次教育人才方面的目标更为契合，因此两者之间的比较具有更高的参考价值。

近十年来，美国教育学院排名中的前二十强高校展现出了相对稳定的态势，除了排名末端的几所大学偶有变动外，大部分高校均连续十年稳居此列。然而，若将视野拓宽至中美两国间的教育学院排名对比，则不难发现美国的排名变动更为显著，尤其是前五名的高校更迭频繁，相较于中国教育学科前五名大学相对稳定的态势，美国这一领域的竞争显得尤为激烈。

在中国大学教育学科的排名中，前五强高校展现出了较高的稳定性，特别是北京师范大学与华东师范大学，两校在教育领域的卓越地位几乎坚不可摧。"文革"之前，北京师范大学与华东师范大学便以其出色的师范教育质量闻名遐迩，这一传统优势持续至今，赢得了业界的广泛认可。在教育学一级学科排名中，北京师范大学稳居榜首，且其领先优势在过去十多年间非但没有减弱，反而进一步增强；而华东师范大学则紧随其后，稳居次席，与第三名之间形成了较为明显的分差，预示着在未来较长一段时间内，华东师范大学第二名的位置也将稳固保持。近年来，美国大学教育学院排名展现出较高的动态性，有四所大学曾荣登榜首，有六所大学曾占据过第二的位置，预示着未来数年顶尖高校间的排名或将继续波动。这一现象部分归因于《美国新闻与世界报道》的年度排名机制，它敏锐地捕捉到了各校在学术产出上的周期性变化，导致排名结果呈现一定的起伏状态。相比之下，中国的一级学科排名周期较长，通常跨越三年以上，更侧重于反映一个阶段的综合表现，从而减少了短期波动对排名的影响。

此外，中美两国在师范教育体系上也存在显著差异。中国拥有专门的师范院校体系，教育学科排名前五的高校均为师范大学，凸显了师范教育在中国教育体系中的重要地位。而在美国，除哥伦比亚大学师范学院，其他高校的教育学科通常隶属于教育学院或教育研究生院，这种设置方式反映了美国高等教育在组织结构上的多样性和灵活性。美国的师范教育机构经历了显著的演变历程，从最初的师范学校逐步过渡到师范学院阶段，并最终融入综合大学体系之中。这一历程始于 1882 年亚拉巴马州首开先河设立师范学院，至 1948 年，全美独立的师范学院数量已增至 250 所。然而，自 20 世纪 30 年代起，这一格局开始发生转变，众多师范学院纷纷向州立学院及州立大学转型，至 1984 年，仅余 3 所私立师范学院仍保持独立。时至今日，美国已不再拥有独立的师范院校系统，教师教育的主要阵地已转移至综合大学内的教育学院。这一变化直接反映在了美国最佳教育学院排名中，榜单上几乎清一色地由综合大学占据，鲜见传统意义上师范大学的身影。可以看出，教育学的蓬勃发展需要打破师范大学和非师范大学的壁垒。

（三）学科影响力的比较

中国教育学与美国教育学在学科影响力方面存在一些差异，这些差异体现在学术研究、教育实践、国际合作与交流等多个层面。

首先，在学术研究方面，美国教育学具有较长的发展历史和深厚的学术积累，其研究成果在全球范围内具有广泛的影响力。美国教育学者在教育理论、教育政策、教育心理学等领域的贡献，对全球教育学的发展产生了深远的影响。同时美国教育学学科促进了教育理论的发展。美国教育学家提出了多种具有影响力的教育理论，如进步教育理论、认知学习理论、建构主义教育理论等。这些理论不仅在美国国内得到广泛应用，也对全球教育实践和研究产生了重要影响。相比之下，中国教育学虽然在近年来取得了显著的发展，特别是在教育经济学、比较教育学、教育技术学等新兴领域展现出活力，但在全球学术界的影响力仍处于逐步建立和提升阶段。

其次，在教育实践方面，美国教育学的理论和方法在国内外教育改革和实践中得到了广泛应用，特别是在教师教育、课程开发、学生评估等方面。尤其在教学方法方面美国教育学有着显著的贡献，提出了合作学习、问题解决学习、项目学习等创新教学方法。这些方法强调学生的主动参与和批判性思维能力的培养，已被世界各地的教育工作者采纳和实践。中国教育学则更注重结合国内教育实践和政策需求，推动教育改革和发展，如素质教育、新课程改革、农村教育发展等。①

最后，在国际合作与交流方面，美国教育学的国际化水平较高，其学术研究、师资队伍和学生群体具有较强的国际多样性。美国的高等教育机构吸引了大量国际学生和学者，促进了教育学的全球传播和交流。

五 择善而从：构建中国特色教育学体系

第一，从知识形态的角度来看，美国教育学经历了一系列变化，这些变化不仅丰富了教育学的内容，而且不断催生出新的理解。美国文化倾向于赋予知识形态以实用价值，这一特点在教育学领域尤为显著。美国的教育研究往往始于对具体问题的探讨，这种以问题为导向的研究方法促进了"原子观"的形成，即通过对教育知识生产过程的深入剖析，逐步构建起教育科学的体系。然而，随着教育科学的不断发展和扩张，一个值得注意的现象是，美国教育学家对于教育现象的整体把握似乎有所欠缺。美国教育学家的著作中，虽然蕴含了丰富的教育理论，但这些理论往往呈现出较为分散、非体系化的特点，这与美国人的思维方式不无关系。我国在构建教育学的过程中应注意教育学的整体感，避免原子式思维。中国教育学体系在构建过程中应注重本土化，结合中国特有的社会文化背景和教育实践，发展具有中国特色的教育学理论。

第二，美国教育学的演进历程与教育研究的发展轨迹紧密相连，这种紧密联系赋予了美国教育学显著的研究特质，使得它在多个方面展现了科学的本质属性。随着科学的持续进步，这一现代化进程的关键标志深刻影响着美国教育学的走向，促使其成为一个高度科学化的领域。在这一背景下，美国教育学不仅强调科学方法论的应用，还倾向于将科学性视为专业性的同义词，认为通过科学的方法和实践，能够不断提升教育学的专业水平和影响力。这一点在早期美国教育学家们进行教育研究时就表现得十分明显。正如

① 侯怀银：《新中国成立以来教育学学科体系建设的回顾与展望》，《西北师大学报》（社会科学版）2022 年第 4 期。

Geraldine Joncich Clifford 所言："最早对教育进行系统研究的倡导者们对摆在他们面前的任务具有一种有机的眼光：科学的学术追求和它所有的承诺是一致的，并且的确必须是专业的目的。"这一特点已经融入美国教育学发展的血脉之中，影响十分深远。中国在构建教育学体系的过程中应注意教育学的价值属性，避免唯科学主义。中国教育学在借鉴国际经验的同时，要加强学术自主性和创新性，形成具有中国特色的教育学理论和实践模式。

第三，美国教师教育的转型给教育学学科结构带来了多方面的变革。具体而言，美国中小学教师队伍中显现的"反教育学"趋势，揭示了美国教育学发展历程中的一个症结：教育理论与实践之间的脱节。在美国崇尚实用主义的社会背景下，纯粹的理论探讨往往难以获得广泛的认同与应用，这反映了美国人强调知识应服务于实际需求的价值观。面对复杂多变的教育实践环境，即便是最为系统全面的教育理论也难免显现出其局限性。这并非对教育理论价值的否定，而是强调在理解教育学时，需认识到其相对性和条件性。中国在构建教育学体系的过程中应注意教育学理论的相对性，避免绝对化，应注重理论与实践的结合，强调教育理论对教育实践的指导作用。

第二节 中国教育学与德国教育学的比较与启示

随着全球化的不断深入，不同国家之间的教育交流与合作日益频繁。教育学作为研究教育现象、揭示教育规律的一门社会科学，在不同国家的历史、文化和社会背景的影响下，形成了各自的特点和体系。中国和德国作为世界上教育体系较为成熟的国家，其教育学的发展和研究对世界教育的发展具有重要的参考价值。

一 自主独立的教育学学科

（一）教育学在中德两国的定义与发展

教育学作为一门研究教育现象、揭示教育规律的学科，在中德两国有着不同的发展历程和定义。在中国，教育学通常被定义为研究教育现象和教育问题、揭示教育规律的科学。它包括了教育基本理论、教育心理学、教育社会学、教育管理学等多个分支学科。同时，教育一直被视为国家建设和社会发展的重要组成部分。因此，中国教育学受政治和国家政策的影响较大。教育学研究通常与国家的教育改革和发展紧密相连，强调对国家政策的支持和实践应用。所以，中国的教育学研究注重教育实践，强调教育对国家发展和社会进步的作用。

德国的教育学则更加注重理论研究，强调教育学的哲学基础和人文精神。在德国，教育学被认为是一门社会科学，它关注教育过程的各个方面，包括教育哲学、教育历史、教育社会学、教育心理学等。德国教育学要求从规范和价值取向的角度指导教育行动，教育学总是先探讨什么是一个受过教育的公民，什么是一个能独立运用自己理性的人，什么是一个具有社会奉献精神的人等，然后再探讨如何将学生培养成这种人。[1] 德国的教育学研究更加深入和细致，注重理论与实践的结合。

中德两国的教育学发展受到了各自历史背景、文化传统和社会需求的影响。中国的教育学发展经历了从古代的儒家教育思想及模式初步形成到近现代的西方教育理论的引进，再到改革开放后的教育体制改革。德国的教育学则有着悠久的哲学传统，如康德、赫尔巴特等教育哲学家的思想对德国教育学的发展产生了深远的影响。

在现代，中德两国的教育学都在不断吸收国际先进的教育理念和方法，并进行教育改革和创新。中国的教育学更加注重教育的普及和质量的提升，德国的教育学则更加注重教育的个性化和终身学习。尽管存在差异，但中德两国的教育学都在为培养适应未来社会的人才、推动社会进步做出贡献。

（二）中德教育学学科属性的区别与共性

中德两国教育学的学科属性既有显著的区别，也存在一定的共性。

首先，从学科定义来看，中国的教育学更强调教育实践与教育管理，而

---

① 彭正梅：《解放和教育：德国批判教育学研究》，华东师范大学出版社，2008。

德国的教育学则更加注重理论研究与哲学思考。中国教育学体系中，师范教育占据了重要地位；而德国教育学体系则更加多元化，包括师范教育、教育科学、教育社会学等多个分支。

其次，在发展历史上，20世纪初中国从日本引入的教育学和新中国成立后从苏联引入的教育学都隶属德国教育学传统。[①] 中华人民共和国成立后，马克思主义在教育学建设中的指导地位逐步确立，中国的教育学受苏联教育学的影响较大；而德国的教育学则有着深厚的哲学和人文传统，通常更加重视理论探讨和学术研究，其发展更多地受到学术因素而非政治因素的影响，如赫尔巴特的教育思想对德国教育学的发展产生了深远的影响。

再次，在学科内容上，中国的教育学更加注重教育政策、教育管理、教学方法等方面的研究；而德国的教育学则更加关注教育哲学、教育心理学、教育社会学等理论性较强的领域。

最后，在文化与传统上，中国教育学往往受到中华传统文化的影响，如儒家思想、孔孟之道等，这些传统文化在教育理念和实践中有着深远的影响。中国教育学在研究中常常关注传统价值观念与现代教育实践的结合。德国教育学主要受德国思辨哲学、精神科学和新人文主义的影响，关注从哲学高度推论何为完整发展的人，进而确定教育学的整体目标，强调质性研究方法，尤其是诠释学方法在教育学研究中的作用。同时更注重西方现代教育思想，如启蒙思想、人本主义教育理念等的传承和发展。

尽管存在以上区别，中德两国的教育学也存在一些共性。例如，两国的教育学都致力于探讨教育的本质、目的、原则和方法，都关注教育与社会、文化、经济的关系，都重视教育研究的方法论和实证研究。此外，随着全球化的发展，中德两国的教育学也在逐渐融合，相互借鉴对方的理论与实践成果，共同推动全球教育学学科的发展。

---

① 王飞：《德国教育学与美国教育学的比较研究及启示》，《国家教育行政学院学报》2014年第6期。

二　找准学科理论渊源，探索实践差异化发展

（一）两国教育学理论渊源

首先，中国教育学根植于中华传统文化，具有本土特色社会教育学理论基础，其中儒家思想对教育的影响尤为显著。儒家注重人的全面发展，强调道德教育和个人修养，在中国教育学中有着重要的地位。其次，社会主义教育理论中中国特色社会主义教育理论也是中国教育学的重要理论基础之一，着重于社会主义核心价值观的教育实践，以培养社会主义建设者和接班人为目标。最后，随着中国现代化进程的加快，现代化教育理论也成为中国教育学的重要组成部分，强调科技教育、素质教育等内容。

德国教育学受到启蒙思想等哲学理论的影响较深，具有哲学取向，强调人的自由和个体权利，对教育的本质和目的进行深入探讨。德国教育学的目的主要是从人的本质或特性的哲学话语中引申出来的，认为仅仅通过量化研究或实验方法很难找出普适性目的。心理学在德国教育学中有着重要的地位，强调人的认知发展、情感情绪以及学习过程等方面的研究，对教育实践有重要启示。处于同等重要地位的还有教育社会学和教育经济学，德国教育学注重教育与社会的关系，教育社会学研究教育制度、教育机会不平等、教育流动性等问题，强调教育对社会发展的影响。而教育经济学是德国教育学中的重要分支，研究教育资源配置、教育投资效益等问题，旨在为教育政策的制定提供经济学基础。

中德两国教育学不同的理论渊源使之在研究方法与实践导向上也有所差异，中国教育学常常强调政策研究，即通过对政策实施的评估和反思，为政府提供决策参考，促进教育改革和发展。在研究方法上较为倾向于实证研究，注重数据分析和案例研究，以解决实际问题为导向。德国教育学更注重理论探讨和学术研究，强调理论的纯粹性和系统性，重视对教育现象的深入理解和概念模型的构建，并以纯粹研究为导向，不受政策导向和实践需求的限制，致力于发展独立的学术体系。

（二）两国教育学的实践基础对比分析

在中国和德国，教育学的实践基础都体现在教育实践的各个方面，包括学校教育、家庭教育、社会教育等。在中国的教育实践中，教育学主要关注如何提高教学质量、如何培养学生的创新能力和实践能力，以及如何进行教育改革以适应社会发展的需要。而在德国，教育学的实践基础则更多地体现在职业教育、终身教育和教育公平等方面。

在中国，教育学的实践基础还体现在对传统教育思想的继承和发展上。例如，孔子提出的"因材施教""有教无类"等教育思想，至今仍对中国的教育实践产生着深远的影响。同时，中国也在积极吸收和借鉴国际先进的教育理念和实践经验，以提高中国教育的国际竞争力。

在德国，教育学的实践基础则更多地体现在对职业教育的重视上。德国的职业教育体系被认为是世界上最成功的职业教育体系之一，它不仅为德国提供了高素质的技术工人，而且为德国的经济发展提供了强大的动力。此外，德国还在教育公平方面做出了积极的探索，例如通过实施"平等机会计划"，为弱势群体提供更多的教育机会。

总的来说，中德两国的教育学虽然在实践基础上存在一定的差异，但都致力于通过教育提高国民素质，促进社会的发展和进步。在未来的发展中，两国可以进一步加强交流与合作，共同推动教育学理论与实践的发展。

三　多元化学科体系，多样的学科规模

（一）教育学学科体系结构

1. 两国学科体系结构的特点

中国教育学学科体系结构相对较为集中，分为基础教育、高等教育、职业教育、成人教育和特殊教育等主要领域。其中，基础教育主要关注从幼儿园到高中的教育阶段，高等教育包括本科教育和研究生教育，职业教育主要针对职业技能的培养，成人教育则是面向成人学习者的继续教育和终身学习，特殊教育关注有特殊需求的学习者。在中国教育学学科体系中常常有一

些重点学科或研究机构，这些学科或机构在教育政策研究、教育改革实践等方面发挥着重要作用，比如高校承担着教育研究和人才培养的任务。

德国教育学学科体系结构则更为细致和多元化，除了基础教育、高等教育、职业教育、成人教育和特殊教育几个主要领域，还包括教育哲学、教育社会学、教育心理学、比较教育学、教育管理学等多个分支学科，以及大学、研究机构、非营利组织以及私人机构等，形成了更为广泛的研究网络。德国教育学还特别注重理论与实践的结合，强调教育研究的实践导向。德国教育学相对于中国教育学更注重学术自主性，研究机构和学者都有更大的自主权，研究方向和内容更加多样化。

在学科体系结构上，中德两国教育学都注重理论与实践的结合，但德国教育学在学科体系结构的细致程度和多元化方面更为突出，而中国教育学则在基础教育和高等教育等主要领域的研究上更为深入。

2. 学科设置与课程内容的诸多差异

在中国，教育学的学科设置通常包括教育学原理、课程与教学论、教育史、比较教育学、教育经济学、教育管理学等。课程内容涵盖教育理论、教育政策、教育心理学、教育社会学等多个方面。在德国，教育学的学科设置同样广泛，包括普通教育学、教育哲学、教育社会学、教育心理学、教育政策与法学等。课程内容注重理论与实践相结合，强调批判性思维和独立研究能力的培养。

在比较两国的学科设置与课程内容时，可以发现以下几点差异。

第一，学科设置的差异：中国教育学的学科设置相对更加细化，如在学前教育、特殊教育等领域有更深入的研究；德国教育学的学科设置则更加注重跨学科的综合研究，如教育哲学、教育社会学等。

第二，课程内容的差异：中国教育学的课程内容更加注重教育实践，如教学方法、教育技术等；德国教育学的课程内容则更加注重理论研究，如教育哲学、教育社会学等。

第三，教学方法的差异：中国教育学的教学方法更加注重课堂讲授和案例分析，而德国教育学的教学方法更加注重讨论和研究。

第四，评价体系的差异：中国教育学的评价体系更加注重考试成绩，而德国教育学的评价体系更加注重学生的独立研究能力和批判性思维。

综上所述，中德两国教育学的学科设置与课程内容各有特色，反映了两国不同的教育理念和实践需求。在比较中，可以发现两国教育学都在不断发展和创新，以适应全球化的教育发展趋势。

（二）两国教育学学科发展规模和发展趋势

中国教育学的学科发展规模在过去几十年中显著扩大。随着中国经济的快速发展和教育投入的增加，教育学的研究机构、高等院校和教育研究团队的数量不断增加。根据高等教育评估机构、学术期刊及网络资源数据库数据，截至 2022 年，中国有超过 100 所高等院校设立了教育学专业，还有多个重点研究机构和国家级教育学重点实验室开展了学术活动。比如，中国教育科学研究院，作为中国教育科研的国家级机构，该院开展了大量教育学方面的研究工作，并提供政策建议；清华大学教育研究院，作为中国一流大学之一的清华大学的教育学研究机构，其致力于教育学领域的前沿研究和人才培养；北京师范大学教育学院，北京师范大学是中国著名的师范类大学之一，其教育学院在教育学研究领域拥有较高的声誉和影响力；中国教育学会，作为中国教育学领域的学术机构，中国教育学会组织了大量的学术活动，促进了教育学研究的交流和合作。

相比之下，德国教育学的学科发展规模同样庞大，尤其是在高等教育领域。德国拥有众多历史悠久的教育学研究机构，如德国国际教育研究所、德国高等教育发展研究中心等，这些机构在国际上享有盛誉。德国教育学的研究团队和学者在教育理论、教育政策、教育实践等多个领域有深入的研究和广泛的影响。比如，德国教育科学学会（Deutsche Gesellschaft für Erziehungswissenschaft，DGfE），作为德国教育学领域的主要学术机构之一，DGfE 组织了许多学术会议和研究项目；柏林自由大学教育学系在德国教育学研究中占据重要地位，开展了丰富多样的教育学研究项目；马克斯·普朗克学会教育学研究所是德国最著名的科学研究机构之一，马克斯·普朗克学会旗下的教育学研究所在教育学领域有着重要的影响力；德国大学的教育学系，德国各大学都设有教育学系，这些系涵盖了各种教育学专业和研究方向，为德国教育学研究提供了丰富的资源。

在发展趋势上，中德两国的教育学学科呈现以下共同的特点：一是对跨学科研究的重视，教育学与心理学、社会学、经济学等学科的交叉研究日益增多；二是对教育技术的关注，随着信息技术的快速发展，教育技术在教育学研究中的应用越来越广泛；三是对国际化和全球化的追求，两国教育学者都积极参与国际合作项目，发表国际期刊论文，并举办国际学术会议。

此外，中国教育学的发展还表现出对教育公平和教育质量提升的特别关注，这与中国的教育改革密切相关。而德国教育学更加注重教育体系的创新和个性化教育的发展，以适应快速变化的社会需求。

总体来看，中德两国教育学的学科发展规模庞大，且都呈现跨学科、关注教育技术、国际化和全球化的发展趋势。未来，随着全球教育环境的变化和科技的进步，两国教育学学科将继续朝着更加开放、多元和高效的方向发展。

四　综合性的学科质量与学科影响力

（一）教育学学科质量的多角度评价

在比较中国教育学和德国教育学的学科质量时，需要考虑多个方面因素，虽然学科质量难以用简单的数据指标来衡量，但可以从教育政策及资源配置、研究水平、教育研究等多角度进行比较和评价。

1. 教育政策及资源配置

中国政府长期以来高度重视教育事业，不断加大对教育的投入力度，不断完善教育基础设施建设，推动了教育事业的迅速发展和进步，但在教育资源均衡性方面与德国存在一定差距。德国教育体系注重学术自主性，政府鼓励研究机构和大学自主制定教育政策，推动教育研究的发展。虽然德国教育资源相对均衡，教育质量普遍较高，但因历史和地区差异，资源分配不够公平。

2. 研究水平

在学术产出方面,中国教育学的学术产出数量庞大,每年发表的教育学论文数量位居世界前列,但学术质量参差不齐。德国教育学的学术产出相对较少,但质量较高,德国教育学界以其深度和专业性而闻名于世。在学术声誉方面,中国的一些教育学院和研究机构在国际学术界享有一定的声誉,但整体上与国际一流水平仍有差距。德国教育学研究机构在国际学术界享有很高的学术声誉,德国的一些教育学院被认为是世界一流的学术机构,拥有丰富的研究资源和优秀的学术团队。

3. 教育研究

在研究领域和研究重点方面,中国教育学研究主要集中在教育改革、教育政策、教育技术等方面,对于应试教育问题的研究也较为突出,如2021年7月24日教育部颁布的"双减"政策。德国教育学更注重教育哲学、教育社会学、教育心理学等理论研究,强调教育的人文精神和个性发展。在研究方法和创新方面,中国教育学研究注重实证研究和政策导向,但在理论创新和方法创新方面仍有待提高。德国教育学注重理论探讨和学术研究,强调学术自由和独立性,并在研究方法和创新方面具有一定优势。

总体来说,中国可以借鉴德国的经验,加强对教育研究的政策支持,同时保障学术自主性和独立性。此外,两国还可以加强教育领域的学术交流与合作,共同推动教育研究的发展和进步。

(二)教育学学科国内外影响力现状

中国教育学与德国教育学的学科影响力在国内外评价中呈现显著的差异。在国内,中国教育学的影响力主要体现在对国内教育政策的制定、教育实践的指导以及教育理论的创新上。中国教育学者在基础教育、高等教育、职业教育等领域取得了一系列研究成果,对中国的教育改革与发展起到了积极的推动作用。然而,在国际上,中国教育学的声音相对较弱,国际影响力有待提升。

德国教育学在国际上的影响力则更为显著。德国教育学以其深厚的历史传统、严谨的学术态度和广泛的研究领域,在国际教育学界享有盛誉。德国教育学者在教育哲学、教育心理学、比较教育学等领域做出了重要贡献，其研究成果被广泛引用，对国际教育学的发展产生了深远影响。

在评价体系方面，中国教育学在国际上普遍认可的学术评价标准，如期刊影响因子、论文引用率、国际合作研究等指标上与德国教育学存在一定的差距。然而，随着中国教育学的不断发展，其国际影响力正在逐步提升。中国教育学者积极参与国际学术交流，发表高水平论文，这些努力正在逐渐缩小与德国教育学的差距。

总体而言，中国教育学在国内外评价中正逐步提升其学科影响力，但仍需在学术研究的质量和国际化程度上继续努力，以期在国际教育学领域占据更为重要的位置。

五 和而不同：两国教育学的对话与交流

通过对中国教育学与德国教育学的比较分析，从学科属性、学科基础、学科体系、学科规模、学科质量、学科影响力六个方面进行了深入探讨。研究发现，中德两国教育学在学科属性上存在一定的差异。在学科基础方面，两国教育学都受到了哲学、心理学和社会学等学科的影响，但在具体的研究方法和理论构建上各有侧重。在学科体系和学科规模方面，中国教育学在近年来发展迅速，学科体系日益完善，学科规模不断扩大。相比之下，德国教育学的发展历史更为悠久，学科体系相对成熟，学科规模的增长相对稳定。在学科质量与学科影响力方面，两国教育学都在不断提高自身的学术水平和国际影响力，中国教育学在某些领域已经展现出较强的竞争力。

基于对中德两国教育学学科属性的比较研究，揭示了教育学在不同社会文化背景下的发展特点。在理论层面，本书揭示了教育学学科基础的差异，包括理论框架、研究方法以及实践基础的多样性。这些差异不仅反映了教育学学科在知识体系上的丰富性，也为教育学的跨文化交流与融合提供了理论基础。在实践层面，本书对教育学学科体系、学科规模、学科质量以及学科影响力的比较分析，为教育学学科的建设与发展提供了重要的参考。

首先，学科体系的比较揭示了中德两国在教育学课程设置、研究方向上的差异，为教育学专业的教学改革提供了启示。其次，学科规模的比较显示了两国在教育学研究力量、教育资源配置上的不同，为教育政策的制定和优化提供了依据。再次，学科质量的比较强调了教育学研究的质量标准和评价体系的重要性，这对于提升教育学的学术水平和国际影响力具有重要意义。最后，学科影响力的比较表明，教育学不仅要在学术界产生影响，还要在社会服务、教育实践等领域发挥作用，这要求教育学研究者与实践者更加注重理论与实践的结合，推动教育学的社会应用和实践创新。

对于中德教育学的对比研究，由于研究时间和资源的限制，难免存在一定的局限性。首先，由于教育学领域的广泛性和复杂性，本书不可能涵盖所有相关内容，只能选择部分关键维度进行比较。其次，由于数据获取的难度，某些方面的比较可能不够全面和深入。最后，由于语言和文化差异，对德国教育学的理解可能存在偏差。

未来对中德教育学的研究可以从以下几个方面进行拓展：一是增加对中德两国教育学发展历史和现状的纵向比较，以更全面地理解两国教育学的演变过程；二是引入量化分析方法，通过大数据分析来增强研究结果的准确性和可信度；三是开展更广泛的国际比较研究，将中国和德国的教育学置于更广阔的国际背景下进行考察；四是深入探讨教育学在不同社会文化背景下的应用与实践，以更好地服务于教育实践和教育政策的制定。

此外，随着教育学学科的发展和教育实践的不断变化，未来的研究还需要关注新兴的教育理念和技术，如人工智能在教育中的应用、终身学习体系的构建等，以期为教育学的理论发展和实践应用提供更多的启示和指导。

综上所述，中德两国教育学在发展过程中形成了各自的特点和优势。中国教育学在规模扩张和应用研究方面表现突出，而德国教育学则在理论创新和国际化方面具有明显优势。两国的教育学发展都面临挑战，需要在保持自身特色的同时，加强国际交流与合作，共同推动教育学学科的进步与发展。

第三节 中国教育学与英国教育学的比较与启示

一 放眼世界的教育学学科定位

在学科定义方面，中国教育学通常被定义为研究教育现象和教育问题、揭示教育规律的一门社会科学。它关注教育活动的本质、教育与社会的关系、教育的历史发展、教育心理学、教育管理、教育政策法规等多个方面。而英国教育学则侧重于教育哲学、教育社会学、比较教育、教育心理学、教育技术等领域的研究，强调理论与实践的结合。

在学科目标方面，中国教育学的目标在于促进学生全面发展，提高教育质量，促进教育公平，推动教育现代化，为社会主义现代化建设服务。英国教育学的目标则更加注重培养学生的批判性思维能力、创新能力、终身学习能力，以及在全球化背景下培养具有国际视野的教育工作者。两国的教育学学科目标都旨在培养能够适应社会发展需求的教育人才，但侧重点有所不同。

在学科内涵方面两国存在显著差异，这主要源于两国不同的教育传统和哲学基础。中国教育学深受儒家文化的影响，强调教育在促进社会和谐、提高个人修养和传承文化中的作用。相比之下，英国教育学则更多地受到启蒙运动和工业革命的影响，注重个体的全面发展、批判性思维和创新能力的培养。

在教育理念方面，中国教育学强调集体主义、纪律性和知识传授，而英国教育学则更加注重个体差异、自主学习和实践能力的培养。这种差异体现在教育实践中，如中国在教育实践中更倾向于标准化的考试和统一的课程标准，而英国在教育实践中则鼓励学生进行项目式学习、探究式学习和跨学科整合。

中国教育学与英国教育学在学科属性上存在显著差异，这些差异不仅体现了两国文化的不同，也对两国的教育实践和教育政策产生了重要影响。通过对两者的比较研究，可以为中国的教育改革和发展提供有益的启示和借鉴。

二 学科基础的差异性

（一）教育理论基础

中国教育学与英国教育学的理论基础存在显著差异，主要体现在哲学基础、心理学理论和教育社会学理论三个方面。

在哲学基础方面，中国教育学深受儒家思想的影响，强调教育在培养人的德性、促进社会和谐方面的作用，注重集体主义和个人修养的培养。而英国教育学则更多地受到启蒙运动和实科教育的影响，强调个人自由、理性思考和实用主义。

在心理学理论方面，中国教育学在 20 世纪初受到苏联心理学的影响，重视行为主义和心理学的应用，如在教学方法上强调直观教学和启发式教学。英国教育学则更早地接受了心理学的实验研究方法，如在儿童发展、学习理论和教育心理学等领域有深入的研究。

在教育社会学理论方面，中国教育学关注教育与社会结构的关系，重视教育在社会分层和社会流动中的作用。英国教育学关注社会不平等和教育机会的问题，但同时也强调教育对社会正义和民主参与的促进作用。

综上所述，中英教育学的理论基础既有共性，又存在各自的特点和侧重点。这些差异反映了不同文化和社会背景下教育理念和实践的差异，同时也为两国的教育改革和发展提供了不同的理论支撑和实践指导。

（二）教师教育与专业培训

在中国，教师教育主要集中在师范院校，包括本科和研究生层次的教育。师范生的培养注重理论与实践相结合，强调教育实习和教学技能的训练。例如，北京师范大学、东北师范大学等都是知名的师范类院校。近年来，随着教育改革的深化，教师教育的模式正在向多元化发展，非师范生也可以通过教师资格考试进入教师行业①。

---

① 中国实行教师资格证制度，教师需要通过相应的考试才能取得教师资格。这一考试涵盖了教育理论、教育法律法规、教学技能等多个方面。

在专业培训方面，中国政府实施了多项教师专业培训计划，旨在提高教师的专业水平和教学质量。例如，"国培计划""县校结合计划"等都是针对不同层次和类型的教师开展的培训项目。中国教育部门定期组织安排在职教师参加继续教育，以更新他们的教育理念和教学方法。此外，还有各种针对特定学科或教育阶段的培训项目，如信息技术教育、英语教学法等。

相比之下，英国拥有悠久的教育学传统，各类教育学院和研究机构遍布全国，拥有多元化的教师培训途径，包括大学本科课程、研究生课程，以及学员可以通过实践和培训机构获得教师资格[1]。英国教育学的基础建设较为完善，拥有一批世界级的教育学家和研究团队。教师教育更加注重实践导向，师范生需要在教育实践中完成大量的教学观察和实习。

英国的教师专业培训项目通常由大学与教师在职学校合作开展，强调理论与实践的紧密结合。在职教师的培训同样受到重视，英国教育部门提供多种专业发展机会，如开办工作坊、组织研讨会和开设在线课程等。

总体而言，中英两国在教师教育与专业培训方面都注重提升教师的专业能力和教学质量，但在培养模式和培训内容上存在一定的差异。中国的教师教育正在逐步向更加灵活和多元化的方向发展，而英国则强调教师教育的实践性和专业性。两国在教师教育领域的交流与合作，对于促进各自教育体系的完善和教师队伍的建设具有重要意义。

三 交叉融合的学科体系，不均衡的学科规模

（一）教育学学科体系的比较

中国教育学学科体系相对较为结构化，包括教育史、教育心理学、教育管理学、教育技术学等多个分支。这些分支之间相对独立，但也存在一定的交叉与融合。例如，教育史研究可以为教育管理提供历史背景参考。英国教育学学科体系同样结构化，但更加细致和分工明确。例如，教育史

---

[1] 英国的教师需要符合特定的教师资格标准，并且需要注册才能在公立学校从事教学工作。英国教育部门负责管理教师注册和监督教师资格。

领域可能会进一步分为古代教育史、近代教育史等子领域，从而形成更为精细的分类。

中国教育学学科体系在不同分支之间存在一定的交叉与融合。比如，教育心理学与教育管理学可能会结合起来，研究教育组织中的心理健康问题或领导风格与教师绩效的关系等。另外，中国教育学的主流学科与边缘学科之间的关系相对较为明确。主流学科通常包括教育史、教育心理学等领域，而边缘学科则可能包括一些前沿性或专业性较强的研究领域。比如，教育技术学可能会被视为边缘学科，但在数字化时代逐渐受到更多关注。

英国教育学更加注重学科内部的交叉与融合，倡导跨学科研究。比如，教育心理学与社会学可能会合作研究教育不平等问题，从多个学科角度探讨其产生原因与解决方案。在英国教育学学科体系中，主流学科和边缘学科之间的界限相对模糊，这意味着一些边缘学科可能会被纳入主流范畴，形成更为广泛的学科视野。例如，性别研究、跨文化教育等领域在英国教育学中可能不再是边缘研究领域，而是主流研究的一部分。

与此同时，教育学学科体系中的学科课程结构与课程设置也需要关注。

在中国，教育学科课程结构强调基础知识和基本技能的传授，注重学科的系统性和完整性。课程设置上，中国教育学注重学科的分类和分科教学，如语文、数学、英语等科目都有明确的教学目标和教学内容。此外，中国教育学还注重实践教学，如开展实验课、组织实习等，以培养学生的实践能力和创新精神。

相比之下，英国教育学的学科课程结构更加灵活和开放，强调学生的自主学习和探究能力。课程设置上，英国教育学更加注重跨学科的学习，如综合课程、项目式学习等，以培养学生的综合能力和解决问题的能力。此外，英国教育学还注重学生的个性化发展，鼓励学生根据自己的兴趣和特长选择课程，以实现个性化教育。通过对中英教育学学科体系的比较，我们可以发现两者在教育理念和教学方法上存在显著差异。中国教育学更加注重系统的学科知识和实践能力的培养，而英国教育学则更加注重学生的自主学习和个性化发展。这些差异对两国的教育质量和人才培养模式产生了深远的影响，也为两国教育学的未来发展提供了重要的启示。

（二）教育学学科规模的比较

中国拥有众多的教育学院、研究机构以及专业教育研究中心。中国科学院下属的心理研究所、教育部直属的中国教育科学研究院等，都是中国教育学研究的重要机构。英国同样拥有众多的教育学院和研究中心，如牛津大学、剑桥大学等知名学府的教育学院。虽然英国的教育学研究机构数量相对较少，但其规模和学术声誉较高。

学者数量与研究团队规模上，中国教育学领域涌现了大量的学者和研究团队，研究人员数量庞大。国内高校教育学院的教职人员、研究生以及从事教育相关工作的专业人士都是中国教育学研究的重要力量。英国的教育学领域同样拥有大量的优秀学者和研究团队，尤其是在一些知名大学中，聚集了众多的教育学专家和学者。虽然英国的教育学研究人员数量相对较少，但其学术水平较高。

科研项目数量与经费投入上，中国的教育学研究项目数量庞大，国家、地方以及企业等各级机构会投入大量资金用于教育学研究。国家社会科学基金每年都会拨款支持大量的教育学研究项目。英国的教育学研究项目相对较少，但通常会得到较高的经费投入。英国政府会通过国家科研基金、教育部门等渠道资助教育学研究项目，同时一些知名基金会也会对教育学领域进行资助。

学术期刊数量与影响力上，中国的教育学领域拥有大量的学术期刊，覆盖了广泛的研究领域和专业方向。《教育研究》《中国教育报告》等都是中国教育学研究的重要期刊。英国的教育学学术期刊数量相对较少，但其影响力较大。*British Educational Research Journal*、*Educational Psychology* 等期刊在国际学术界享有很高的声誉，刊载了大量重要的研究成果。

学科投资与资源配置上，中国教育学长期以来受到政府的高度重视。政府通过财政拨款、税收优惠等措施，为教育学学科的发展提供了坚实的物质基础。同时，中国高校在教育学学科的资源配置上，也倾向于加大投入力度，包括加强实验室建设、科研项目资助、国际交流合作等。相比之下，英国教育学的学科投资与资源配置则更加多元化和市场化。英国政府虽然会提供一定的资金支持，但私立教育机构、慈善基金会、企业赞助等是教育学学科资源的重要来源。英国高校在教育学的资源配置上，更加注重效率和产出，强调科研成果的实际应用价值和国际影响力。

通过对中英两国教育学学科投资与资源配置的比较可以发现，中国在政府主导下的资源投入模式有利于保障教育学的稳定发展，但也可能存在资源分配不均和效率低下的问题。而英国的多元化和市场化投资与资源配置模式，虽然能够提高资源配置的灵活性和效率，但也可能面临资金不稳定和短期主义的风险。

基于上述比较，对中国教育学的启示在于，需要进一步优化资源配置机制，提高资金使用效率，同时鼓励多元化的资金来源，以增强教育学的国际竞争力。而对英国教育学的启示则是，应保持现有的灵活性和市场导向，同时加强政府在教育学学科发展中的引导作用，确保教育学的长远发展。

四　学科质量与创新并驱，提高国际影响力

（一）学术研究与创新能力

学术研究与创新能力是衡量一个国家或地区教育学学科发展水平的重要指标。在比较中英两国教育学的学术研究与创新能力时，可以从以下几个方面进行深入分析。

首先，学术研究成果的数量和质量是评价学术研究水平的重要标准。中国教育学研究在近年来取得了显著进展，发表的学术论文数量逐年增加，但同时也存在论文质量参差不齐的问题。相比之下，英国教育学的学术研究在国际上享有较高声誉，其研究成果不仅数量多，而且质量高，经常发表在顶级学术期刊上。

其次，教育学的创新能力体现在对新理论、新方法的探索和应用上。中国在教育技术创新方面投入巨大，如加强在线教育、智慧教室建设等，但创新的应用往往局限于技术层面，缺乏理论层面的创新。英国教育学则在教育理论创新方面表现突出，如对多元文化教育、批判性思维培养等领域的深入

研究，为教育实践提供了新的理论视角和实践模式。

再次，国际合作与交流是提升学术研究与创新能力的重要途径。中国教育学在国际合作方面取得了一定的进展，但与国际一流教育学研究机构的合作深度和广度还有待拓展。英国教育学则以其开放的国际视野和广泛的合作网络，吸引了众多国际学者和研究机构，促进了学术研究的国际化和创新能力的提升。

最后，教育学的学术研究和创新能力还体现在对教育实践的指导作用上。中国在教育政策制定和教育改革方面取得了显著成就，但教育学研究成果在实践中的应用转化率有待提高。英国教育学则更加注重理论与实践的结合，其研究成果对教育实践具有较强的指导意义。

综上所述，中国教育学的学术研究与创新能力取得了长足进步，但仍需在提升研究成果质量、加强理论创新、深化国际合作以及提高研究成果的应用转化率等方面下功夫。英国教育学的成功经验为中国教育学的发展提供了宝贵的启示。

（二）学科的国际合作与交流

在比较中国教育学与英国教育学学科的国际合作与交流方面，我们可以从以下几个方面进行探讨。

首先，从国际交流的频率和深度来看，英国教育学在国际上的合作与交流更为频繁和深入。英国高校和教育机构与世界各地的高校和教育机构建立了广泛的合作关系，包括开展学生交换项目、教师交流计划、联合研究项目等。而中国教育学在国际合作方面虽然近年来有所加强，但整体上与英国相比，仍有一定的差距。

其次，从国际学术会议和学术活动的参与度来看，英国教育学者在国际学术会议上的发言和论文发表更为活跃，他们更倾向于参与国际性的学术交流，与国际同行保持密切的联系。而中国教育学者虽然也开始在国际舞台上发声，但参与度和影响力还有待提高。

再次，从国际合作项目的数量和质量来看，英国教育学在国际合作项目上更为丰富和多样化，这些项目不仅包括教育研究和教学方法的交流，还包括教育政策和教育管理的合作。中国教育学在这一领域的合作项目虽然有所增加，但整体上项目数量和质量还有待提升。

最后，从国际学生流动的角度来看，英国作为国际学生的热门留学目的地，吸引了大量的国际留学生，这不仅促进了英国教育学的国际化，也加强了英国教育学与世界其他国家和地区教育学的联系。而中国虽然也是国际学生的留学目的地选择之一，但国际学生的比例和流动性相对较低，这也在一定程度上影响了中国教育学的国际化进程。

综上所述，中国教育学在国际合作与交流方面，虽然取得了一定的进展，但与英国教育学相比，仍有较大的提升空间。为了缩小这一差距，中国教育学需要进一步加强国际合作，提高国际交流的频率和深度，提高在国际学术会议上的参与度，提升国际合作项目的数量和质量，并吸引更多的国际学生来华学习，以促进中国教育学的国际化发展。

五　互鉴共融：启迪未来教育之路

通过对中国教育学与英国教育学的深入比较，中国教育学在借鉴英国教育学的基础上，应注重以下几个方面的启示。

首先，中国教育学应加强理论与实践的结合，推动教育研究的本土化。英国教育学在理论与实践的结合上做得较为出色，其研究成果往往能够直接指导教育实践。中国教育学可以学习英国的经验，更加注重实证研究，通过大量的教育实验和调查研究，形成具有中国特色的教育理论。

其次，中国需要进一步深化教育改革，推动教育公平与教育质量的提升。英国在教育公平和质量监控方面积累了丰富的经验，如通过国家课程标准和考试制度的改革，确保教育资源的均衡分配和学生的全面发展。中国可以借鉴英国的经验，进一步优化教育资源配置，提高教育质量，确保每个孩子都能接受公平而高质量的教育。

再次，中国教育学应加强国际交流与合作，提升国际影响力。英国教育学在国际上的影响力不容忽视，其高校和教育机构同国际组织的合作广泛。中国教育学可以通过与国际知名教育机构建立合作关系，参与国际教育项目，拓宽国际视野，提高国际竞争力。

最后，中国教育学应注重教师的专业发展，提高教师的教育教学能力。英国教育学在教师教育方面有着一套成熟的体系，强调教师的专业成长和持续学习。中国教育学可以借鉴英国的经验，加强对教师的培训和职业发展支持，提高教师的专业水平和教学质量。

总体而言，中英两国教育学在学科属性、学科基础、学科体系、学科规模、学科质量、学科影响力等方面都存在显著差异，这些差异既反映了两国不同的教育传统和国情，又为两国教育学的发展提供了宝贵的启示。对中国而言，应加强理论创新，提升国际影响力；对英国而言，应借鉴中国教育学的实践经验，加强教育成果的转化应用。通过相互学习和借鉴，中英两国教育学有望实现共同发展和进步。中国教育学在与英国教育学的比较中，应取长补短，不断深化教育改革，提升教育质量，推动教育学的健康发展。

第四节　中国教育学与法国教育学的比较与启示

一　中法教育学的学科特性与文化脉络

教育学作为一门学科并非孤立存在，而是在不同国家的社会文化背景、历史传承和政策环境中形成独特的学科特性。为了深入剖析中法教育学的异同，本节将详尽分析两国教育学的学科定位和特性，并通过对其教育理念和价值取向的深入探究，揭示两国教育学的核心要素及其差异。

（一）中国教育学的学科定位及特性

中国教育学的学科定位深受社会文化、历史传统和政策导向的综合影响，并展现出独特的实践性、综合性和政策性。这些特性不仅体现了中国教育学的学术追求，也反映了其与社会发展的紧密联系。

中国教育学的实践性是其最为显著的特点之一。这种实践性源于教育学对现实教育问题的关注和解决，更在于其与国家发展战略的紧密结合。中国教育学不仅仅停留在理论探讨的层面，更注重将理论与实践结合，通过实证研究、案例分析等方法，深入探索教育的内在规律和发展趋势。这种实践性使得中国教育学能够紧密跟随社会发展的步伐，为解决现实教育问题提供科学的理论指导和实践方案。

中国教育学的综合性也是其重要特性之一。在全球化和信息化时代背景下，教育问题越发复杂多变，单一学科的理论和方法已经难以应对。因此，中国教育学积极借鉴和吸收多学科的理论与方法，试图构建一种全面、立体的教育体系。这种综合性不仅体现在对教育现象的多维度解读上，也体现在对教育问题的跨学科研究上。通过综合运用心理学、社会学、历史学等学科的理论与方法，中国教育学能够更深入地剖析教育现象，更全面地揭示教育问题的本质和根源。

政策性是中国教育学的又一显著特性。教育政策是国家发展的重要手段，而中国教育学则扮演着为政策制定提供科学依据的重要角色。中国教育学的研究往往围绕着国家教育政策的制定和实施展开，旨在为政策制定者提供科学的决策依据和实施方案。这种政策性使得中国教育学与社会发展紧密相连，其研究成果能够直接转化为政策实践，推动教育的持续改进和创新。

中国教育学的这些特性相互交织、相互影响，共同构成了其独特的学科风貌。实践性使得中国教育学能够紧密跟随社会发展的步伐，为解决现实教育问题提供科学的理论指导和实践方案；综合性为中国教育学提供了多维度、跨学科的研究视角和方法论支持；政策性使得中国教育学的研究成果能够直接转化为政策实践，推动教育的持续改进和创新。这些特性的有机融合，使得中国教育学在推动教育事业发展、提升教育质量方面发挥着重要作用。

（二）法国教育学的学科定位及特性

法国教育学的学科定位则更多地体现了其深厚的哲学底蕴与历史传承。法国作为一个具有悠久历史与丰富文化的国家，其教育学的发展亦深受其文化传统与哲学思想之影响。这使得法国教育学展现出独特的哲学性、历史性与批判性。

法国教育学的哲学性是其最为核心的学科特性之一。法国教育学深受启蒙思想影响，强调教育的自由、平等和博爱精神。这种哲学性的思考方式使得法国教育学在教育理念上具有鲜明的特色，注重从哲学的高度探讨教育的本质和意义。通过对教育现象的深入剖析和对教育价值的独特理解，法国教育学试图构建一种符合人性发展和社会进步的教育理念体系。

法国教育学的历史性也是其独特之处。法国拥有悠久的历史文化传统，这使得法国教育学在研究过程中始终注重历史传承与教育创新的关系。法国教育学不仅仅关注当前的教育现象，更致力于从历史的角度审视教育的演变和发展。通过对历史教育现象的深入研究，法国教育学能够为未来的教育改革提供有益的借鉴和启示。

法国教育学的批判性则体现了其对社会现实的深刻反思。法国教育学界常常对教育现象进行批判性分析，试图揭示教育中的不平等问题。这种批判性的思维方式不仅仅是对教育现实的挑战，更是对教育理念的深刻反思和完善。通过批判性分析，法国教育学能够更深入地剖析教育问题的根源和本质，为推动教育公平和进步提供有力的理论支撑和实践指导。

（三）两国教育学学科属性的比较分析

中法两国的教育学在学科属性上的差异与特色不仅仅反映了两国在教育理念、文化传统和社会发展等方面的不同，更体现了两国教育学在全球化背景下的独特发展路径。以下将对两国教育学学科属性的异同点进行深入剖析。

首先，中国教育学的实践性和政策性体现了其与社会发展的紧密结合，注重解决现实教育问题和为政策制定提供科学依据。相比之下，法国教育学的哲学性和历史性则展现了其对教育理念的深刻思考和对历史传承的关注。这两种不同的学科特性反映了中法两国在教育发展上的不同侧重点和价值取向。中国教育学的实践性和政策性使得其研究成果能够直接转化为政策实践，推动教育的持续改进和创新；而法国教育学的哲学性和历史性则为其提供了深厚的教育理论基础和历史借鉴，有助于构建更加全面、深入的教育理论体系。

其次，中国教育学的综合性体现了其在全球化、信息化时代背景下的学科创新，注重跨学科的研究方法和多维度解读教育现象。而法国教育学的批判性则显示了其对教育现实的深刻反思和对教育理念的不断完善。这两种学科特性也反映了中法两国在教育改革和创新方面的不同思路和策略。中国教育学的综合性有助于应对复杂多变的教育问题，提供更全面、科学的解决方案；而法国教育学的批判性能够推动教育理念的不断进步和完善，促进教育公平和提升教育质量。

最后，尽管中法两国教育学在学科属性上存在差异，但正是这种差异促进了两国教育学的交流与互补。在全球化背景下，中法两国教育学可以相互借鉴、取长补短，共同推动教育学的繁荣发展。同时，这种学科属性的比较分析也为我们深入理解教育学在不同文化背景下的独特发展路径提供了有益的视角和启示。通过比较分析中法两国教育学学科属性的异同点，我们可以更好地认识和理解两国在教育理念、文化传统和社会发展等方面的差异与特色，为推动全球教育学的交流与合作提供有益的参考和借鉴。

二 理论视角下的中法教育学基础架构与演进

在深入对比分析中法两国教育学的学科属性后，两国教育学的学科特性清晰可见。这些差异与相似之处不仅映射出不同社会文化背景下的教育理念与发展路径，也为进一步探究教育学的学科基础提供了丰富的素材与多元视角。基于此，本部分将转向教育学学科基础的理论探讨，旨在深入剖析教育学的理论根基与发展逻辑，为教育学的未来发展奠定更为坚实的理论基础。

（一）中国教育学的理论基础及发展脉络

中国教育学的理论基础深厚且多元，深受中国传统文化、马克思主义哲学以及现代教育理论的影响。其发展脉络可追溯至古代的儒家教育思想，强调"仁爱"、"礼义"与"教育为本"。随着历史的演进，中国教育学不断吸收和融合各种教育思想，逐步形成了具有中国特色的教育学体系。

近代以来，中国教育学在吸收西方教育学理论的基础上，开始注重实践与应用，尤其在新中国成立后，马克思主义教育思想成为主导，强调教育的阶级性和社会性。改革开放以来，中国教育学进一步与国际接轨，开始广泛吸收和借鉴国际先进的教育理念和实践经验，同时结合本土实际，不断探索和创新。

进入 21 世纪，中国教育学更加注重多元化和个性化发展，提倡素质教育和创新教育，致力于培养具有创新精神和实践能力的新时代人才。在此背景下，中国教育学的理论基础不断得到丰富和发展，为教育实践提供了有力的理论支撑。

（二）法国教育学的理论基础及演变过程

法国教育学的理论基础同样深厚且独特，深受启蒙思想、实证主义哲学以及现代教育理论的影响。其演变可追溯至 18 世纪的启蒙运动，强调理性、自由和平等的教育理念。[①] 随后，实证主义哲学对法国教育学产生了深远影响，推动了教育学的科学化和实证化研究。

进入 20 世纪，法国教育学开始广泛吸收心理学、社会学等多学科的理论和方法，形成了多元化的教育学体系。同时，法国教育学也注重批判性思维的培养，鼓励学生独立思考和创新。在当代，法国教育学更加注重实践和应用，强调教育的社会功能和个体发展的平衡，致力于培养具有国际视野和创新能力的人才。

（三）中法教育学理论基础的对比研究

中法两国教育学的理论基础各具特色，既存在相似之处，又呈现出显著差异。首先，在哲学基础方面，中国教育学的理论基础深受马克思主义哲学影响，强调教育的阶级性与社会性；而法国教育学则深受启蒙思想与实证主义哲学影响，注重理性、自由与平等的教育理念以及教育的科学化与实证化研究。

其次，在教育目标方面，中国教育学注重培养具有创新精神和实践能力的人才，强调素质教育和创新教育；而法国教育学则更加注重批判性思维的培养和国际视野的拓展。这些差异反映了中法两国在教育理念、文化传统和社会发展等方面的不同背景和价值取向。

----

① 高迎爽：《法国基础教育：从平等、自由达至和谐》，《基础教育》2010 年第 1 期。

尽管存在差异，中法两国教育学在全球化背景下也呈现出相互借鉴和融合的趋势。例如，在课程设置、教学方法以及教育评价等方面，中法两国都在不断探索和创新，以适应新时代的教育需求。同时，两国也积极开展教育交流与合作，共同推动教育学的发展与进步。

通过对比研究中法两国教育学的理论基础及发展脉络，我们可以更深刻地理解两国在教育理念、文化传统与社会发展等方面的差异与特色。同时，这种对比研究也有助于我们更好地认识与理解全球教育学的发展趋势与挑战，为推动教育学的国际合作与交流提供有益的参考与借鉴。在未来的发展中，中法两国教育学应继续加强交流与合作，共同推动教育学的繁荣与发展。

三 中法教育学的学科体系与学科规模

在全球化学术环境中，教育学作为一门关键的社会科学，其在不同国家中的学科体系和学科规模呈现出各异的形态。中国和法国是东西方文化的代表，对其教育学学科体系和学科规模进行对比研究，对于深化对两国教育学异同点的理解，以及预测教育学的发展趋势具有重要的学术价值和实践意义。

（一）中国教育学的学科体系与学科规模

中国教育学的学科体系深受国家政策导向、社会实际需求以及深厚的学术传统影响。随着教育改革的持续深入，中国教育学的学科体系日趋完善，已形成了以教育学原理、教育史、教育心理学、比较教育学、课程与教学论等为核心的，多元化、交互性强的学科群落。这些学科之间形成了紧密的联系和支撑，共同构建了中国教育学全面而系统的学科体系。

在学科规模方面，中国教育学的发展势头强劲。近年来，中国教育学相关的学术论文发表数量和被引频次均显著增长，显示出中国教育学的研究活力和影响力在不断提升。此外，随着国家对教育事业的持续投入和重视，越来越多的学者和专家投身教育学研究，进一步推动了教育学的发展。各高校和研究机构也积极响应，增设教育学相关专业和课程，开展教育学相关研究，为教育学人才的培养奠定了坚实的基础。

（二）法国教育学的学科体系与学科规模

法国教育学的学科体系深刻反映了其哲学底蕴和批判性思维的特点。在法国，教育学的研究不仅仅局限于教育实践问题，更注重从哲学、社会学、心理学等多学科的角度对教育现象进行深入的剖析和解读。因此，法国教育学的学科体系更为开放和多元，广泛涵盖了教育哲学、教育社会学、教育心理学等多个分支领域。

在学科规模方面，法国教育学也展现出了其强大的影响力。法国拥有众多享誉国际的教育学专家和学者，他们的研究成果在国际教育学界具有广泛的影响力。同时，法国的高等教育机构和研究所在教育学领域也积累了丰富的教学和研究经验，为培养高质量的教育学人才提供了有力的支撑。

（三）两国教育学在学科体系与学科规模上的比较

中法两国在教育学的学科体系和学科规模上既存在相似之处，又有显著的差异。在学科体系方面，两国都建立了多元化的学科群，覆盖了教育学原理、教育心理学、比较教育学等核心领域。然而，法国教育学更注重从多学科的角度对教育现象进行深入研究，中国教育学则更倾向于对实践应用和政策导向的研究。这种差异反映了两国在教育理念和研究方法上的不同侧重点。

在学科规模方面，虽然中法两国都呈现出蓬勃发展的趋势，但中国在教育学领域的投入和重视程度在近年来有了更显著的提升。中国教育学相关的科研项目经费、学术论文发表数量以及教育学专业的在校学生人数等均有所增长，这表明中国教育学的学科规模正在不断扩大，其研究水平和影响力也在持续提升。而法国则凭借其深厚的学术传统和批判性思维，在国际教育学界保持着较高的声誉和影响力。例如，在国际知名的教育学期刊上，法国学者的论文发表量和被引频次均位于世界前列。

综上，中法两国教育学的学科体系和学科规模各具特色，两者间的差异不仅反映了两国在教育理念、文化传统以及社会发展等方面的不同背景和价值取向，也为两国在教育学领域的交流与合作提供了广阔的空间和机遇。通过深入研究和借鉴彼此的优点和经验，中法两国可以共同推动教育学的繁荣发展，为全球教育事业做出更大的贡献。在未来的发展中，两国应继续加强交流与合作，共同探索教育学的新领域和新方法，为全球教育事业注入新的活力和动力。

四　中法教育学的学术质量及国际影响力的战略评估

在全球化背景下，教育学作为一门重要的社会科学，其学科质量和影响力对于国家的教育发展具有重要意义。中法两国作为东西方文化的代表，在教育学领域都有着深厚的研究底蕴和独特的学术风格。通过对比评估中法两国教育学的学术质量和国际影响力，我们可以更深入地了解两国在教育学领域的优势和面临的挑战，为推动教育学的国际交流与合作提供参考。

（一）中国教育学的学术质量与国际影响力

近年来，中国教育学的学术质量得到了显著提升。这得益于国家对教育事业的重视和投入，以及教育学界的不断努力和探索。在学术质量方面，中国教育学注重实践应用和理论创新的结合，积极推动教育教学改革，加强教育理论与实践的联系。同时，中国教育学还关注国际前沿教育理念和教育方法，及时引进和借鉴国外先进的教育理论和实践经验，不断丰富和完善自身的学科体系。

在国际影响力方面，中国教育学也取得了显著进展。越来越多的中国教育学者在国际知名学术期刊上发表论文，参与国际教育研究项目，与国际同行进行深入的学术交流与合作。比如，近年来，中国教育学者在《教育研究》《教育发展研究》等国际知名学术期刊上发表了大量高质量的论文，展示了中国教育学的最新研究成果。此外，中国教育学者还积极参与国际教育组织，如联合国教科文组织、国际教育规划研究所等，为推动全球教育事业的发展做出了贡献。

然而，与发达国家相比，中国教育学的学术质量和国际影响力仍有待提升。未来，中国教育学需要进一步加强学科建设和人才培养，提高研究水平和创新能力，推动学术成果的国际化传播和应用，从而更好地为全球教育事业的发展做出贡献。

（二）法国教育学的学术质量与国际影响力

法国教育学以其深厚的哲学底蕴、批判性思维和多元化研究方法而著称。在学术质量方面，法国教育学注重从多学科角度对教育现象进行深入剖析和解读，形成了独具特色的研究范式和方法论体系。同时，法国教育学还非常关注教育实践问题，积极推动教育理论与实践的结合，为法国及全球的教育改革与发展提供了有力的学术支持。

在国际影响力方面，法国教育学在国际教育学界具有举足轻重的地位。法国拥有众多享誉国际的教育学专家和学者，如布尔迪厄、布尔诺等，他们的研究成果在国际教育学界具有广泛的影响力。此外，法国的高等教育机构和研究所在教育学领域也积累了丰富的教学和研究经验，如巴黎高等师范学校、巴黎索邦大学等，为培养高质量的教育学人才提供了有力的支撑。这些优势使得法国教育学在全球范围内享有崇高的声誉和地位。

然而，面对全球化的挑战和变革，法国教育学也需要不断创新和发展。未来，法国教育学应进一步加强与国际同行的交流与合作，推动学术成果的国际化传播和应用，为全球教育事业的发展注入新的活力和动力。

（三）中法教育学在学术质量与国际影响力上的比较

中法两国教育学在学术质量和国际影响力方面各有千秋。在学术质量方面，中国教育学注重实践应用和理论创新的结合，而法国教育学则更注重从多学科角度对教育现象进行深入剖析和解读。这两种不同的研究取向各有优势，也为中国和法国在教育领域提供了独特的学术贡献。

在国际影响力方面，虽然中法两国都取得了一定的成就，但仍有提升空间。中国教育学在国际上的知名度和影响力逐渐提升，如近年来中国教育学者在国际学术会议上的频繁发言和学术交流，展示了中国教育学的最新研究成果。然而，与国际顶尖水平相比，中国教育学仍需要在理论体系构建、研究方法创新等方面进一步提升。法国教育学则凭借其深厚的学术传统和批判性思维在国际上享有较高的声誉和地位，例如法国教育学界的批判教育学派在全球范围内产生了深远影响。但法国教育学也需要不断创新和发展，以应对全球化的挑战。

以中法两国的教育合作项目为例，近年来两国在教育领域的交流合作日益频繁。例如，中法两国教育部门共同推动的"中法百校交流计划"促进了双方学生和教师的互访交流，加深了彼此对教育理论和实践的理解。此外，中法两国还在职业教育领域开展了广泛的合作，共同培养具备国际视野和专业技能的人才。这些合作项目不仅提升了中法两国教育学的国际影响力，也为全球教育事业的发展做出了积极贡献。

通过比较分析中法两国教育学的学术质量和国际影响力，我们可以发现两国在教育领域都有自己的独特优势和挑战。未来，中法两国应加强交流与合作，共同推动教育学的发展与进步。通过分享彼此的研究成果和经验、推动教育学理论的创新和发展以及加强教育学人才的培养和交流等方式，中法两国可以为全球教育事业的发展做出更大的贡献。同时，这种比较研究也有助于我们更全面地认识和理解全球教育学的发展趋势与挑战，为推动教育学的国际合作与交流提供有益的参考和借鉴。

五　融合创新：中法教育学比较研究的洞见与启示

在深入探讨中法教育学比较视野下的启示与借鉴之前，我们首先需要理解教育学作为一门学科的复杂性和多元性。教育学不仅仅是理论和实践相结合的产物，更是文化、历史、社会和政治等多重因素的交汇点。因此，在全球化背景下，中法两国教育学的交流与比较，显得尤为重要和有意义。

（一）从学科发展角度看中法教育学的互动与启示

从学科发展的宏观角度来看，中法教育学的互动不仅促进了双方教育理论与实践的深入交流，而且为全球教育学的发展带来了新的启示。中国教育学以其深厚的实践基础和对本土教育问题的深刻理解，为国际教育学界提供了丰富的实证材料和解决方案。而法国教育学凭借其扎实的理论基础和批判性思维，为全球教育学的发展提供了独特的视角和思考方法。

首先，中国教育学的实践导向与法国教育学的理论深度形成了有益的互补。中国教育学在实践中积累了丰富的经验，尤其在基础教育改革、教师教育发展、教育技术应用等方面取得了显著成就。这些实践经验不仅为中国教育学的发展提供了有力支撑，也为全球教育学的实践研究提供了宝贵案例。与此同时，法国教育学在哲学、社会学和心理学等多学科的理论基础上，构建了独特的教育理论体系。其批判性教育思维和对教育现象的深入剖析，为全球教育学者提供了深刻的理论见解。

其次，中法教育学的交流与合作揭示了教育学科发展的多元性。两国在教育政策、教育理念和教育实践上的差异，不仅反映了其各自的文化传统和社会需求，也展示了教育学科在不同文化和社会背景下的多样发展路径。这种多元性不仅丰富了教育学的内涵，而且为各国根据自身国情和教育需求制定教育政策提供了有益的参考。

最后，中法教育学的互动还强调了教育全球化与地方化的平衡问题。在全球化浪潮下，教育资源的跨国流动和教育理念的相互借鉴成为常态，但同时也需要关注教育的地方化特色。地方化特色关乎教育与国家文化、社会需求的契合度，是教育发展的重要组成部分。因此，在推动教育学科发展的过程中，既要积极借鉴国际先进经验，又要注重保持和发扬本国教育的特色和优势。

（二）中国教育学的可能改进方向与法国教育学的可借鉴之处

通过比较中法两国教育学，我们可以清晰地看到中国教育学的可能改进方向和法国教育学的可借鉴之处。

对于中国教育学而言，其可能的改进方向主要包括加强理论研究和批判性思维的培养。相较于法国教育学，中国教育学在纯理论研究方面仍有待加强。通过借鉴法国教育学的哲学基础和批判性思维，中国教育学可以进一步提升对教育现象和问题的深刻理解，从而推动教育理论的深化和发展。此外，批判性思维的培养也是中国教育学需要关注的重要方面。通过引入法国教育学中的批判性思维，可以帮助中国教育工作者和学者以更加开放和多元的视角审视教育实践，进而推动教育创新和改革。

而法国教育学的可借鉴之处则主要体现在其教育理念和教育方法上。法国教育学强调学生的主体性和创造性,注重教育的多元性和包容性,这些教育理念值得中国教育学借鉴和学习。同时,法国教育学在课程设置、教学方法和评价方式等方面的创新实践,也为中国教育学提供了有益的参考。通过借鉴法国教育学的这些优点,中国教育学可以进一步完善教育体系,提升学生的综合素养和创新能力。

（三）全球化背景下中法教育学的交流与合作前景

在全球化背景下,中法两国在教育领域的交流与合作具有广阔的前景和深远的意义。这种交流与合作不仅有助于推动两国教育理论与实践的深度融合,还能为全球教育事业的发展注入新的活力。

首先,中法两国可以加强教育学者之间的互访与交流。通过定期举办学术会议、研讨会等活动,两国教育学者可以共同探讨教育领域的热点问题,分享各自的研究成果和经验。这种学术交流不仅能增进双方对教育理论与实践的深刻理解,还能为两国教育政策的制定和教育改革的推进提供有益的参考。

其次,中法两国在教育资源方面有着丰富的合作空间。双方可以共同开发课程资源、教材和教学资料,推动教育资源的共享与优势互补。同时,两国还可以在教育技术领域展开深度合作,共同探索教育信息化、智能化的新路径,为全球教育技术的发展做出贡献。

再次,中法两国在职业教育和培训领域也有着广阔的合作前景。双方可以共同开展职业教育合作项目,推动职业教育与产业发展紧密结合。通过互派教师和学生进行交流学习,两国可以共同培养具有国际视野和专业技能的高素质人才,为全球经济发展提供有力的人才支撑。

最后,需要强调的是,中法两国在教育政策制定和实施方面的合作也具有重要意义。双方可以分享各自在教育政策制定、教育评估以及教育改革等方面的经验和实践成果,共同探索更加科学、有效的教育发展路径。这种政策层面的交流与合作将有助于推动两国教育事业的持续发展,并为全球教育治理体系的完善提供有益的借鉴和参考。

　　综上所述，中法教育学的比较视野为我们提供了宝贵的启示与借鉴。在全球化背景下，两国应进一步加强交流与合作，共同推动教育理论与实践的发展。通过互相学习、互相借鉴，中法两国可以为全球教育事业贡献更多的智慧和力量，共同开创教育发展的美好未来。

第五章

中国教育学的建构路径研究

第一节　思想引领：以新时代新思想指引
中国教育学发展方向

中国教育学体系扎根于中国大地，是具有中国特色的教育学自主知识体系。这进一步强调了中国教育学的构建是一个与时代同频共振、与国情紧密相连的过程。它要求我们不仅要深入理解并应用马克思主义的基本原理，还要紧跟时代步伐，将马克思主义中国化、时代化的最新理论成果——习近平新时代中国特色社会主义思想作为教育学研究的根本遵循。在这一过程中，必须深刻领会并贯彻习近平总书记关于教育的重要论述，确保教育理念、方法和实践能够紧密贴合中国特色社会主义道路的发展需求，从而推动中国教育学在正确的方向上不断迈出新步伐，取得更加辉煌的成就。

一　学习贯彻习近平新时代中国特色社会主义思想

新时代赋予新使命，加速中国教育学的建构，是当前教育学界的重要任务。深化对习近平新时代中国特色社会主义思想的理解，把握其核心世界观与方法论，是我们推动教育学理论创新、指引教育学发展方向的关键。通过灵活运用这些思想中的立场、观点和方法，能够为中国教育学的发展注入新的活力，确保其在正确的道路上稳步前行。

（一）中国教育学必须坚持人民至上

"人民是历史的创造者，是决定党和国家前途命运的根本力量。我们党来自人民、植根人民、服务人民，一旦脱离群众，就会失去生命力。"① 中国共产党自成立以来，始终坚持人民主体地位，坚持以人民为中心。强国必先强教，教育作为最大的民生工程，关系到人民群众的切身利益，关系到人口高质量发展的战略诉求。建构中国教育学，根本上是建构以人民为中心的教育学，目的在于加快教育学的理论与实践研究，以研究指导实践、服务实践，不断满足人民群众对于美好教育的向往，办好人民群众满意的教育事业，不断提升人民群众的科学文化素质、健康素质、思想道德素质。

中国教育学的建构必须坚持人民至上，这主要体现在以下几个方面。首先，中国教育学必须坚持以人民为中心的教育理念。中国教育学的研究必须紧密围绕人民群众的教育需求，致力于解决人民群众在教育领域面临的问题和挑战。通过理论分析、深入调研等途径了解人民群众的教育诉求，提出解决路径，以便更好地调整教育政策、改革教育模式，使教育更加贴近人民、服务人民。其次，教育研究要注重教育的公平性和普及性。人民至上意味着中国教育学要着眼于教育资源的公平分配和教育的普及化，努力消除现实情境中的城乡教育差距、区域教育不均衡等现象，确保每个孩子都享有平等接受优质教育的机会。同时，加强教育研究和投入，可以不断提高教育的质量和水平，让人民群众能够享受到更加优质的教育资源。最后，中国教育学要关注教育的实际效果和社会影响力。坚持人民至上要求中国教育学不能单纯地停留在理论层面，而是要注重教育学的实践效果和社会影响。要通过多种手段深入基层、深入学校、深入课堂，引导教育研究者与教育实践者共同研究、共同探索，从实践中提炼理论，用理论指导实践，及时总结经验教训，调整教育策略，最终形成独具中国特色、以人民为中心的教育学理论体系和实践模式。

---

① 《习近平谈治国理政》（第三卷），外文出版社，2020。

（二）中国教育学必须坚持自信自立

自信自立是马克思主义最鲜明的理论品格。[①] 坚持自信自立是习近平新时代中国特色社会主义思想的核心理念之一。这要求在实践中，坚守人民立场与民族情怀，既要深入理解并运用马克思主义的基本原则，又要紧密结合中国的发展实际与深厚文化底蕴，勇于自主创新，走出一条独具特色的民族复兴之路。"必须坚持自信自立"这一观点深刻揭示了中国教育学在建构过程中应有的态度和立场，其中的核心要素便是自信与自立。自信是指对中国教育传统和现实的充分认识和坚定信念。自立则是指中国教育学在建构过程中坚持独立自主，不盲从、不依附，根据实际情况和发展需要来确定路径和方向。

中国教育学的建构必须坚持自信自立，这既是对中国教育学自身发展规律的尊重，又是在全球教育交流中保持独立性和创造性的必然要求。具体而言，坚持自信自立需要从以下三个方面着手。一是要深入研究和挖掘中国教育传统和教育文化资源。要深入研究中国数千年的教育发展史，从中汲取优秀的教育理念、教育思想、教育文化，推动这些传统和资源的现代化发展，以便更好地理解和把握中国教育的本质和规律，增强中国教育学的自信心和自主性。二是要关注中国教育实践的现实问题和发展需求。教育学是兼具理论性和实践性的学科，其研究必须紧密结合实践来进行深化和发展。建构中国教育学需要密切关注中国教育的现实问题和发展需求，从实际出发开展研究，为中国教育的改革发展提供有力的理论支撑和实践指导。三是要坚持开放包容的态度，在交流互鉴中坚定立场。中国教育学不能盲目跟从国外研究导向，而是要根据自身实际情况和发展需要来确定发展路径和方向。中国教育学要在保持中国特色的基础上，与其他国家的教育学进行平等对话和交流，共同推动全球教育学的繁荣和发展。

---

① 周峰：《深刻把握"六个必须坚持"的内涵要义》，《中国社会科学报》2023 年 9 月 19 日。

（三）中国教育学必须坚持守正创新

中国共产党坚持把守正创新作为推进马克思主义中国化时代化的原则方向，用马克思主义之"矢"去射中国革命建设改革之"的"，在坚持正确发展方向的前提下推进实践创新和理论创新。[①] 中国教育学作为中国特色哲学社会科学的重要组成部分，必须以科学的态度追求真理。在建构中国教育学的过程中，坚持守正创新是一项至关重要的原则。守正意味着坚守教育学的核心价值和基本规律，确保教育学发展的正确方向；创新则是指在继承传统的基础上，不断探索新的理论、方法和路径，推动教育学不断向前发展。

一方面，守正是创新的基础。在建构中国教育学时，必须坚守教育学的基本原理和规律，尊重教育学的学科特性和发展规律。这包括对中国教育传统的深入挖掘和继承，对教育学基本理论的深入学习和理解，以及对教育实践经验的总结和提炼。只有在坚守这些基本原理和规律的基础上，才能够确保教育学发展的正确方向，避免走入误区。另一方面，创新是守正的动力。在坚守教育学核心价值的同时，也需要不断推进创新。这包括在理论层面的创新，如提出新的教育理念、构建新的教育理论体系；也包括在实践层面的创新，如探索新的教育模式、应用新兴教育技术。创新可以不断推动教育学的发展，使其更加符合时代的需求和人民群众的教育期待。

中国教育学必须坚持守正创新，实质上就是要坚持马克思主义基本原理不动摇，坚持党的全面领导不动摇，坚持中国特色社会主义不动摇，顺应时代发展，认真对待新生事物，拓展教育学的研究视域，敢于创新、勇于创新、主动创新，以新的理论指导新的实践。具体而言，一是要注重理论与实践的结合。教育理论是指导教育实践的基础，教育实践是检验教育理论的标准。二是要保持开放的态度。创新并不意味着闭门造车，而是在互通有无中寻求新的灵感和可能，并为我所用，加快融合以达成创新。三是要关注人民群众的需求。守正创新与人民至上是相通的，中国教育学最终要服务于人民

---

① 张健、应婉娟：《从"六个必须坚持"把握中国化时代化马克思主义的力量源泉》，《重庆社会科学》2023 年第 12 期。

群众的教育需求，要在服务人民的过程中实现守正与创新，真正办好人民满意的教育，进而推动中国教育学向着人民期望的方向发展。

（四）中国教育学必须坚持问题导向

"必须坚持问题导向"的提出，充分表明了对认识对象的客观性的尊重，是对马克思主义认识论的唯物论原则的重要坚持，强化了认识的唯物论立场。[①] 中国教育学必须坚持问题导向，强调了在中国教育学的发展过程中，必须以实际存在的问题为出发点和导向，来推动教育学理论的构建和完善。坚持问题导向意味着要紧密关注中国教育实践中的现实问题，必须努力弥合理论与实践之间的鸿沟，深入了解中国教育的现状，发现其中存在的问题，并以此为出发点，进行有针对性的研究。通过对现实问题的深入剖析，可以发现中国教育学理论的不足和局限性，进而提出新的理论观点和实践策略，使教育学理论更加贴近实际，以便中国教育学理论更好地指导教育实践，提高教育质量。

中国教育学必须坚持问题导向，是教育学科追求发展完善的一种至关重要的方法论原则。这意味着教育学不能脱离问题，尤其是不能脱离实际问题，不能"高高在上"，而是应该深入分析问题和解决问题，加快教育学自身的理论创新和实践发展。具体而言，一是要明确当前教育强国建设进程中所面临的主要问题和挑战。这些问题和挑战可能包括关于建设教育强国的研究有待深化聚焦、低生育率严重影响教育未来发展、优质教育资源分布不均、教育发展质量不均衡、教育对于创新发展的支撑力度不足、教育科技人才融合发展不够、教育评价指挥棒难题尚未破解、高水平人才培养质量不高等。通过深入研究和了解这些问题，可以为中国教育学的建构与完善提供明确的目标和方向。二是要以解决这些问题为导向，开展有针对性的教育学研究。研究者应当坚持从宏观、中观、微观三个维度出发，综合运用多种研究方法，深入探讨问题的本质和根源，从短期、中期、长期规划的角度提出切

---

① 欧阳英：《从马克思主义认识论视角深入把握"六个必须坚持"》，《红旗文稿》2023 年第 16 期。

实可行的解决方案。三是要注重教育学理论与实践的结合。中国教育学需要在实践中发现问题，尤其是在微观教育实践领域，从教学样态、师生关系、家校共建等角度深入研究，在教育理论的应用中检验自身的成效。

（五）中国教育学必须坚持系统观念

坚持系统观念，是习近平新时代中国特色社会主义思想世界观和方法论的重要内容，是以习近平同志为核心的党中央自觉运用辩证唯物主义和历史唯物主义，从新的实际出发在思想和工作方法上做出的新概括、新提升。①中国教育学必须坚持系统观念，实质是以系统思维引领推动中国教育学的健康发展，强调了在建构和发展中国教育学的过程中，需要从整体、全面和协调的角度进行思考和实践。

系统观念是一种综合性的思维方式，其将教育学视为一个复杂的系统，注重要素之间的相互联系、相互作用。一是坚持系统观念意味着要全面把握中国教育学的各个层面和要素。教育学涉及多个层次和领域，如基础教育学、高等教育学、职业教育学等。在建构中国教育学时，需要针对不同层次和领域的特点和需求，制定相应的教育理念和策略。当然，不仅要把握教育学科体系、学术体系、话语体系的内部构成，还要把握不同学科之间的密切联系，在交叉研究中寻找确保中国教育学协调发展的策略。二是系统观念要求在处理教育问题时注重整体性和长远性。教育问题往往不是孤立存在的，而是与其他社会问题相互交织、相互影响。教育学的发展同样受到社会、文化、经济等多方面因素的影响，同时也对这些因素产生反作用。因此，要坚持整体性和长远性思维，将教育学置于社会大系统中进行考察。不能仅仅从单一的角度或层面去分析和解决教育问题，而需要从整个民族、国家、人类社会的角度出发，考虑教育与其他领域的关联和互动。三是坚持系统观念意味着要注重教育学内部的协调性和一致性。要认识到教育学是一个复杂的系统，它包括了教育的目标、内容、方法、评价等多个方面。建构中国教育学时，需要对各派理论和观点进行深入的梳理和整合，理顺相互之间的逻辑关

---

① 何虎生：《必须坚持系统观念》，《光明日报》2023 年 4 月 28 日。

系，确保其内部的协调性和一致性。

（六）中国教育学必须坚持胸怀天下

历史和实践证明，坚持胸怀天下，是党和人民始终立于不败之地的重要保证，是党和人民事业不断成功的根本动力，是党始终掌握历史主动、走在时代前列的基本途径，是党和人民长期积累的宝贵经验和共同创造的精神财富，必须在新时代实践中坚持完善、丰富发展。[①]"天下"理念是中华优秀传统文化的杰出代表，是中华民族开放包容、海纳百川的有力佐证。面对人类发展困境、和平赤字严重等世界性议题，联合国教科文组织呼唤和倡导一种"天下兴亡，匹夫有责"的新契约，彰显了中华民族所拥有的"天下"思维的先进性。中国教育学必须坚持胸怀天下，这一理念体现了中国教育学在追求自身发展的同时，也关注着全球的教育进步和人类社会的共同福祉，强调了中国教育学在全球化背景下的开放性和包容性。中国教育学不仅满足于自身的成长，而且致力于将中国教育的智慧和经验贡献给世界，在与世界互联互通中共享人类发展成果、共创人类美好未来。

在建构中国教育学的过程中，坚持胸怀天下意味着要具备全球视野和国际合作精神。具体而言，一是要加强国际交流与合作，中国教育学需要与国外的教育学加强交流，中国教育学人要与世界各国的教育学者、机构和组织进行广泛而深入的合作，共同探索教育的新理念、新方法和新模式。通过举办国际学术会议、开展合作项目、互派访问学者等方式，加强与国际教育界的交流与合作，推动中国教育学与世界教育学的融合与发展。二是要借鉴与吸收国际先进教育理念，这包括关注全球教育发展的最新趋势和动态，研究各国教育改革的成功经验和教训，结合中国具体实际，加以吸收和创新，形成具有中国特色的教育学自主知识体系。三是传播中国教育的智慧与经验，坚持"走出去"战略，向世界展示中国教育的智慧与经验。通过加快编译和推广具有中国特色的教育学著作、教材和教学案例，参与国际教育标准的

---

① 蔡文成：《必须坚持胸怀天下》，《光明日报》2023年5月5日。

制定和评估，举办国际教育学术活动等方式，向世界传播中国教育的优秀成果和实践经验。

二　贯彻落实习近平总书记关于教育的重要论述

习近平总书记关于教育的重要论述是习近平新时代中国特色社会主义思想的有机组成部分，是一个理论命题，也是一个实践命题，是对中国特色社会主义教育实践经验的理论升华，为新时代中国教育事业改革创新提供了根本遵循。习近平总书记在全国教育大会上提出的"九个坚持"，集中体现了他的社会主义教育观，奠定了当代中国马克思主义教育理论的内核，是习近平总书记关于教育的重要论述的核心要义。新时代下，中国教育学的发展离不开习近平新时代中国特色社会主义思想的指导，离不开习近平总书记关于教育的重要论述的指引。

（一）中国教育学研究要坚持党的全面领导

坚持党的领导是中国教育和中国教育学发展的根本保证，这是中国教育学中教育领导观的体现。中国教育学研究要做到坚持党的全面领导，具体要做好以下四个方面内容。一是深刻理解党对教育事业的全面领导的内涵。这不仅仅是一种政治要求，更是教育事业健康发展的根本保证。党对教育事业的全面领导，意味着党要在教育工作的各个方面、各个环节发挥总揽全局、协调各方的领导核心作用，其中必然包括教育学学科建设和教育学研究，只有这样才能确保教育工作保持正确方向和高质量发展。二是在中国教育学中加强党的理论武装和思想引领。中国教育学研究要深入学习党的教育方针和政策，将党的教育理念、教育目标融入研究和实践。通过加强党的理论学习和思想教育，引导广大教育工作者坚定理想信念，增强"四个意识"、坚定"四个自信"、做到"两个维护"，确保教育工作始终沿着正确的方向前进。三是完善党对中国教育学研究的领导体制和工作机制。要在教育科研机构、高等院校等开展中国教育学研究的单位中，推动完善党组织设置和工作机制，确保党的组织和工作全覆盖。四是强化干部队伍建设。中国教育学研究要注重培养和选拔一批忠诚于党的教育事业、具有高尚师德和精湛业务能力的党员干部。通过加强干部教育培训和实践锻炼，提高其政治素质和业务能力，使其能更好地履行党的教育工作职责。

（二）中国教育学研究要坚持把立德树人作为根本任务

坚持把立德树人作为根本任务，是中国教育学的精髓，是确保教育发展方向正确、培养合格社会主义建设者和接班人的关键所在。为了更好地落实立德树人根本任务，一是要在中国教育学中明确立德树人的内涵与价值。在教育学研究过程中，必须深入理解立德树人的重要意义，将其作为教育学研究的出发点和落脚点。二是要加强德育研究体系和课程体系的建设。德育研究和德育课程是立德树人的重要载体，教育工作者应在教育学研究中，注重德育工作各环节的设计与实施。努力将社会主义核心价值观、中华优秀传统文化等融入中国教育学研究之中。三是要提升研究者的德育素养。在教育学研究中，需要关注教师德育素养的提升，通过培训、研讨等方式，帮助教师增强德育意识，提高德育能力，使他们能够在教育教学过程中更好地发挥立德树人的作用。四是要强化校园文化和社会实践研究。在教育学研究中，需要多加关注文化育人、实践育人的研究，以学生为中心，努力通过研究为学生提供更多的实践机会和平台，使他们在研究中得到锻炼和成长。

（三）中国教育学研究要坚持教育优先发展战略

坚持优先发展教育事业，是中国教育学发展战略观的表现。党的二十大报告首次将教育、科技、人才统筹部署，在凸显了教育地位的同时，也体现了国家对教育发展更为全面、立体的思考。中国教育学研究坚持教育优先发展战略，意味着在资源配置、政策制定和社会发展的相关研究中，要确保教育始终处于优先地位，确保教育在国家发展中的引领和支撑作用。一是要明确教育是国家发展的基石，引导中国教育学研究深入理解和阐述教育优先发展的重要性，强调教育在现代化建设中的先导性、全局性作用，并将教育优先发展作为制定教育政策和规划的基本出发点。二是要研究分析教育优先发展的重要投入指标，及时指导优化教育经费支出结构，确保各级各类教育得到均衡发展，同时研究分析社会力量参与教育投入的实际效果，推动形成多元化的教育投入机制。三是要以中国教育学研究深化教育改革创新。在中国教育学研究中，应关注中国教育改革的前沿问题，努力研究如何推动教育、科技、人才一体化发展，关注中国教育的城乡不公平、区域不均衡、配置不合理等问题，加快建构适合本土的高质量教育体系，加强新时代教育评价改革向纵深推进。

（四）中国教育学研究要坚持社会主义办学方向

在教育发展观的问题上，坚持社会主义办学方向是至关重要的。这既是坚持党的教育方针、全面贯彻党的教育理念的体现，又是培养社会主义建设者和接班人的必然要求。中国教育学研究要坚持社会主义办学方向，一是要在研究中明确社会主义办学方向的核心要义，包括坚持马克思主义在教育领域的指导地位，坚持教育的社会主义性质，以及坚持为人民服务的根本宗旨。二是要将社会主义办学方向融入教育学研究的各个方面。在教育学原理研究、课程研究、教材研究、教学方法研究、学校研究、政策研究等方面，充分体现社会主义办学方向的要求，注重培养学生的社会主义核心价值观，强化思想政治教育，确保相关内容的正确性和科学性，注重培养学生的创新精神和实践能力等。三是要将中国教育学与中国特色社会主义道路的教育实践相结合。在中国特色社会主义事业的宏观背景下，加强中国教育学研究成果的应用与推广，不断完善和丰富坚持社会主义办学方向的内涵和外延，努力为中国特色社会主义教育事业的改革发展提供理论支持和决策参考。

（五）中国教育学研究要坚持扎根中国大地

中国教育学是中国的教育学，需要坚持扎根中国大地的原则，紧密结合中国的国情、社情、民情、教情，结合中国的历史文化和社会现实，形成具有中国特色的教育学自主知识体系。一是要通过研究深入了解中国的教育实际。深入一线的学校和课堂，了解教师的教学实践、学生的学习情况以及教育改革的具体成效和问题。二是要通过研究传承和弘扬中华优秀传统文化。充分挖掘中华优秀传统文化中的教育资源，加强对中国古典教育科学的研究，将"有教无类""因材施教""爱生忠诲"等理念融入现代教育体系。

三是要关注中国教育的现实问题。紧密关注中国社会发展的现实问题，尤其是在教育强国建设进程中亟待破解的现实问题，针对这些问题开展深入研究，为政府决策提供科学依据，为教育实践提供指导和支持。

（六）中国教育学研究要坚持以人民为中心

中国教育学研究要坚持以人民为中心，紧密围绕人民群众对于美好教育的向往，以办人民群众满意的教育为最高标准，确保教育发展的成果惠及全体人民。具体而言，一是要深入了解人民群众的教育需求。通过广泛调研、收集民意，了解人民群众对教育的期望和诉求，特别是关注弱势群体和特殊群体的教育需求，确保教育学研究成果贴近人民、服务人民。二是要将人民群众对教育的满意度作为教育学研究的出发点和落脚点。在教育学研究中，要将人民群众的评价作为衡量教育质量和教育改革成效的重要标准。三是要注重教育学研究的实践性和应用性。教育学研究不仅要关注理论层面的探讨，而且要注重将研究成果转化为教育实践，全力解决人民群众在教育过程中遇到的实际问题，提升教育的质量和效益。四是要加强教育学研究的社会服务功能。教育学研究应为人民群众提供教育咨询、教育指导等服务，帮助人民群众解决教育方面的问题和困难。要坚持以人民为中心的发展思想，始终坚持人民至上的原则，将人民群众的利益放在首位。

（七）中国教育学研究要坚持深化教育改革创新

改革创新是中国教育学研究的动力来源。做好深化教育改革创新的工作，需要全面审视当前教育学知识体系的现状，把握教育学的发展规律，通过创新性地研究和实践，推动教育学研究的不断深化。一是要更新教育观念，引领教育学改革方向。中国教育学研究应致力于推动教育观念的转变，从传统"西学"思维向民族自信、文化自信等思维进行转变。通过深入研究和实践，提出符合时代要求的教育学理论与理念，为教育改革提供先进的理论指导。二是要关注教育实践，要深化新时代教育评价改革研究。中国教育学的核心任务是围绕高质量教育体系的建设，精准定位评价改革的着力点。要以评价改革为先导，带动教育全链条的革新，包括育人策略、学校运营模式、管理机制以及保障体系等方面，从而探索出符合中国实际的教育评价改革路径，为教育事业的蓬勃发展贡献力量。三是要鼓励教育实践者参与研究，形成研究与实践的良性互动。鼓励一线工作者积极参与研究工作，将他们的实践经验和智慧融入研究中，提升研究成果解决实际问题的可靠性、时效性。

（八）中国教育学研究要坚持把服务中华民族伟大复兴作为重要使命

坚持把服务中华民族伟大复兴作为教育的重要使命，将教育的重要作用提升到前所未有的新高度，为新时代我国教育事业改革和发展再上新台阶奠定了坚实基础。开展好中国教育学研究，即做好中国教育的顶层设计。中国教育学研究坚持把服务中华民族伟大复兴作为重要使命，需要紧密围绕国家发展战略，深入研究和探索教育如何更好地服务于民族复兴的伟大事业。一是中国教育学研究要紧密结合国家发展的实际需求，明确教育研究在民族复兴中的先导地位和引领作用。通过深入研究国家发展的战略目标和政策导向，分析教育在国家发展中的支撑和引领作用，提出符合国情的策略和建议。二是中国教育学研究要关注人才培养的质量和效益，为民族复兴提供有力的人才保障。通过优化教育结构、改进教育教学方法、加强拔尖创新人才培养，助力人口高质量发展战略，培育更多的大国工匠、大国良师、国之栋梁，推进世界重要人才中心和创新高地建设。

（九）中国教育学研究要坚持把教师队伍建设作为基础工作

开展中国教育学研究，归根结底要靠教育工作者来完成，主要是靠教师来完成。中国教育学要坚持把教师队伍建设作为基础工作，具体而言，一是教育学研究应聚焦教师队伍的成长与发展，着重提升其专业素养和教学技能。通过定期安排培训、研讨会等学习活动，激励教师主动更新教育观念，积极吸纳并实践前沿的教育技术和教学方法，从而持续提升教学质量和效果。二是教育学研究需要关注教师队伍的结构优化。这包括平衡城乡教师资源，促进教师资源的均衡分布；加强不同学科教师之间的交流和合作，形成多学科交叉融合的教学团队；注重培养青年教师和骨干教师，形成梯队式的教师发展格局。三是教育学研究应关注师德师风建设，积极探索教师队伍建设的新模式和新路径。加强师德师风研究，尝试建立师德师风建设长效机制，加强教师队伍培训实效性研究，开展远程教育和数字化培训，拓宽教师的学习和发展空间，打造一支高素质专业化研究型教师队伍。

三　系统把握习近平文化思想

党的十八大以来，习近平总书记把宣传思想文化工作摆在治国理政的重要位置，围绕新时代文化建设提出了一系列新思想、新观点、新论断，这些内容构成了习近平新时代中国特色社会主义思想的文化篇，形成了习近平文化思想。习近平文化思想的形成和提出，在党的宣传思想文化事业发展史上具有里程碑意义，在马克思主义文化理论发展史上具有深远意义。[①] 同时，这对于中国教育学也具有历史性、发展性、特殊性的文化指导意义。

中国教育学的建构需要以习近平文化思想为重要指引，深入学习贯彻习近平总书记关于文化发展的重要论述精神，将中国教育学置于中华民族现代文明发展的浪潮中，不断丰富和完善教育学自主知识体系。具体而言，一是要巩固和加强党在宣传思想文化领域的全面领导地位，肩负起传承与创新文化的历史使命，致力于将我国建设成为文化强国，开启社会主义文化新篇章。同时，深化党对教育事业的领导，确保党的教育方针贯穿于教育工作的全过程，包括学校治理、教育教学及人才培养等各个环节，使中国教育学成为坚守党的领导原则的重要阵地。二是要坚持马克思主义在意识形态领域的核心指导地位，推动其与中国实际相结合，不断创新发展，形成具有强大凝聚力和引领力的社会主义意识形态。同时，树立并增强文化自信，促进社会主义文化的繁荣发展，构建具有现代特征的中华民族文明体系。在此过程中，要以社会主义核心价值观为指引，深入宣传中国特色社会主义和中国梦的理念，凝聚全社会的共识，使全体人民在精神追求、价值判断及道德标准上达到高度统一。三是要深入学习贯彻习近平文化思想，要全面、系统地学

---

① 姜辉：《全面系统把握习近平文化思想》，《人民日报》2023 年 12 月 11 日。

习习近平文化思想的理论体系和实践要求，掌握其精髓和要义。这包括了解习近平文化思想的背景、意义、内容、特点等，以及将其与中国特色社会主义教育事业相结合，与中国教育学自主知识体系的建构相结合。四是要深刻认识习近平文化思想对中国教育学发展的重大意义，要认识到文化兴则民族兴，教育强则国家强。习近平文化思想为中国教育学的建构发展营造了文化氛围，筑牢了文化根基，有助于通过理论指导改善教育实践，真正做到以文化人、以德育人。五是要加速构建符合自身国情与需求的哲学社会科学体系，特别是针对中国教育学的发展，力求从中国教育的真实面貌出发，深入剖析其独特道路，精准提炼教育实践中的智慧，以构建一套具有中国特色的教育理论体系。六是要重视增强中华民族共同体意识，共同培育和维护中华民族的精神根基，推动社会全面进步。七是要努力加强国际文化交流与传播能力，通过生动讲述中国故事，展现中华文化的独特魅力和中国教育的卓越成就，促进世界更深入地了解与认同中国。同时，倡导全球文明对话与交流，推动不同文明间的相互理解和尊重，共同丰富世界文明的多样性。

第二节　文化铸魂：以中华优秀传统文化强化中国教育学文化品性

习近平总书记在庆祝中国共产党成立100周年大会上的重要讲话中提出"两个结合"，即"坚持把马克思主义基本原理同中国具体实际相结合、同中华优秀传统文化相结合"①。优秀的思想文化是一个民族永恒的精神财富，其核心精神与要义具有跨越时空的价值。中华优秀传统文化是中华民族历久弥新、难能可贵的精神财富，能够为中国教育学的建构与发展提供必要的文化滋养，强化中国教育学的文化品性。

一　深度发掘中华优秀传统文化中的教育思想

中华优秀传统文化中的教育思想具有超脱所处时代的先进性、公平性等

---

① 习近平：《在庆祝中国共产党成立100周年大会上的讲话》，《求是》2021年第14期。

价值特征，其所包含的内容十分广博，所内含的教育方法丰富多元。以"德""仁""礼""和"等为代表的优秀教育思想能够为中国教育学的建构提供"中国特色"的支撑，能够提升中国教育学的文化影响力、传播力，帮助中国教育学更好地发挥育人效能。

（一）加强中华优秀传统文化中有关德性的教育研究

"大学之道，在明明德，在亲民，在止于至善。"①《礼记·大学》开宗明义，指出大学的根本目的和宗旨在于弘扬高尚的德行、在于关爱人民（或启蒙人民）、在于达到最高境界的善。德性是人立身之本，立德树人是教育存在之本。中国教育学生发于中华优秀传统文化，需要传承中华优秀传统文化中教育思想之首义，教书育人以德为先，加强有关德性的教育研究，提升师生思想道德修养。一是深入挖掘有关德性的教育资源。对中华优秀传统文化中的历史典籍、经典著作进行深入研究，特别是那些强调德性的经典著作和历史故事，如《道德经》《论语》《大学》《左传》等。通过文献研究和历史分析，揭示传统文化中德性的内涵、特点和价值，为现代教育提供丰富的德性教育资源。二是构建德性教育研究体系。加快构建符合现代教育需求的德性教育研究体系，包括德性教育教学目标的研究、德性教育内容和方法的研究、德性教育课程和教材的研究等。三是加强师德师风研究。教师是德性教育的关键角色，要加强有关教师德性的研究，并应用于实践培训，进而提高教师队伍的道德素养和育人能力。

（二）加强中华优秀传统文化中有关仁爱的教育研究

内仁外礼是儒家的核心思想轴线，仁就是让人成为人，实现在多个人的社会下的理想状态。②《孟子·离娄下》曾指出"仁者爱人，有礼者敬人"③，意指有仁爱之心的人关爱他人，尊礼的人也会尊敬他人。以仁爱人、

---

① 《大学》，刘兆伟译注，人民教育出版社，2015。
② 何哲：《仁与礼：中华儒家思想及对完善人类现代治理的启示》，《学术界》2023年第12期。
③ 《孟子》，杨伯峻、杨逢彬注译，岳麓书社，2020。

仁礼同行，才能将教育深入人心，实现教化育人的理想。中国教育学要加强中华优秀传统文化中有关仁爱的教育研究，引导教育关注人本身，从人的真实需求出发，加强人文关怀，体察人之所困，并将对人的关注适时转换为对人民的关注，以教育为人民服务，以教育学为人民服务，以人民为中心加强教育研究，办好人民满意的中国特色社会主义教育。一是深入研究仁爱思想的内涵与外延。教育研究者应系统梳理相关经典文献，深入剖析仁爱思想的核心理念和价值追求，揭示其内在的教育逻辑和教育价值。二是探索仁爱思想在教育研究中的实际应用。教育研究者应关注仁爱思想在教育研究中的实际应用情况，分析其在家庭教育学、基础教育学、高等教育学等领域的具体表现，提出针对性的实践策略和建议。三是加强教育学与历史学、文学等人文学科的研究与合作。通过共同开展相关课题研究，形成合力，创新推动有关仁爱的教育思想研究。

（三）加强中华优秀传统文化中有关礼乐的教育研究

"礼"在中华优秀传统文化中是社会稳定发展的前提，是人立足于社会的规范。《论语·泰伯》所说"兴于诗，立于礼，成于乐"[1]，正是说明人的启蒙在于诗，人立身社会在于礼，人臻于至善在于乐。《孟子·离娄下》的名句"君子以仁存心，以礼存心"[2]，同样表达了君子要常怀仁礼之心，待人以礼，推己及人。中华优秀传统文化中的礼乐教育，不是一般意义上的知识教育，而是以礼乐为核心内容的道德教育。礼的目的在于规范、克制，乐的目的在于唤醒、调节。只有在礼乐的共同作用下，才能实现良好的教育效果。一是加强研究礼的内涵及其在教育中的应用。中国教育学需要研究如何通过礼乐教育来培养学生的道德品质，研究礼乐教育如何有助于建立和谐的人际关系，促进学生之间的友好合作。二是加强研究乐的教育价值与实践价值。中国教育学应研究如何通过乐的教育来陶冶学生的情操，培养他们的审美能力和创造力。同时研究乐的教育如何与德育、智育、体育等相结合，

---

① 《论语》，刘兆伟译注，人民教育出版社，2015。
② 《孟子》，杨伯峻、杨逢彬译注，岳麓书社，2020。

实现教育的全面发展。三是加强研究礼乐结合的教育模式。教育学应研究如何将礼乐教育融为一体，创造出富有中国特色的教育模式。

（四）加强中华优秀传统文化中有关和合的教育研究

《论语·学而》中，有子曾说："礼之用，和为贵。先王之道，斯为美，小大由之。有所不行，知和而和，不以礼节之，亦不可行也。"[①] "和"是和顺、和睦、和平、和合，"以和为贵"是儒家倡导的为人处世之道，也是教育之道、治国理政之道。中华民族一向崇尚和谐、和平、和合，以和为贵、和合善治是中华文化源远流长的价值追求和政治理想。[②] "和合"是人与人、人与自然、人与宇宙等交往关系的一种理想模式，这种"和合"的理想模式不仅可以被应用于社会治理、国家治理中，同样可以被应用在教育治理中。中国教育学需要加强中华优秀传统文化中有关和合的教育研究，一是从教育学的视角出发明确"和合"文化的主要内容，包括"天人合一""万物和谐"的生态思想、"协和万邦""持久和平"的治理智慧、"和而不同""兼收并蓄"的社会文明价值、"人心和善""明德修身"的人格操守等。二是研究"和合"文化在教育实践中的应用。如何将"和合"文化理念融入课程设置、教学方法和教育管理，以培养学生的和谐精神、合作意识和跨文化交流能力。三是从跨学科的视角出发，探讨"和合"文化视域下教育学的交叉学科研究，以丰富教育学的理论内涵和实践应用。

二 继承发扬中华优秀传统文化中的教育思想

发掘中华优秀传统文化中的教育思想，不仅仅是为了认识了解这些思想，更重要的在于继承和发扬这些教育思想，努力实现新时代背景下中华优秀传统文化中教育思想的创造性转化和创新性发展。

（一）加强中华优秀传统文化中教育思想的创造性转化

加强中华优秀传统文化中教育思想的创造性转化，是建设中华民族现代

---

① 《论语》，刘兆伟译注，人民教育出版社，2015。

② 田嵩燕：《以和为贵 和合善治——中国古代和平理念与实践》，《学习时报》2020 年 2 月 24 日。

文明的必然要求，是发展中国教育文明的关键举措，有助于实现中华优秀传统文化的现代转型，有助于构建具有中国特色的现代教育体系，有助于培养具有民族文化根基和底蕴的时代新人。

1. 处理好历史性与现实性的关系

加强中华优秀传统文化中教育思想的创造性转化，首先要处理好历史性与现实性的关系。要深入研究和理解中华优秀传统文化中教育思想的历史脉络和核心要义。通过对哲学类、教育类等古籍文献的挖掘和解读，较为综合地把握古典教育思想的精髓和特色，理解其产生的历史背景和社会环境。要紧密结合当代社会的教育需求和教育问题，思考如何将古典教育思想创造性地应用于教育事业的改革发展中，努力从古典教育思想中寻找启示和借鉴，为现实问题的解决提供新的思路和方法。在处理历史性与现实性的关系时，还应着重关注以下几点：一是要避免机械地"搬运"，要根据时代的变化需要，因时而进地进行创新和改造；二是要尊重历史，保持对古典教育思想和中华优秀传统文化的敬畏之心，避免过度解读或曲解原意；三是要注重实践探索，通过教育改革试点、教育教学实验等方式，检验创造性转化的效果和价值。

2. 处理好本土性与国际性的关系

加强中华优秀传统文化中教育思想的创造性转化，处理好本土性与国际性的关系至关重要。一是必须坚守和尊重本土性。中华优秀传统文化中蕴含的教育思想是中华民族智慧的结晶，具有深厚的文化根基和历史积淀。创造性转化并不意味着舍弃本土特色，而是要深入挖掘其内在价值，提炼出符合现代社会发展需求的教育理念和方法。在转化过程中，应充分尊重中华优秀传统文化的历史脉络和文化逻辑，保持其独特性和连续性。二是坚持教育思想的国际性视野、国际性立场。在全球化的今天，教育学的交流与融合已成为不可逆转的趋势。要以开放的心态，吸收借鉴国际先进教育理论和经验，不断丰富和发展优秀传统教育思想的内涵和形式，提高中华优秀传统文化的国际影响力。三是坚持"和而不同"的原则。既要保持中华优秀传统文化的独特性和独立性，又要在尊重差异的基础上寻求教育共识，推动不同教育思想之间的交流与互鉴，为发展人类文明新形态、构建人类命运共同体贡献中国智慧和中国方案。

3. 处理好自主性与依赖性的关系

中华优秀传统文化是建构中国教育学体系的基础，赋予中国教育学文化之魂。但中国教育学不能过度依赖中华优秀传统文化的支持，要因事而化，在与中国教育具体实际的结合中发挥引领效能。因此，加强中华优秀传统文化中教育思想的创造性转化，必须处理好自主性与依赖性的关系。自主性是创造性转化的核心。中国教育学需要以现代社会的需求和问题为导向，自主思考如何将传统教育思想与当代教育实践相结合。需要在深入理解中华优秀传统文化尤其是理解传统教育思想的基础上提出全新的教育理念和教育方法。然而，自主性并不意味着完全摒弃对中华优秀传统文化的依赖。中华优秀传统文化中的教育思想是中国教育学的宝贵财富，其所蕴含的丰富智慧和价值，是实现创造性转化的重要依托。因此，需要积极寻找平衡点、契合点、切入点。中国教育学既要保持独立思考和创新的能力，又要善于借鉴和依托中华优秀传统文化中的教育资源，为构建中国教育学自主知识体系做出积极贡献。

（二）加强中华优秀传统文化中教育思想的创新性发展

加强中华优秀传统文化中教育思想的创新性发展，有助于深入挖掘和传承中华优秀传统文化的教育智慧，有助于提升教育研究的质量和效果，有助于增强中国特色社会主义文化自信、教育自信、研究自信，为形成更具时代特色的教育理论和实践方法提供参考，提升中国教育学的魅力，扩大中国教育学的国际影响力。

1. 强化中国教育学的文化性格

强化中国教育学的文化性格，一是要明确中国教育学的文化定位。中国教育学不仅仅是研究教育现象和规律的学科，更承载着传承和弘扬中华优秀传统文化的使命。要将中国教育学与中华优秀传统文化紧密结合，使中国教育学成为展现和强化文化性格的重要载体。二是要加强教育学科与文化的融合。在中国教育学的研究过程中，应充分体现中华优秀传统文化，通过深入挖掘传统文化的教育价值，增强教育学科的文化自信。三是要注重培养教育研究者的文化素养。加强教育研究者关于中华优秀传统文化的教育和培养，提高他们的文化素养和人文修养，助力塑造中国教育学文化性格。

2. 强化中国教育学的民族性格

强化中国教育学的民族性格，一是要做到深入研究和理解中华优秀传统文化中的民族文化。在中华民族共同体意识的指引下，中国教育学要深入挖掘和理解各民族文化中的教育元素，包括教育理念、教育制度、教育方法等，把握民族教育的特性。二是要做到将卓有特色的民族教育融入中国教育学研究中。要注重引入民族教育的经典著作、历史案例和实践经验，让师生深入了解和体验民族教育的魅力。三是要做到加强中国教育学研究与民族区域发展的结合。应加强中国教育学对民族区域发展的研究支持，在实践检验中使中国教育学的民族性格得到体现和验证。

3. 强化中国教育学的时代性格

党的二十大报告强调，坚持和发展马克思主义，必须坚持解放思想、实事求是、与时俱进、求真务实，一切从实际出发，着眼解决新时代改革开放和社会主义现代化建设的实际问题，不断回答中国之问、世界之问、人民之问、时代之问，作出符合中国实际和时代要求的正确回答。① 中国教育学是指导中国教育改革发展的重大理论思想，同样也要从中华优秀传统文化出发，回答中国之问、时代之问。强化中国教育学的时代性格，一方面，要密切关注社会发展趋势，及时回应时代发展的教育需要。中国教育学要时刻关注社会变迁和科技发展，积极探索如何利用生成式人工智能等技术提升教育效率和质量，培养学生的创新思维和实践能力。另一方面，要加强跨学科交流与合作。积极引入其他学科领域的先进理念和方法，丰富中国教育学的研究内容和形式，在交叉研究的基础上拓宽研究视野、巩固理论基础。

---

① 习近平：《高举中国特色社会主义伟大旗帜 为全面建设社会主义现代化国家而团结奋斗——在中国共产党第二十次全国代表大会上的报告》，《求是》2022 年第 21 期。

三 持续推动中国教育文明的发展与创新

中华民族五千多年的灿烂文化，不断孕育着深厚的中国教育思想，持续推动中国教育文明的发展与创新，这是推进社会主义现代化建设的强大精神力量，更是中国教育学体系建构的主要精神来源。因此，我国独特的历史、独特的文化、独特的国情，决定了我们必须坚持扎根中国大地办教育，必须继承创新中华优秀传统文化，坚持走自己的教育发展道路，加快构建中国教育学自主知识体系。

中华民族自古以来就是世界上少数极为重视教育的民族之一。《论语》记载孔子 15 岁的时候就立志做学问了，其所志不仅仅在于学习，更在于教育，《论语》《学记》等便是学以成人、育以成人的经典著述。教育若要助力人类文明新形态的发展，便需要以中华优秀传统文化为根基，汲取历史养分，立足时代前沿，符合现实需要，引领创造中国教育文明。具体而言，一是要深化拓建中国特色的教育理论体系。对于我国而言，"教育学"一词是舶来品。尤其是近代以来，我国的教育理论以"引进来"为主，基于中国特色的本土化原生教育理论相对较少，导致中国的教育学缺乏"中国底色"。中国的教育学基因与教育学传统，不允许我们照搬照抄国外教育学理论和发展路径。[①] 为此，要传承发扬中华优秀传统文化，在五千年的优良传统中发掘教育思想、教育论著、教育名家、教育文化、教育历史等，以中华优秀传统文化中最突出的教育元素为理论基础，加快构建中国教育学自主知识体系，构建具有中国特色和文化底蕴的教育学学科体系、学术体系、话语体系，助力创造中国教育文明形态。二是要着力推动中国特色的教育改革实践。中华文明绵延数千年，正是由于中华优秀传统文化在实践中不断开拓创新，为中华民族提供了源源不断的发展动力。面对深化教育改革的时代浪潮，继承弘扬中华优秀传统文化应顺应大势，扎根优秀的教

---

① 郭丹丹：《教育强国建设的理论供给——中国教育学自主知识体系建构座谈会综述》，《教育研究》2023 年第 5 期。

育传统，融合丰富的现实经验，不断推动具有中国特色的教育改革实践。而后，再以时代化、民族化、本土化的教育改革实践进一步创造中国教育文明，赋予中国教育以强大的生命活力。三是要总结凝练中国特色的民族教育精神。自信，于个人而言是一种积极的心理状态，于民族而言是一种稳定且可持续的精神底气。中国教育文明的创造离不开精神支持，尤其是具有民族气韵的教育精神的支持，而中华优秀传统文化正是文化自信和教育自信的精神来源，能够赋予中国教育学文化品格以中国魂。① 为此，建构中国教育学，需要立足新时代、新征程，对标教育现代化发展的最新要求，结合我国教育实际，培育和践行社会主义核心价值观，对中华优秀传统文化进行创造性转化、创新性发展，凝练具有中国特色的民族教育精神和文化，筑牢中国教育文明的精神底座。

第三节　理论强骨：以自主知识体系为核心优化
中国教育学基本架构

著名史学家金冲及指出，知识基础、问题意识和文字表达是治学的三个基本功。② 而中国教育学建设核心在于三方面：完善学科体系、健全学术体系、建立国际视野的话语体系。中国特色社会主义已迈入了崭新的时代，面临的是前所未有的复杂变革局面，这对我们提出了更高的期望。而要实现中国特色现代教育学体系的进步与创新，我们必须着重在学科体系、学术体系和话语体系上下功夫。这要求我们全面推进中国特色现代教育学这"三大体系"的建设工作，以期在教育学领域贡献中国智慧、中国理念和中国方案，进而增强中国教育学的影响力和话语权。

一　加快完善中国教育学学科体系

在三大体系中，学科体系占据基石般的地位，它是依据学问与学术的内

① 中国教育科学研究院课题组：《中国教育学论纲》，《教育研究》2023 年第 4 期。
② 金冲及：《谈谈治学的基本功》，《学习月刊》2019 年第 5 期。

在特性所划分的科学领域的集合。这一体系由多个系统性强、内容完整的学科门类共同构筑而成，为学术研究与教育实践的深入发展奠定了坚实的基础。中国教育学学科体系建设是一个系统而复杂的工程，我们要从多维度思考，包括学科特色、学科导向、学科平台、人才培养、学科结构等方面。

（一）强调学科特色，明确学科导向，搭建学科平台

第一，建设中国教育学学科体系，要在中国百年教育学发展进程中总结具有中国特色的历史经验。我国教育学学科体系的建设与发展，在重建与深化的阶段，展现出从国际借鉴到本土化创新的转型，既实现了跨学科的高度综合，又细分出众多专业化领域，形成了宏观视角与微观细节并重的格局。研究方法不断丰富，构建起系统化的教育学研究体系，同时，教育学元研究的兴起凸显了对学科自身发展的深刻反思。尤为重要的是，教育学研究与教育改革实践紧密相连、相互促进，共同推动着我国教育事业的持续进步与繁荣。在中国独特的社会与文化环境中，教育学研究者应深耕本土教育议题，致力于探索适应中国国情的解决方案与路径，力求揭示中国教育学的内在规律与特色。这一过程旨在构建一套既体现中国特色又具备国际视野的教育学理论架构与知识体系，从而不断推动中国教育学向更高层次迈进，实现其持续发展与完善。

第二，在构建中国教育学学科体系的过程中，明确学科导向是至关重要的一环，这深刻彰显了学术领航者或学术创新者在战略蓝图布局上的远见卓识与高超能力。一流教育学科建设与发展遵循"共性生存、个性发展"的规律。① 对于中国教育学学科体系而言，既要有学科的历史积累，又要有学科的发展，既要吸收和借鉴国际先进的教育理念和经验，又要坚守中国教育的独特性和传统。在我国教育发展历程中，从重点学科制度的确立到"双一流"建设的深入实施，学科特色与学科导向始终扮演着至关重要的角色。它们不仅是学科获得社会广泛认可的重要支撑，而且是学科获取各类资源、实现持续发展的关键因素。

---

① 史秋衡、季玟希：《面向教育强国的教育学科建设》，《教育发展研究》2021 年第 19 期。

第三，搭建学科平台是构建中国教育学学科体系过程中的重要组成部分。通过搭建学科平台，可以促进学科间的交流与合作，共同推进中国教育学学科的理论创新和实践探索。近年来，我国相继成立了多个教育学领域的学术组织和研究机构，如中国教育学会、中国高等教育学会等。现代学会的创立，其核心宗旨在于加速学科、分支学科及特定研究领域的繁荣与进步。通过设立奖励与认可机制，学会旨在激发学者们的科研热情，鼓励他们投身深入的学术研究之中，从而不断推动学术界的整体发展。这些学科平台不仅为教育学者提供了交流学术思想、分享研究成果的场所，还推动了教育学与其他学科的交叉融合。通过举办学术会议、开展合作项目等方式，这些平台促进了教育学的创新与发展，为构建完善的教育学学科体系奠定了基础。

（二）加强专业人才培养，稳定学科队伍

构建中国教育学学科体系，核心在于建设一支高水平的专业人才队伍。当前，我国已构建起涵盖教育学学士、硕士及博士三级学位的完备高等人才培养体系，为这一宏伟目标奠定了坚实的人才基石，为构建完善的教育学科人才培养体系创造了得天独厚的条件。这一新格局不仅促进了教育学科内部的层次化、系统化发展，还加强了各级学位之间的衔接与贯通，为培养高素质、专业化的教育学科人才提供了坚实的支撑。

然而，自1998年中等师范学校体系调整后，我国教育学专业研究领域遭遇了"代际断层"的严峻挑战。在这一变革背景下，"就业导向"的专业设置观念盛行，导致教育学专业在本科教育版图中的占比逐渐缩减，招生规模亦相应缩减，这一趋势引发了深刻的忧虑——教育学专业人才培养的源泉正面临干涸的风险，专业人才供给的持续性受到严重威胁，有陷入枯竭境地的可能。这一现象不仅关乎教育学学科本身的发展，更直接影响到我国教育理论与实践创新的未来活力与潜力。[①] 早在十多年前，辛治洋、朱家存等人

---

① 张斌贤、位盼盼、钱晓菲：《从学科发展大局重新审视教育学本科专业改革的意义与路径》，《大学教育科学》2021年第3期。

就曾提出，教育学专业应该放弃为一次性就业培养人才的目标设计，立足于基础学科和长线专业的实际，实现由终结性教育向初始性教育的转变。① 为了真正办好教育学专业，首要之务是摒弃长期桎梏教育学专业发展的"以就业为导向设定专业、仅从本科层次审视本科教育"的思想观念和历史惯性。我们应当从教育学科人才培养体系建设的全局视角出发，重新审视并系统规划教育学专业改革的战略与策略，确保专业发展的全面性、深入性和前瞻性。

（三）优化学科结构，提升学科治理能力

今天，教育学正朝内部精细化分化、跨学科融合催生新学科，以及适应不同学段和领域的特色化三个方向发展。以上三个方面构成了我国教育学学科体系的基本框架。② 构建教育学学科体系，有助于集中优势资源，深化对特定领域的研究，但过度的专业化也可能导致学科研究的固化和封闭，进而引发研究的"碎片化"和孤立化现象。因此，中国教育学体系建设既要建立完善的学科体系，又要不断推动学科的交叉融合与创新发展，以更好地服务于中国社会发展和人类进步。

第一，要加强教育学学科自身的研究。为了促进教育学学科在跨学科交流中保持平等地位，并深化其对话能力，强化教育学自身的知识创造与理论体系构建显得尤为重要。这不仅有助于提升教育学的学科影响力，还能确保其在与其他学科的交叉融合过程中，贡献独特而深刻的见解，进而实现真正意义上的学科间平等互动与协同创新。③ 原创知识是所有学科得以立足和发展的根本，需要鼓励并扶持教育工作者和教育研究者深入教育实践，从中挖掘出中国本土教育改革中的问题，进而通过系统地研究和分析，形成具有创新性和前瞻性的教育学原创知识。

---

① 辛治洋、朱家存：《国家级特色专业建设的价值超越——基于安徽师范大学教育学专业的改造实践》，《中国高教研究》2011 年第 8 期。
② 冯建军：《构建中国特色教育学的"三大体系"——基于改革开放后教育学发展的分析》，《社会科学战线》2021 年第 9 期。
③ 侯怀银：《新中国成立以来教育学学科体系建设的回顾与展望》，《西北师大学报》（社会科学版）2022 年第 4 期。

第二，中国教育学学科体系的构建应强调跨学科的协同研究。这一进程深刻依赖于哲学社会科学、人文科学及自然科学的广泛融入与深刻影响。作为基石的哲学、心理学、社会学等领域，为教育学奠定了坚实的理论基础与思维模式，是教育学学科体系不可或缺的组成部分。同时，生物学、地理学、脑科学及计算科学等新兴学科的融入，为教育学注入了新鲜"血液"，拓宽了研究视野，催生了新的分支学科。这种跨学科融合不仅丰富和拓展了教育学的内涵与外延，还促进了多元研究方法的运用，增强了学科间的互动与对话，共同编织成一个庞大而精细的教育学知识网络。

二　加快完善中国教育学学术体系

学术体系在"三大体系"中占据着核心地位，为其提供坚实的基础与支撑。学术体系的水平和特性决定了学科体系和话语体系的发展深度与本质。若缺乏学术体系的构建与创新，学科体系的科学性和完备性便无从谈起，话语体系也难以真正确立。因此，加快完善中国教育学学术体系在"三大体系"构建中具有决定性意义。

（一）筑牢中国教育哲学底座

哲学与教育学、教育哲学有着天然的本质联系。在近代之前，包括教育学在内的众多学科是从哲学中分离出来的。教育哲学作为涵盖本体论、价值论、认识论与方法论的综合性学科，不仅是教育学学术体系的深层精髓，而且是其构建过程中不可或缺的思想灯塔、价值罗盘与逻辑蓝图。它引领着教育学探索的方向，为学术体系的构建提供了坚实的理论基础与思维框架，确保了教育研究的深度与广度，以及教育实践的合理性与有效性。构建具有中国特色的教育学学术体系，需深深植根于中国教育哲学的沃土之中，溯其根源，掘其精髓，以此奠定学术创新发展的坚实哲学基础。历经百年风雨，中国教育哲学始终与中国教育现代化的步伐紧密相连，在借鉴与融合中诞生，历经曲折而坚韧的探索，于改革开放的春风中蓬勃发展，展现出其在回应教育实践挑战时的独特价值与深远影响。正如有学者所述，现代中国教育哲学学科体系与学术体系已初具规模，尤其是以中国化时代化马克思主义教育哲学为核心的中国特色教育哲学研究，取得了令人瞩目的成就，正步入以主题和问题为导向的新发展阶段，致力于构建更加深入、系统的中国特色教育哲学体系。

第一，在构建教育哲学体系的过程中，我们首先要坚定地维护马克思主义哲学的指导与基础地位。同时，中华民族悠久的文化教育历程与深厚的哲学底蕴，为我们提供了取之不尽的思想宝藏与教育传统。因此，我们应积极在教育哲学领域内，自觉融汇并创新运用中国哲学的精髓与智慧，旨在构建独具中国特色、彰显中国风格与气派的教育哲学体系。要不断发掘和拓展马克思主义教育哲学文化传统的文明力量，深入理解和把握马克思主义教育哲学的核心要义，紧密结合中国实际，为中国教育的现代化提供坚实的理论支撑。同时，我们还应积极探索马克思主义教育哲学在解决实际问题中的应用，不断推动其创新发展，为构建具有中国特色的教育学学术体系贡献力量。

第二，我们要树立教育哲学研究的学术自信。之所以在本土研究中提倡学术自信，是因为当前我国教育研究不自信的情况客观存在，而且在很长一段时间内阻碍了学术研究的品质与效率。[①] 习近平总书记在多次讲话中强调文化自信的重要性，他在庆祝中国共产党成立95周年大会上的讲话中明确指出："全党要坚定道路自信、理论自信、制度自信、文化自信。"学术自信是文化自信的一个组成部分。只有树立和坚定文化自信理念，没有理由学术不自信。[②] 学术自信就是对中国教育哲学研究有信心。站在新时代的起点，我们拥有充足的条件和资源来探讨学术自信。丰富的教育实践无疑为我们提供了学术自信的重要基石。这些教育实践不仅证明了中国教育哲学具有深厚的底蕴和实用性，也为我们进一步探索和发展提供了宝贵的经验和启示。因此，我们有理由也有能力在新时代中坚定学术自信，为推动中国教育

---

① 柯文涛：《从本土化走向本土建构：中国教育学学科建设的可能路径》，《当代教育科学》2020年第12期。

② 《访谈｜坚定"文化自信"和"学术自信"，我们没有理由失去底气》，求是网，https://mp.weixin.qq.com/s/9oHwi9P74KNIwYOxkowjtQ，2017年3月8日。

哲学研究的发展贡献力量。

（二）加强中国教育学方法论建设

方法论建设是学术体系发展的基石，中国教育学需要严谨、系统的方法论来指导其研究和实践。方法论的建设有助于我们更好地理解和把握教育现象的本质和规律，推动教育学理论的深化和创新。

首先，中国教育学方法论要坚持和发展马克思主义。习近平总书记提出的"两个结合"——马克思主义基本原理同中国具体实际相结合、同中华优秀传统文化相结合，是中国教育学基本的方法论指导。中国教育学的未来发展需要不断创新和完善，要以"两个结合"为指导，积极探索新的教育理念和教育模式，推动中国教育现代化进程。

其次，中国教育学方法论要彰显解决中国教育问题的方法价值。中国教育学研究的问题是深深扎根于中国国情的教育问题，其研究方法应该扎根中国深层的文化根源，研究一般教育问题的方法价值。比如留守儿童教育问题、随迁子女教育问题、乡村儿童教育问题等，这些根植于中国国情和文化情境中的本土问题，需要我们深入挖掘其背后的文化因素，探索符合中国实际的解决方案。

最后，中国教育学方法论应该重视人类学田野工作方法的运用。教育人类学积极呼吁学者们"走出书斋，深入田野"，以更直接、更真实的方式探寻教育的真谛。人类学田野调查的核心在于利用质性访谈、观察与对话等手段，深入收集第一手资料，从而在细致的资料分析中挖掘问题和寻求解决方案。在此过程中，中国本土化的知识体系得以形成，并服务于解决最终问题。

（三）改进教育学知识的学术评价

学术评价以促进知识创新为目的，给予每个人应得的承认是一种"分配正义"原则，也是维护良好学术生态的根本。学术评价可从纵向的重复性评价、横向的水平评价和现实性的贡献评价三个维度展开。① 而教育学科

① 本刊编辑部：《学术评价究竟应评价什么？》，《社会科学文摘》2021 年第 7 期。

涉及的知识具有高度的复杂性，且其质量的提升往往存在滞后性，其影响往往表现为间接性，这些因素共同增加了教育学知识学术评价的难度。

首先，教育学知识的学术评价要超越"工具理性"，回归以评促改、以评促建的初心与使命，突出创新在科研评价中的核心地位。[①] 社会行动在价值理性的指引下，根植于信仰的坚实土壤，强调行动全链条中的逻辑连贯与合理性，旨在追求并实现最为理想且契合价值核心的结果。相比之下，工具理性的社会行动则聚焦于目标的直接达成，以其高效、明确与强烈的目标导向为特点，致力于通过构建理性的环境与采用高效的手段，最直接、有效地实现行动的预期成效。教育学知识的学术评价在追求精确与量化的工具理性的同时，更需强调价值理性，即在评价过程中注重对教育学知识本身的深度理解和对其创新价值的挖掘。这不仅要求我们在评价过程中关注教育学知识的内在逻辑和价值追求，还需关注其对社会实践和教育实践的深远影响。

其次，教育学知识的学术评价应建立多元评价体系，以全面反映教育学研究的多元价值。教育学研究不仅涉及理论创新，还涵盖教育实践、政策制定等多个方面，因此，评价时应充分考虑这些不同维度的贡献。同时，随着时代的进步和教育学研究的深入，评价体系也应具备足够的灵活性，以适应教育学研究不断变化和发展的特性。

最后，重视同行评议在教育学知识学术评价中的作用。同行评议能够充分利用学术共同体的专业知识和经验，对教育学研究的质量和价值进行深入、细致的评价。通过同行评议，我们可以更准确地把握教育学研究的学术价值和社会影响，从而为教育学的发展提供有力的支撑。同时，同行评议也是一种促进学术交流与合作的重要方式，通过评议过程中的相互探讨和反馈，可以不断提升教育学研究的水平。因此，在构建多元评价体系时，我们应充分重视同行评议的作用，发挥其优势，推动教育学研究的繁荣与进步。

三 推动健全中国教育学话语体系

随着中国的快速发展和国际地位的提升，构建具有国际影响力的话语体

---

① 孟照海、刘贵华：《教育科研评价如何走出困局》，《教育研究》2020 年第 10 期。

系成为必然要求。2016 年 5 月，习近平总书记在哲学社会科学工作座谈会上指出："发挥我国哲学社会科学作用，要注意加强话语体系建设。"教育学作为哲学社会科学的重要组成部分，建立健全的中国教育学话语体系意义重大，时间紧迫。推动健全中国教育学话语体系，可以更好地展示中国教育的成就和特色，对于提升国家文化软实力、推动教育改革与发展、传承与发展中华优秀教育传统、促进国际交流与合作、提升教育质量以及适应时代发展具有必要性。具体而言，提升学术研究议题设置能力，抢占中国教育经验的话语先机，深化教育学话语的本土阐释和国际话语传播策略，是推动中国教育学话语体系构建的现实路径。

（一）提升学术研究议题设置能力

1. 强化对中国教育实践的深入理解

教育实践是教育学发展的源泉。有学者认为，更具感染力、说服力和渗透力的中国教育学话语体系的建构，要扎根于中国特色社会主义教育改革实践，总结中国特色社会主义教育发展的经验。[①] 也有学者认为，中国教育学话语体系研究虽然已取得一定成就，但目前中国教育学话语体系尚缺乏大教育学的建构视野，新时代的中国教育学人应进行中国教育学话语体系的大教育学建构，也要解读好中国教育实践的发展变化以及成就。[②] 还有学者认为，建构中国教育学话语体系，我们要关注中国教育实践，扎根中国大地，研究中国教育经验。[③] 总之，要建构中国教育学话语体系，必须有对中国教育实践的了解。而深入理解中国教育实践，意味着要摆脱表面现象，挖掘其背后的规律和本质。这需要教育研究者和实践者投入大量的时间和精力，进行实地调研、案例研究等，揭示中国教育实践的真实面貌，在实际操作中，需要关注教育实践的各个方面，包括教育政策、教育制度、教育方法、教育评价等，剖析这些方面的特点和问题，为中国教育学话语体系的建构提供有力支撑。

---

① 冯建军：《中国特色社会主义教育学话语体系研究》，《社会科学战线》2023 年第 5 期。
② 侯怀银、王晓丹：《教育学中国话语体系的大教育学建构》，《教育研究》2022 年第 1 期。
③ 丁钢等：《教育学的中国话语体系建构：问题与路径》，《基础教育》2021 年第 1 期。

2. 发展具有中国特色的教育理论框架

中国特色现代教育学话语要区别于一般人们在生活中使用的日常话语，具有丰富的理论来源。① 教育学话语体系是由教育问题、教育学理论与文化传统组成的结构化的言语表征系统，其中，教育学理论是话语体系的思想基础和重要支柱。② 因此，建构中国教育学话语体系，需要发展具有中国特色的教育理论框架。这一理论框架应当根植于中国丰富的教育历史和实践，反映中国的教育价值观、教育目标、教育原则和教育方法。深入研究中国教育的发展历程，总结中国的教育经验，提炼出具有中国特色的教育理论框架。发展具有中国特色的教育理论框架，不仅有助于提升中国教育学的国际影响力，而且能为中国的教育改革和发展提供有力的理论指导。教育研究者和实践者从中国的实际出发，进行教育理论创新，形成具有中国特色的教育理论体系。这一过程需要充分借鉴和吸收国际教育理论的优秀成果，但同时也需要保持独立思考，不断开拓创新，使中国教育理论框架更具时代性和前瞻性。只有这样，中国教育学才能在世界的舞台上独树一帜，为全球教育发展贡献中国智慧。

3. 加强跨学科研究，整合多领域知识资源

教育学作为一门交叉学科，融合了多个学科的研究理论和方法，其研究议题的设置和深入探索需要整合多领域的知识资源。加强跨学科研究，能够促进不同学科之间的交流与融合，从而提升学术研究议题设置的能力。跨学科研究能够帮助教育研究者从更宽广的视角理解和剖析教育现象，揭示教育的深层次问题。在教育实践中，可以借助心理学、社会学、哲学、经济学等领域的理论资源和研究方法，深化对教育问题的认识，提出更具创新性和实用性的解决方案。同时，跨学科研究还能推动教育学与其他学科之间的互动和对话，促进教育学科的多元化发展。通过整合多领域的知识资源，可以构

① 侯怀银、王钰捷：《中国特色现代教育学话语体系解析》，《宁波大学学报》（教育科学版）2024 年第 2 期。

② 李慧慧、和学新：《智能时代的中国教育学话语体系建设：机遇、挑战及路径》，《教育理论与实践》2023 年第 16 期。

建更为丰富和立体的教育研究框架，为中国教育学的理论创新和实践应用提供有力的支撑。加强跨学科研究、整合多领域知识资源对于提升学术研究议题设置能力具有重要意义。这将有助于推动中国教育学的发展，并为教育实践提供更为深入和全面的理论指导。

（二）抢占中国教育经验的话语先机

1. 系统总结和宣传中国教育成功的案例与模式

系统总结和宣传中国教育成功的案例与模式，对于抢占中国教育经验的话语先机具有重要意义。这不仅有助于提升中国教育学的自信心和自尊心，而且能为中国教育学话语体系的建构提供实证支持。系统总结和宣传中国教育成功的案例与模式，可以挖掘和传承中国教育的优秀传统，而文化传统是教育学话语体系构建和创生的重要基础和来源，也是话语感召力和时代感的必要保障[1]；建构中国教育学，是中国文化在教育学研究领域的追求。从文化传统中寻求教育的根基命脉，构建教育学的中国话语体系，是当代中国教育学发展面临的重大问题。[2]

这些成功的案例和模式能够展示中国教育改革的成果，也可以成为我们进一步研究的对象，帮助我们理解中国教育成功的内在机制，从而为未来的教育改革和发展提供借鉴和参考。此外，系统总结和宣传中国教育成功的案例与模式，也有助于提升中国教育学的国际影响力。通过向国际社会展示中国教育的成就和经验，我们可以增强中国教育学在国际舞台上的话语权，推动中国教育学的国际化发展。

因此，我们应该重视对中国教育成功案例与模式的系统总结和宣传，将其作为中国教育学话语体系建构的重要组成部分。通过这种方式，可以为中国教育学的发展提供实证支持，同时也能够推动中国教育学的国际传播，提高中国教育学的国际影响力。

---

① 张旸、张雪：《中国文化传统在教育学中国话语体系构建中的价值与创生》，《教育科学研究》2020年第3期。

② 叶澜、罗雯瑶、庞庆举：《中国文化传统与教育学中国话语体系的建设——叶澜教授专访》，《苏州大学学报》（教育科学版）2019年第3期。

2. 倡导符合国情的教育改革与发展理念

倡导符合国情的教育改革与发展理念，是抢占中国教育经验的话语先机的关键。建构中国教育学话语体系，需要紧密结合中国国情，倡导符合国情的教育改革与发展理念。这一理念应当体现中国的教育价值观、教育目标、教育原则和教育方法，从而为中国教育学的发展提供指导。中国的教育改革与发展理念应当立足于中国的文化传统、社会制度和发展阶段。我们需要深入研究和理解中国的教育现实，从中提炼出符合国情的教育理念。这样的教育理念能够更好地适应中国的教育需求，推动教育改革和发展。同时，倡导符合国情的教育改革与发展理念，也有助于提升中国教育学的国际影响力。通过向国际社会展示中国的教育改革与发展理念，可以增强中国教育学在国际舞台上的话语权，推动中国教育学的国际化发展。

因此，应该重视倡导符合国情的教育改革与发展理念，将其作为中国教育学话语体系建构的重要组成部分。通过这种方式能够为中国教育学的发展提供指导，同时也能够推动中国教育学的国际传播，提高中国教育学的国际影响力。

3. 加强与国际教育界的交流与对话，提升影响力

加强与国际教育界的交流与对话，不仅有助于促进中国教育学的国际化发展，而且能提升中国教育学在国际舞台上的影响力。建构中国教育学话语体系，需要积极参与国际学术交流与对话，借鉴国际先进的教育理念和经验，从而提升中国教育学在国际舞台上的影响力。

通过与国际教育界的交流与对话，了解和学习国际上先进的教育理念、教育方法和教育实践，将其融入中国教育学体系的建构中。同时，也可以向国际社会展示中国教育的成就和经验，传播中国教育学的研究成果，增强中国教育学在国际上的话语权，还可以促进中国教育学与其他国家教育学的相互理解和合作。通过与其他国家教育学的交流与对话，我们可以共同探讨全球教育发展面临的问题和挑战，共同为全球教育发展贡献智慧和力量。

因此，我们应该重视加强与国际教育界的交流与对话，将其作为中国教育学发展的重要途径。通过这种方式，可以不断提升中国教育学在国际舞台

上的影响力，推动中国教育学的国际化发展。

（三）深化教育学话语的本土化解读和国际话语传播策略

1. 深化对教育学基本概念和理论的本土化解读

教育学的基本概念和理论是中国教育学话语体系建构的基石。要建构中国教育学话语体系，就必须深挖、深掘中国的本土教育概念，在教育活动中还要弘扬中国式的教育表达，构筑中国化的教育话语系统。① 深化对教育学基本概念和理论的本土化解读，不仅有助于提升中国教育学话语体系的本土化水平，而且能为中国教育学的理论创新和实践应用提供支持。同时，中国教育学必须增强自身在解释本土教育经验中的知识原创性和理论自主性，并且能够基于本土教育实践经验提出令中外研究者感兴趣的课题。② 具体而言，我们应该从中国的历史、文化和社会背景出发，对教育学的基本概念进行重新审视和定义，对教育学的基本理论进行创新和拓展，通过这种方式，使教育学的基本概念和理论更加符合中国的教育实际，为中国教育学的发展提供理论支撑。同时，这种方式也有助于提升中国教育学的国际影响力。通过向国际社会展示中国教育学的本土化成果，可以增强中国教育学在国际舞台上的话语权，推动中国教育学的国际化发展。

因此，应该重视对教育学基本概念和理论的本土化解读，将其作为中国教育学话语体系建构的重要组成部分，为中国教育学的发展提供理论支持，同时也能够推动中国教育学的国际传播和提高中国教育学的国际影响力。但是也要警惕教育学话语体系建构中"本土意识"的绝对化。③ 中国学术话语创新需要警惕的第一个潜在危险就是将本土意识"古典化"甚至"东方化"。④

2. 构建符合社会主义核心价值观的教育话语体系

构建符合社会主义核心价值观的教育话语体系，是中国教育学话语体系

---

① 丁钢等：《教育学的中国话语体系建构：问题与路径》，《基础教育》2021 年第 1 期。
② 冯建军：《中国特色社会主义教育学话语体系研究》，《社会科学战线》2023 年第 5 期。
③ 孙元涛：《论中国教育学的学术自觉与话语体系建构》，《教育研究》2018 年第 12 期。
④ 于治中：《全球化之下的中国研究》，《读书》2007 年第 3 期。

建构的核心任务。作为中国教育工作者，我们应该以社会主义核心价值观为指导，积极构建符合社会主义核心价值观的教育话语体系。

社会主义核心价值观强调富强、民主、文明、和谐，自由、平等、公正、法治，以及爱国、敬业、诚信、友善。我们应该将社会主义核心价值观的内容融入教育话语体系中，使之成为引导教育实践的重要依据。具体而言，我们需要在教育目标、教育原则、教育方法等方面融入社会主义核心价值观的要求。通过教育话语体系的建构，明确教育的价值取向，引导教育实践朝着符合社会主义核心价值观的方向发展。同时，构建符合社会主义核心价值观的教育话语体系，可以提升中国教育学的国际影响力。通过向国际社会展示中国教育学的独特价值，可以增强中国教育学在国际舞台上的话语权，推动中国教育学的国际化发展。

因此，我们应该高度重视构建符合社会主义核心价值观的教育话语体系，将其作为中国教育学话语体系建构的核心任务。通过这种方式，能够为中国教育学的发展提供价值引领，同时也能够推动中国教育学的国际传播和提高中国教育学的国际影响力。

3. 制定有效策略，提高中国教育话语在国际舞台上的传播效率和影响力

提高中国教育话语在国际舞台上的传播效率和影响力，是中国教育学话语体系建构的重要目标。中国教育学者应该制定有效的国际传播策略，以提高中国教育话语在国际舞台上的传播效率和影响力。为了实现这一目标，应该加强与国际教育学界的交流与合作，包括积极参与国际学术会议、研讨会和论坛，与国际教育学界的专家学者进行深入交流和探讨，共同研究和解决全球教育问题。此外，我们还应该通过国际学术期刊发表中国教育学的研究成果，向国际社会展示中国教育学的独特价值和创新成果。通过这种方式，可以提升中国教育学在国际学术界的地位和影响力。

同时，制定有效的传播策略还包括利用现代传播技术和媒体，拓宽中国教育话语的国际传播渠道。可以利用互联网、社交媒体等平台，将中国教育学的成果和理念传播给更广泛的群体，而现代人工智能技术的升级使话语体

系的存在多元化、精准化和传播方式具象化①、便捷化，提高了中国教育学的国际知名度。

因此，我们应该高度重视制定有效策略，提高中国教育话语在国际舞台上的传播效率和影响力。通过这种方式，可以为中国教育学的发展和国际交流做出积极贡献，推动中国教育学的国际化发展。

（四）促进教育学的社会服务和国际合作

1. 发挥教育学在解决教育实际问题中的指导作用

教育学的社会服务功能是其不可或缺的一部分，也是建构中国教育学话语体系的重要途径。发挥教育学在解决教育实际问题中的指导作用，不仅有助于提升教育学在社会服务中的效能，而且能进一步推动教育学话语体系的建构。教育学应积极关注教育实践中存在的问题，如教育资源分配不均、教育质量参差不齐、学生心理健康等问题。通过深入研究，教育学可以提出切实可行的解决方案，为政策制定和教育实践提供有力的理论支持。同时，教育学还应关注教育改革和发展的新趋势。在素质教育、终身教育、信息技术教育等方面，教育学可以为教育创新和发展提供理论指导。例如，在推动素质教育过程中，教育学可以探讨如何培养学生的综合素质和创新能力；在终身教育方面，教育学可以研究如何构建终身学习体系，以适应社会发展的需求；教育学在发挥指导作用的过程中，还应注重与其他学科的交叉融合，如心理学、社会学、哲学等。这将有助于教育学从多角度、多层面解决教育实际问题，提高教育学的指导性和实用性。

因此，我们应该重视发挥教育学在解决教育实际问题中的指导作用，将其作为建构中国教育学话语体系的重要途径。通过这种方式，可以不断提升教育学的社会服务能力，为教育事业的改革和发展贡献力量。

2. 加强与国际教育学组织的合作与交流

与国际教育学组织的合作与交流是推动教育学发展、提升教育学话语体

① 李慧慧、和学新：《智能时代的中国教育学话语体系建设：机遇、挑战及路径》，《教育理论与实践》2023年第16期。

系国际影响力的重要途径。加强与国际教育学组织的合作与交流，不仅可以促进中国教育学话语体系的国际化，还能有效提升中国教育学的国际地位。为了实现这一目标，中国可以积极参与国际教育学组织的活动，如世界教育论坛、国际教育学术会议等。在这些活动中，中国教育学者与国际教育学界的专家学者进行深入交流，分享教育研究成果，探讨全球教育发展的新趋势。通过这些平台，中国教育学可以向世界展示其独特价值和创新成果，提升其在国际舞台上的影响力。

同时，中国也可以通过与国际教育学组织的合作，引进国际先进的教育理念和经验。与国际教育学组织的合作可以促进中国教育学的创新发展，推动中国教育学理论与实践的进步。通过与国际教育学组织的合作，中国可以借鉴国际教育的成功案例，探索适合自身国情的发展路径。此外，加强与国际教育学组织的合作与交流还有助于培养具有国际视野的教育人才。通过与国际教育学界的交流合作，中国可以引进国际先进的教育资源和理念，培养一批具有国际视野、熟悉国际规则的教育人才，为提升中国教育学的国际竞争力做出贡献。

因此，中国应该高度重视加强与国际教育学组织的合作与交流，将其作为推动教育学发展、提升教育学话语体系国际影响力的重要策略。通过积极参与国际教育学组织的活动，引进国际先进的教育理念和经验，可以促进中国教育学话语体系的国际化，提升中国教育学的国际地位，为推动全球教育事业的共同发展做出积极贡献。

3. 积极参与全球教育治理，贡献中国智慧和中国方案

全球教育治理是当今世界教育发展的重要议题，也是教育学话语体系建构的重要领域。积极参与全球教育治理，贡献中国智慧和中国方案，不仅有助于提升中国教育学话语体系的国际影响力，而且能推动全球教育事业共同发展。

中国可以积极参与全球教育治理的重要议题，如教育公平、教育质量、教育可持续发展等。在这些领域，中国可以结合自身实践，通过提出中国方案，贡献中国智慧，推动全球教育治理的进步；中国也可以通过参与全球教

育治理，学习和借鉴国际先进经验。积极参与全球教育治理，有助于中国教育学界的专家学者了解全球教育发展的新动态，吸收国际先进的教育理念和实践经验，促进中国教育学的创新发展。此外，积极参与全球教育治理还可以提升中国在国际教育事务中的话语权。通过参与全球教育治理，中国可以发挥建设性作用，为全球教育发展贡献中国力量，进一步提升中国教育学在国际舞台上的地位和影响力。

因此，中国应该高度重视积极参与全球教育治理，贡献中国智慧和中国方案。通过这种方式，中国可以推动全球教育治理的进步，提升中国教育学话语体系的国际影响力，为全球教育事业的共同发展做出积极贡献。

第四节　实践助力：以教育强国建设推动中国教育学理论创生

"教育实践是孕育和形成教育理论的沃土。"[①] 解决中国教育现实问题和长远根本问题是中国教育学理论创新发展的出发点和归宿。新时代背景下的教育强国建设，是中国教育学理论创生的活力源泉和根本动力。

一　在培养社会主义建设者和接班人中发展中国教育学

培养什么人，是教育的首要问题。放眼古今中外，不同国家、不同地区有适应其各自历史背景和现实需要的政治制度，并在此基础上进一步提出人才目标。我国是中国共产党领导的社会主义国家，这就决定了我们的教育制度也必须做出相应的调整，只有教育制度和政治制度彼此协调、相互契合，才能真正担负起培养后代的宏伟使命。因此，必须把培养社会主义建设者和接班人作为根本任务，这是在方向上保证教育制度同政治制度一致。具体而

---

① 郭丹丹：《教育强国建设的理论供给——中国教育学自主知识体系建构座谈会综述》，《教育研究》2023 年第 5 期。

言，培养一代又一代拥护中国共产党领导和我国社会主义制度、立志为中国特色社会主义事业奋斗终身的有用人才，在教育领域的思想境界培养方面做出了强有力的指引。"作为社会的组成部分，教育受到社会政治制度、经济发展水平、文化传统等社会因素的制约，表现出鲜明的社会属性。教育培养人，但不是抽象的人，而是一个社会的人、一个国家的公民。中国教育学，必须立足于中国服务于中国教育。"①

（一）在培养社会主义建设者和接班人中发展中国教育学，就是要坚持社会主义办学方向

坚持社会主义办学方向是中国教育学发展的根本方向，即"坚持优先发展教育事业，坚持社会主义办学方向"。通过对历史发展脉络的深刻反思，中国共产党充分担当起引领者的责任，带领广大人民创建和发展新民主主义教育，深入探索社会主义教育的本质内涵，并在教育活动中积极加以实践和创新。在这一过程中，我们不仅积累了丰富的经验，而且开创性地开辟了一条独具中国特色的社会主义教育发展新路径，实现了教育事业的蓬勃发展，取得了举世瞩目的辉煌成就。自新民主主义社会向社会主义社会转变后，中国教育的基本性质也随之被确立。在教育的基本性质中，方向是最为根本的，确定了正确的方向才能为后续工作的开展奠定良好基础。实践表明，中国教育已经站在新的起点，新的起点正是在坚持社会主义办学方向，打造特色鲜明的中国教育事业的基础上累积、突破和形成的，唯有此，才能实现从教育大国向教育强国的跨越。总而言之，中国的教育是社会主义性质的教育，坚持社会主义办学方向是中国特色社会主义教育学发展的应有之义，也是中国特色社会主义教育学发展道路的唯一方向。这一政治方向不可撼动，唯有坚定社会主义办学的政治方向，才能建设好具有中国特色的教育学体系，进而培养出更多德智体美劳全面发展的社会主义建设者和接班人。

---

① 冯建军：《构建中国特色教育学的"三大体系"——基于改革开放后教育学发展的分析》，《社会科学战线》2021 年第 9 期。

（二）在培养社会主义建设者和接班人中发展中国教育学，就是要坚持马克思主义指导地位

伟大的事业需要伟大的思想指引。马克思主义思想打破了资本主义思想的统治，掀起了新的思想浪潮，其中蕴含的革命性、批判性和创新性突破了现实困境，具有划时代的意义。中国共产党自成立之初就将马克思主义确定为指导思想，由近代特殊历史背景下的形势所趋，是中国国情的切实体现，也为中国后续的发展确立了新的光明起点。在教育领域，马克思主义思想是中国特色教育学发展的指导思想，马克思主义教育思想的鲜明特性指导中国教育的理论和实践。马克思主义教育思想从本体论的视角为中国特色社会主义教育的发展提供了基石，它在许多问题上的根本见解对我们理解"什么是教育""什么是好的教育""教育的本质"等根本性问题有诸多启发，并在此基础上为处在新时代的我们提供指引方向，为新时代教育的本质提供基本立场。新时代中国特色社会主义教育继承和发展了马克思主义教育思想，使马克思主义教育思想中国化，能够更好地扎根中国教育实践并不断促进其发展和创新。中国共产党始终坚持在理论和实践两方面开展教育探索和创新，并在一次次量变中取得了质变的飞跃与突破，达到了前所未有的新高度。在面向"两个一百年"奋斗目标和中华民族伟大复兴的中国梦的时代背景下，我国马克思主义教育学的发展要立足社会主义教育的本质属性，牢牢把握社会主义教育性质，坚持走中国特色社会主义教育的发展道路，回答好"为谁培养人"的根本问题，这是新时代马克思主义教育学发展的本体论基石。

（三）在培养社会主义建设者和接班人中发展中国教育学，就是要准确把握立德树人这一根本任务

习近平总书记在全国教育大会上的讲话中指出，培养什么人是教育的首要问题。立德树人要做到"六个下功夫"，把立德树人的成效作为检验学校一切工作的根本标准。回顾过去，"立德"自古以来是中华传

统文化中提倡的重要内容之一，所谓"国无德不兴，人无德不立"。先秦时期儒家知识分子将道德作为区分人和禽兽的标准，认为个体必须培养自己的道德。一个没有道德的民族是站不稳脚跟的，中华民族绵延几千年之久历久不息的原因之一在于中华民族重视道德的独特魅力。放眼当今社会，马克思主义思想与中国社会深入结合，新时代的立德树人就是指我们的教育必须把培养社会主义建设者和接班人作为根本任务，深入了解马克思主义的本质内涵，树立起对中国共产党的伟大信仰，并培养一代又一代拥护中国共产党领导和我国社会主义制度、立志为中国特色社会主义事业奋斗终身的有用人才。"才者，德之资也；德者，才之帅也。"我们必须将立德树人融入思想道德教育、文化知识教育、社会实践教育各环节，道德的内隐性昭示着德育并不能通过简单的口头讲述或其他生硬的方式"传授"，而应该通过更加生动灵活的方式将立德树人的基本理念、马克思主义的根本内涵、中国特色社会主义的鲜明特征蕴含在教育当中，潜移默化地引导学生树立共产主义远大理想和中国特色社会主义共同理想，鼓励他们肩负民族复兴的时代重任，树立扎根人民、奉献国家的志向，增强学生的中国特色社会主义道路自信、理论自信、制度自信、文化自信。同时注重培养学生的奋斗精神，引导学生树立高远志向，同时把握初心，坚持不懈，并积极地努力奋斗，保持乐观向上的人生态度，即使面对挫折仍然不轻言放弃。着力提高学生服务国家和人民的社会责任感、勇于探索的创新精神和善于解决问题的实践能力，真正培养出德智体美劳全面发展的社会主义建设者和接班人。

（四）在培养社会主义建设者和接班人中发展中国教育学，就是要坚持党对教育事业的全面领导

"党政军民学，东西南北中，党是领导一切的。"在全国教育大会上，习近平总书记强调："加强党对教育工作的全面领导，是办好教育的根本保证。"党的十九大报告提出的"八个明确"中指出了"中国特色社会主义最本质的特征是中国共产党领导，中国特色社会主义制度的最大优势是中国共

产党领导，党是最高政治领导力量"。因此，我们要贯彻落实习近平总书记的要求，坚持中国特色社会主义办学方向，增强"四个意识"、坚定"四个自信"、做到"两个维护"，落实好"四个服务"，把教育改革纳入各级党委的议事日程，抓好学校党建工作和思想政治工作，精心培养和组织一支会做思想政治工作的政工队伍。以史为鉴方能开创未来，历史证明，中国共产党对中国教育事业的贡献经过时间和人民的检验，唯有坚持中国共产党的领导，才能推进中国和中国教育更好地向前发展，才能从根本上保证中国特色高质量教育体系建设是有力量的、有可能的。

二　在服务社会主义现代化强国建设中发展中国教育学

团结带领全国各族人民全面建成社会主义现代化强国、实现第二个百年奋斗目标，以中国式现代化全面推进中华民族伟大复兴，是现阶段中国共产党的中心任务。服务社会主义现代化强国建设，使教育与党的目标和方向高度一致，推动中国式现代化的可持续高质量发展，是中国教育学理论建构和发展的现实依据和战略要求。

（一）在服务社会主义现代化强国建设中发展中国教育学，就是要正确把握教育学的政治属性

牢牢把握教育的政治属性，更加突出从国家利益的大政治上看教育，坚定不移地培养社会主义建设者和接班人。以中国特色教育学理论支撑引领中国式现代化强国建设。全球进入一个大变、大争、不确定的时代，面对风高浪急的国际环境，我们必须更加深刻地认识到，教育的能力和发展水平已经成为决定国家兴衰存亡的关键要素，并在一定意义上决定着中国的现代化程度和中华民族的文明程度。教育之争就是国家之争，必须更加突出从国家利益的大政治上看教育，加强青少年理想信念和爱国主义教育，以更加积极主动的斗争姿态应对风险危机和工作挑战，培养德智体美劳全面发展的社会主义建设者和接班人。在向着第二个百年奋斗目标迈进的征途中，汇聚众志成城、万众一心的凝聚力和向心力，必须把握教育的政治属性，从党和国家事

业发展全局的高度，坚守为党育人、为国育才，构建有效保障立德树人根本任务的教育安全治理机制，赋予中华民族伟大复兴以精神力量和价值之魂。习近平总书记反复强调，教育是国之大计、党之大计。教育安全是国家安全，更是政治安全。系统谋划教育政治安全的一系列方向性问题，坚守为党育人、为国育才初心使命，构建有效保障立德树人根本任务的教育安全治理机制。应引导各地各校落实"六个下功夫"要求，培养造就可堪重任的时代新人，确保党和国家事业后继有人。

（二）在服务社会主义现代化强国建设中发展中国教育学，就是要正确把握教育学的战略属性

牢牢把握教育的战略属性，更加重视教育、科技、人力资源整合的大战略，坚定不移地为社会主义现代化国家的建设服务，以高质量教育学体系为中国式现代化强国建设赋能。中国式现代化是凸显国际竞争力、展现民族自信的现代化。回顾历史，在国家繁荣昌盛、经济可持续发展、人民生活美好的背后，是科技建国、教育建国的基本逻辑。解决我国社会主要矛盾，走好中国式现代化之路，实现"强国建设、民族复兴"的美好愿景，都需要教育持续发力。中国式现代化是人的现代化。在全面建设社会主义现代化国家进程中，教育是基础，科技是关键，人才是根本。新时代新形势对教育的要求越来越高，要全面深化改革，从教育、科技、人才融合的大战略出发，围绕新质生产力的发展要求，汇聚一切创新要素和科教资源，激发高质量发展的活力，加快教育发展，助力国家抢占先机。中国式现代化是经济、社会、政治、文化等各方面协调发展的现代化。无论是从科技发展趋势来看，还是从教育强国建设规律出发，教育尤其是高等教育的发展水平是国家的核心竞争力，很大程度上决定着一个国家的发展水平和潜力。构建高质量教育体系，建立起高质量创新人才培养与高水平科技自立自强深度融合的新型举国体制，在教育的数字化、国际化、绿色化发展上开辟新空间，将为中国式现代化积蓄无穷的新动能，成为影响经济繁荣与国家安全的决定性因素，自然而然成为国际竞争制高点。要围绕培

育发展新质生产力，汇聚一切人才要素和科教资源，跑出教育加速度与高质量，助力国家抢占先机。

（三）在服务社会主义现代化强国建设中发展中国教育学，就是要正确把握教育学的民生属性

牢牢把握中国特色教育的民生属性，从经济社会发展高度把教育放在更加突出的位置，坚定不移地推进发展成果，为人民群众带来更加公平的福祉，以让人民满意的教育强调现代化建设成果。中国的现代化建设是实现全国人民共同富裕的现代化，其出发点和最终目标是帮助 14 亿多中国人民过上更幸福、更美好的生活。建设教育强国，最终是要办好人民满意的教育。教育是最大的民生工程、德政工程。高质量的教育学理论赋能高质量的教育实践，以教育之美成就孩子出彩人生。无论是站在促进人民共同富裕的立场，还是基于促进学生全面发展的视角，抑或是从解决群众急难愁盼的角度来看，都必须更加突出从经济社会发展的大民生上抓教育，坚持把促进教育公平融入深化教育领域综合改革的各方面、各环节，坚持把高质量发展作为各级各类教育的生命线，以教育之力厚植人民幸福之本。党的二十大报告明确提出，到 2035 年建成教育强国。要实现这一目标，就必须准确把握教育与中国的关系，找到正确的位置，明确中国式现代化发展的方向，懂得如何突破旧形势，开创新局面。准确把握中国教育与世界的关系，打造具有国际新格局的教育体系，加快建设具有重要影响力的世界教育中心，以教育的力量夯实国家富强的基础。

三 在以人民为中心发展教育的过程中改进中国教育学

中国特色教育学的"特色"体现着人类道义和人民意愿，它以增进人民福祉、促进全体人民共同富裕、实现人的全面发展为根本旨归。中国教育学的理论建构应坚守"为人民服务"的教育改革立场及"以人民为中心发展教育"的根本原则，实现教育学理论创生立场的"中国式"转换。

（一）在以人民为中心发展教育的过程中改进中国教育学，就是要以人民利益为中心

"我们的教育是为人民服务、为中国特色社会主义服务。"这是习近平总书记为教育确立的基本属性。[①] "人民原则是中国共产党领导教育事业的根本宗旨，即全心全意为人民服务。始终坚持人民的主体地位是中国教育体系的最大优势"[②]，教育的目的是满足人的发展和人民的发展。为了发展教育，人民对公平和优质教育的要求必须成为发展的目标。把教育发展放在首位，就是把人民的利益放在第一位，要解决一切问题，首先要解决人民生活和人民教育的问题。教育的发展必须得到人民的认可，必须满足人民群众日益强烈的多元、特色、高质量教育需求，这种教育要经得起历史的考验，能够适应新时代建设中国特色社会主义的人力资源培养要求。中国教育学的建构和发展蕴含着人民群众的价值倾向和现实诉求，其理论智慧始终源自人民、服务人民，因此要实事求是地反映人民的教育呼声，深入人民心灵，并最终赋能全体人民的整体人格、良好德性、综合素质的发展，提升人民的教育获得感、教育成就感和教育幸福感。

（二）在以人民为中心发展教育的过程中改进中国教育学，就是要将人民作为教育学发展的评判主体

将人民作为中国教育学建构和发展的评判主体，是人民立场的核心体现，代表了中国特色最核心的意义价值标准。我国的社会主义性质决定了教育发展必须满足人民群众的根本利益，因此，要在提高教育质量的同时关注教育公平，着力缩小教育差距，着力扶持教育欠发达地区，促进优质教育资源的普及和共享。教育学理论对教育现象与教育实践的指导力、解释力是评判其先进性与价值性的重要标准，对其更深层次的解读是中国教育学的发展

---

① 《坚持以人民为中心发展教育》，《中国教育报》2018年9月18日。
② 李政涛、王晓晓：《高质量教育体系建设的中国特色与中国贡献》，《国家教育行政学院学报》2022年第7期。

是否以解决广大人民关心的教育问题、满足广大人民的教育需求为逻辑起点与实践落点。进一步讲，就是要以广大人民群众的教育诉求、教育期望、教育理想为教育学发展的原点和标尺，建构能够经得住广大人民群众实际检验的教育学体系，将教育学体系与我国的实际情况相结合，实现教育学理论的本土创生与我国教育高质量发展的同频共振。

（三）在以人民为中心发展教育的过程中改进中国教育学，就是要将人的全面发展贯彻落实到教育学体系建构与发展的全过程

探讨教育的本质是教育理论体系建构和发展的起点，教育的本质回答了什么是教育，以及教育活动区别于其他社会活动的本质特征。马克思主义是我国教育发展的指导思想，把实现公平正义同人的解放和全面发展联系起来，宣扬人的发展是实现社会公平和正义的象征，人的自由全面发展是建设未来社会的原则和基石。教育通过促进每个人的全面成长，为所有人的成长和社会的整体进步铺平了道路。在庆祝中国共产党成立100周年大会的讲话中，习近平总书记强调要推动人的全面发展，并在全国教育大会上指出，培养德智体美劳全面发展的社会主义建设者和接班人，为促进和实现人的全面发展指明了方向。要实现新时代人的全面发展，就必须推进高质量教育，提高人们的道德水平、知识水平、能力和素质，开发人的潜能，增强人的创新能力。新时代人力资源的全面开发，也需要国际视野和国际理解。中国共产党继承和丰富了这一理论，将其作为教育政策和实践的理论基础，把培养全面人才作为教育的根本宗旨。通过"五育并举"创新实践，为中国教育促进人民全面发展铺平了道路，积累了中国经验。

第五节　技术赋能：以数智技术助推
中国教育学范式创新

数智技术作为一种新媒介，将物理空间的人与物开创性地完全数据化并联结为一体，建立了任意两者间相互联系和作用的可能性。随着大数据、云

计算以及智能技术的发展，近代以来的科学知识生产逻辑产生了颠覆性的变革。以机器学习、深度学习为代表的人工智能、大数据等数智技术颠覆了传统科学的生产方式。以大数据、人工智能为核心的现代数智技术对知识生产方式的革新，导致教育知识生产方式产生转变，由此引发教育理论形态的改变。数智技术正在改变教育学的研究范式，传统的以假设为起点的教育科学研究范式正在逐渐衰退，基于教育大数据的教育研究范式将成为教育科学研究的主流。数智技术对知识生产方式的革新赋能中国教育学研究范式转型，助推中国教育学范式创新。

一 组织开展中国教育学数字化转型研究

中国教育学是反映教育新形态的新知识体系。教育数字化是突破我国教育发展瓶颈的重要手段，是中国教育学理论体系的重要支撑。国际社会普遍将数字化视为变革教育体系、应对时代挑战的主要抓手。联合国教科文组织（UNESCO）先后发布《教育数字化转型：学校联通，学生赋能》（The Digital Transformation of Education：Connecting Schools，Empowering Learners）、《人工智能与教育：政策制定指南》（AI and Education：Guidance for Policy-Makers）等文件，挖掘数智技术变革教育的巨大潜能。我国自启动实施教育数字化战略行动以来，教育数字化工作有序强劲推进，形成众多新经验、新模式，为中国教育学的理论创新提供重要实践支撑。教育数字化转型战略是围绕更新教育理念和变革教育模式的深层次转变，亟须中国教育学的理论引领、实践赋能。

（一）推进多元一体信息化教育理论的创新与发展

1. 教学理论的创新与发展

构建数智时代的教学理论亟须突破工业化时代背景下的教学理论，重构现代教学理论。教学是教育工作的核心组成部分，《礼记·学记》提出，"古之王者建国，君民，教学为先"；赫尔巴特提出著名论断，即"通过教学来进行教育"。古今中外的理论与实践，均体现出教学活动的重要性。教学论是研究教学一般原理和规律的科学。夸美纽斯的《大教学论》对教学论进行了定义，指出"要研究把一切知识教给一切人的艺术"。也有不少学者认为数智时代的教学正在发生革命性、颠覆性变革。教学理论需要在教学活动中不断迭代优化，才能更好地引领教学改革以及赋能教学的创新发展。数智时代的中国教育学需要从以下几个方面对教学重新定义：一是数智技术如何赋能课堂进行教学变革，数智技术如何对课堂教学变革产生影响、产生怎样的影响；二是数智时代的教学变革如何赋能新的教学理念、理论、方法、模式的创生；三是数智技术赋能课堂变革的前置条件、产生怎样的意义、典型应用场景及课堂结构产生怎样的形态；四是数智技术背景下教学方式与评价方式、学习方式产生怎样的转变，如何转变、转变的路径与方式；五是教师和学生如何在数智时代提高数智素养和运用数智技术提升教学能力、学习能力；六是数智技术如何赋能教师的专业发展，例如，如何对新教师进行培训及培养、教师角色如何转变、师生关系如何重构、教师专业如何定位等。通过数智技术与教育的深度融合，以人为本，以学为中心，实现教育理念的重建、教学形态的重构、课堂结构的重组、教学模式的再造和教育文化的重塑，全面提升教育教学的效率以及品质，建构适应数智时代的未来教育新生态，勾画未来教育的图景、实现未来教育的蓝图。

2. 课程理论的创新与重构

数智技术颠覆了传统的课程理论研究范式，知识形态发生巨大转变，由静态的、确定的书本知识转向互动的、创新性的数字知识。人们的认知方式、思维模式由实体转向智能，数智技术对社会环境产生了颠覆性的影响，由对局部的影响转向对整体的影响。数智技术的发展同样也为课程理论的创新发展带来新机遇。一是课程环境结构发生变化，创生出更多可选择、丰富、灵活的新情境。二是知识形态发生改变，具有开放、共享的特点，为课程理论的创新发展提供知识论基础。三是人们的思维方式产生相应的转变，转向立体的、过程的、数字的、整合的、系统的思维方式，为课程理论的创新发展提供认知基础。

数智时代课程理论的创新有多重体现，如课程本质坚持以人为本、课程价值多元一体、课程设计动态交互、教材形态数字化与电子化、课程评价智能化与网络化、课程管理协同化。未来课程理论的创新应多关注智慧课程的建设与发展，重视课程数字资源的创建，推进课堂与数智技术的深度融合，同时也应注意数智技术带来的风险与挑战，如数智驱动的课程理论发展将会产生的相关伦理问题，数智技术影响课程理论发展的尺度问题。总之，数智时代课程理论的创新与发展，既要注意不能被数智技术裹挟，又不能无视数智技术，应促进数智技术与课程、文化的交融共生，为师生提供多样化学习形式、构建多元一体的信息化学习环境。

3. 方法论的创新与建构

科学研究方法论有力地保障教育学的理论研究，是教育学理论研究最重要的支撑。数智技术推动人类社会产生深刻变革，移动互联网、大数据、云计算、人工智能技术的跨越式发展对教育研究相关领域、研究问题以及研究方法等都产生了颠覆性影响。方法论是教育研究群体所持有的建立于一系列共享价值观、假设、概念和实践基础上的研究视角，以及思考和开展研究的方法。数智技术驱动教育实践更加复杂多变，教育研究新需求不断涌现，面对教育研究新实践、新需求，教育研究共同体需要与时代同步，顺应时代潮流解决教育知识体系建构的问题。适应数智时代需求的教育研究方法论在教育目的、教育原则、教学组织形式、教学评价方式等方面都与当前的方法论有显著区别。应从以下两方面推进数智时代教育学研究方法论创新和发展。一是转变研究视角，从传统教育研究视角转向数字化、智能化、信息化研究视角，关注数据驱动下的研究取向，强化以特征挖掘为导向的学习者行为分析。二是注重加强跨学科的学科交叉融合研究，立足本土化思维，拓展国际化视野，创生教育学与其他学科交叉的新理论、新方法。

4. 管理与评价方式的创新与重建

数智时代课堂环境转变、教师角色重塑、师生关系重构，同时，教育管理与评价在理念、方法、途径、组织、职能等方面也发生巨大变化。管理与评价理论的创新与重建是教育学理论体系中不可或缺的重要组成部分。教育管理主要包含教育管理环境、教育组织结构、教育决策、教育领导、教育督导等内容。数智技术影响教育管理的方方面面。一是相对于传统的工业时代背景下以小数据为基础的教育管理环境，数智时代的教育管理环境迈向大数据时代。二是教育组织结构的转变。传统的教育组织是自上而下的层级体系，具有结构化特点，而数智时代的教育组织更具有网络化、半结构式或者非结构化等特征。三是教育决策理论的变化。传统教育决策的依据是局部的或者少量信息，主要是渐进式决策、扫描式决策等，而数智时代教育的决策依据是海量数据。四是教育领导权力的重新走向。传统的领导理论强调领导是权力的拥有者，而数智时代的领导权力在数据的掌握者手中。五是教育督导方式的变革。传统的督导评价体现了绝对权威性，而数智时代的教育督导评价更多的是网络化、分布式、数字化、信息化评价。六是教育管理研究的改变。数智时代教育研究的数据来源是相关的全部数据，关注数据的复杂性而不再追求精确性，观照事物之间的相关关系而不再一味关注因果关系。

总之，数智时代的教育管理方法论、组织论的转变包括管理决策理论应该从数据推测转变为数据发生，管理的领导理论应该从权力集中转变为权力分散，管理的督导论应该从统一标准结果评价转变为实时过程监测。

（二）驱动教育研究范式的数字化转型

教育研究范式是科研人员开展教育研究需要遵循的理论基础和实践规范。[①] 从发展过程的角度看，科学研究范式随着理论和实践的不断发展而逐步进化和延展，主要体现为四种主流的研究范式，即用于描述自然现象的经验科学（Empirical Science）研究范式，利用模型和归纳法的理论科学（Theoretical Science）研究范式，对复杂现象进行计算机仿真的计算科学（Computational Science）研究范式以及以数据密集型科学（Data Intensive Science）为基础的第四研究范式。

国家在供给、需求、环境等方面发布多项政策有力推进教育数字化转型，以促进教育高质量发展。教育数字化转型亟须教育研究范式的变革。数

---

① 顾小清、卢琳萌、宛平：《教育数字化转型下的教育研究范式变革》，《中国远程教育》2024 年第 2 期。

智技术创新与教育实践的融合亟须教育研究内容的创新。同时，数智技术的有效利用能够收集教学过程的海量数据，为研究提供多维数字资源，促使教育研究进行研究方法的变革，选择恰当的研究方法和数据分析方法深入挖掘教育数据，以发现或预测教育规律。目前教育研究范式以经验科学研究范式和理论科学研究范式为主。数智时代采用传统的经验和理论模型难以快速准确分析海量教育大数据，因此，教育数字化转型亟须进行教育研究范式的变革以适应数智教育的发展。

1. 发展教育大数据的思维

传统的教育研究的样本有研究情境且具有特定性，较偏重从理论经验和准实验中理解、解释教育现象。教育大数据为研究者提供客观科学的原始数据，帮助其描绘更大范围的教育现象，促使相关研究更加科学、客观。数智时代的海量教育大数据是现代教育研究的重要资源，是助推教育科学研究范式转型的重要驱动力。教育研究者首先要意识到教育数据的潜在价值，培养数据驱动教育研究的理念。在具体的教育研究中，教育研究者的科研思维亟须转变，即由抽样检验向全样本模式转变。发展教育大数据的思维能够帮助教育研究者自下而上地审视自己的研究，确保研究结论的客观性及普适性，从而推动教育研究的创新和进步。

2. 挖掘教育大数据中的教育规律

教育大数据包含教育过程中教育相关者的认知方式、行为特征、情感表征等多维信息，从教育大数据中挖掘与教育相关的行为模式、认知方式、情感信息等有价值的数据，探索并归纳教育规律，是现代教育研究的重要目标。数智技术为预测未来的教育提供了重要手段，帮助教育研究者依据教育大数据更加科学地预测未来教育的特征，由传统的以经验为手段的预测转向科学、精准预测。未来的教育研究重点参照教育大数据中隐含的非主观性的教育模式和教育规律，将以海量数据为基础，借助智能算法从教育大数据中甄别关键变量并深入挖掘各个变量之间的相关及因果关系，从而精准挖掘蕴含在教育大数据中的价值和规律。

3. 解决与数智技术赋能教育相关的一系列研究问题

数智技术赋能数字化转型，加快教育数字化转型的推进并赋予教育信息化新的内涵。教育研究者需要关注两方面的问题。一是数智技术如何助力教育实践。例如，教育相关者对生成式人工智能、教育机器人、虚拟现实、元宇宙等新兴技术的态度研究、感知研究；管理、部署教育数智技术的相关理论研究；数智技术对教育教学过程的影响研究；数智技术与全学段、全学科的教学实践相融合的研究；等等。二是跳出数据表象，深入挖掘数据背后的教与学机理。数智技术能够获取海量教学和学习过程相关数据，为教育研究者提供教与学的全过程数据，有助于研究者更加科学地探究学习机理，深入挖掘教育规律。

4. 辩证处理"人-机-数据"三元关系，实现人机协同、互补的教育研究

在"人-机-数据"三元融合的时代，数据是走向人机协同的重要催化剂。人和机器实现功能的互补和价值的匹配是推动教育研究创新发展的重要手段。构建人机协同、互补的教育研究既是铸造数智教育新形态的主要任务，又是未来教育开展研究的实践路径。实现人机协同、互补的教育研究，需要人与智能教育产品协同交互，各自发挥优势，教育研究者需从以下三个方面着手。第一，教育研究者需辩证地看待数智技术，知晓其在采集、分析数据等方面的优势，也清楚其在解释、逻辑等方面的不足。第二，教育研究者需具备智能素养，了解数智技术的基本原理、代表性方法和核心技术。第三，对于教育研究结果，研究者需要将运用智能技术获得的结果与专家判断相结合，以保证研究结论的高可靠、高准确性。

二　重点加强中国教育学的跨学科研究

数智技术助推教育研究与信息科学、心理学、社会学、经济学等学科之间的融合。教育研究主要关注学习者学习机理、教学模式、技术赋能学习等，而数智技术运用现代智能技术处理大型复杂数据。因此，现代教育研究在开展数据密集型科学研究时，需要展开跨学科研究。

跨学科研究是数智时代不同领域开展研究的新趋势。一是因为学科交叉

研究可以碰撞出具有创新性的研究思路和新颖的研究方法，助推学科横向以及纵向发展；二是数据密集型科学研究范式为跨学科合作研究提供技术支持。研究者进行跨学科的教育研究需要具备批判性思维，以中国教育学学科知识为主，能够批判性地建构不同学科领域的知识。

构建中国教育学要秉持"不能因为强调自身的独立性就拒绝与其他学科的联系"和"借助其他学科的力量不会影响其他学科的独立性"的原则。[①] 要在充分吸收其他具有解释力的跨学科知识的同时，始终坚定教育学学科立场，明确学科边界和范畴，全面提高教育学的理论水平和学术品质。

（一）重视教育学学科自身的建设与发展

中国教育学学科体系不应只是教育类科学的集合罗列，它是完全独立的科学，主张从教育现象走向教育系统，注意以整体性、关系性、非线性、过程性思维整合学科概念、理论以及认知图式，突破格式化、去背景化的狭隘学科规范，重塑教育生态系统，重构教育与人、自然、社会、技术等之间的关系。

中国教育学应以开放包容的姿态与各学科开展交叉融合研究，第一，厘清中国教育学学科体系演化的历史脉络、演进的现实逻辑、转化的实践逻辑，精进学术积累，及时更新、修正学科体系建设中的本质问题和思维方式。第二，基于中国历史文化、意识形态和社会经济等国情特征，以功能定位为导向，全面开展以国际化、中国化、区域化研究为指向，以解决现实教育问题为导向的中国教育学综合性研究。第三，拓展中国教育学研究的深度与广度，重点关注教育改革核心问题、重点解决现实需求，以价值为导向，在理论内涵与战略抉择上提供中国方案。

（二）坚守教育学在跨学科研究中的话语权

教育学话语是教育研究者传达对教育问题的理解、认知而采用的学术化阐释工具，数智技术对教育学科的渗透稀释了教育学话语的学科特质。数智

---

① 侯怀银、原左晔：《教育学交叉学科在中国发展的回顾与展望》，《大学教育科学》2021年第5期。

技术驱动下的教育研究范式表现出教育学话语与教育实践的疏离。由于教育学与自然科学、信息科学等领域的话语体系存在显著不同，不同学科的研究成果难以融入教学实践和课堂学习中。在明确教育学学科属性、立场、边界的基础上，跨越教育学学科边界，借鉴吸收其他学科的研究成果是实现跨学科融合研究的重要手段。

第一，确证教育学的学科属性。教育学的人文学科属性决定教育学话语体系的建构需要坚持以人为本，将人的发展作为衡量的根本尺度，重点体现人文精神与关怀旨趣。第二，恪守教育学的学科立场。教育学话语的本质体现教育观念和行为目的，教育学再建构的其他学科话语能够描述教育现象、解释教育问题、反思教育实践，因而也应被定义为教育学话语。

（三）推进技术赋能的教育学交叉学科的建构

1. 计算教育学

2009年，拉泽（D. Lazer）等研究者首次提出"计算社会科学"（Computational Social Science）概念，认为计算社会科学能够在各个维度对大数据进行充分挖掘与分析。经过多年的研究、探索、发展，随着数智技术与教育学领域的深度融合，以个体数据为主的实证研究逐步向以海量关系数据挖掘的新研究范式推进。2014年，李未院士提出要将教育科学的研究范式从基于质性研究和经验研究，转变为基于大数据、计算、模型的量化研究和精确分析。随后，一些研究者对计算教育学的定义、研究对象、学科建设等方面进行了深入探讨。计算教育学是新时期教育学科发展边界的新拓展，是数智技术与教育深度融合后的必由之路，也是新一轮科技革命下构建教育新生态的重要诉求。

计算教育学的界定。计算教育学是通过技术赋能、基于数据密集型的研究范式，来解释信息时代的教育活动与问题，揭示教育复杂系统内在机制与运行规律的新兴交叉学科。[①] 计算教育学以信息时代的教育活动与问题为主要研究对象，通过量化教育各要素及要素间的互动过程，开展多学科交叉研

---

① 刘三女牙、杨宗凯、李卿：《计算教育学：内涵与进路》，《教育研究》2020年第3期。

究，解释教育现象与教育内在机制，揭示新时期教育复杂系统运行规律，服务人才培养模式创新，促进教育科学化，为实现教育现代化提供理论指导和技术支撑。

计算教育学的学科定位。数智技术的快速发展使教育学学科面临巨大的挑战。教育学学科亟须变革与创新，致使计算教育学这一概念被众多学者提及，计算教育学既是数智时代教育理论体系的内在需求，亦是教育科学快速发展的重要推手。计算教育学应归属于教育学学科，是与信息科学、心理学、神经科学、数学等科学理论紧密联系的学科。其功能定位旨在阐明教育系统内部各要素的本质，揭示教育活动规律，服务数智时代的教育创新，实现教育个性化、教育管理精准化、教育治理现代化。

计算教育学的研究范式。计算教育学以技术为先导，以海量教育数据为核心，具有独特的研究体系与范式。计算教育学的研究范式主要包括研究问题、研究设计、数据采集与分析、解释及理论建构、研究评价、研究伦理等各环节的规范与标准。首先，教育研究者应以教育场景特征为起点，以实现教育价值为原则，明确教育场景中开展围绕教学行为研究的方法；其次，应知晓数据特征和研究工具，同时清楚各种计算方法的局限性，能够结合具体教学场景，进行合理的、具有教育意义的分析与解释。此外，数智技术在教育场景中的深度融合，也为计算教育学的研究与实践带来道德和伦理的挑战。亟须在计算教育学发展之初，重点关注数智技术在教育领域应用的伦理问题，建立使用规范与标准。目前，学界基本形成计算教育学基本立场与价值观共识，并形成独特的研究范式。一是在核心价值方面，应围绕教育领域真实问题，注重跨领域综合性研究；二是研究体系以计算方法为核心，研究范式由量化研究转向基于数据的教育规律探索研究，目前主要的研究范式是模拟实验与数据密集型探究共同发展。作为新兴学科，计算教育学的内涵与外延在不断拓展，需要研究者们进一步深入探讨与研究。

2. 数字教育学

随着我国教育数字化的快速发展，数字教育建设也在稳步推进，教育数字化转型战略的更好发展亟须教育研究者们探究数智技术对教育发展的变革性影响，凝练我国教育数字化发展的独特经验，开辟数字教育学学科领域，充分释放数字教育学的学科价值和功能。

数字教育学的界定。数字教育学是基于计算教育学、互联网教育理论、教育神经科学和教育生态学等理论的完善与发展，是数字时代教育学学科体系、学术体系、话语体系和研究范式的优化与升级，是教育与数字技术深度融合发展的系统性理论研究和整体性实践指导。[1] 数字教育学包括"数字"和"教育"两个基本概念，数字教育学既可以理解为"数字教育·学"，即以数字教育为基础，运用多学科理论和方法研究数字教育现象与问题的一门学科，又可以理解为"数字·教育学"，即以数字技术为基础，加快数字技术与教育深度融合，提升教育数字化发展水平与智能化程度的一门学科。

数字教育学的学科定位。从内涵特征与研究对象看，数字教育学主要从属于教育学学科门类；从现行状态与未来发展看，数字教育学属于多学科交叉融合研究，以促进教育的改革和发展为目的，最终推动教育数字化转型；从知识结构与知识生成看，数字教育学属于应用型学科，以数智技术为其学科知识结构的重要组成，推进数智技术在教育领域的应用及推广；从学科价值与品质看，数字教育学属于未来学科，数字教育学致力于对数智教育的历时性与共时性存在进行研究，同时需要进行批判性反思与未来性研究，尤其要重视对数字教育学未来学科走向及技术引发的风险与伦理研究。

数字教育学的研究范式。数智技术与教育的深度融合，颠覆了传统教育研究环境、理念、模式，重塑了现代教育研究的新方法、新模式、新理念，推动数据密集型研究范式的广泛应用。数字教育学的研究范式以数据密集型研究范式为主，该研究范式主要以海量数据如表征教育现象的信息为基础，深入挖掘教学主体的特征、探寻教育规律，主张尊重教育现象与教育规律，重点强调教育研究过程的科学性和规范性。其具有三大特征，一是体现科学

---

① 张广斌、薛克勋：《数字教育学的底层逻辑与构建路径——兼论中国式数字教育学建设》，《华东师范大学学报》（教育科学版）2023 年第 11 期。

主义精神，二是凸显教育研究过程的客观与科学，三是突出智能化的知识发现模式。

三 着力推动技术支持的教育科学研究

（一）加强基于真实教学场景的智能化教育情境感知的研究

在真实的教学场景中，智能化教育情境感知的研究主要关注如何利用信息技术、传感技术和人工智能等手段，准确识别、理解和响应教学环境中的各种情境因素，以提高教学质量和学习效率，该研究主要关注以下四个方面。一是数据收集与处理。使用各种传感器（如温度、光照、声音传感器等）收集教室环境数据，通过视频监控、穿戴设备等收集学生和教师的行为数据，利用面部识别、语音分析等技术分析学生的情绪和参与度。二是模型建立与分析。构建学生学习行为的模型，分析学习习惯、学习效果和行为模式，建立实时反馈系统，根据学生的学习情况和反应调整教学策略和内容，开发能够根据教学环境和学生情况动态调整教学方法和内容的智能系统。三是技术集成与创新。利用 AR 和 VR 技术创造沉浸式的学习体验，增强学生的理解和记忆，应用机器学习方法优化教学决策过程，通过大数据分析提升教学质量，发展适配移动设备的教学应用，实现时空教学的无缝连接。四是用户体验与反馈。定期进行教师和学生的可用性测试和满意度调查，确保系统的实用性和舒适性，根据反馈迭代更新系统功能，优化用户体验。面向真实教学场景的智能化教育情境感知的研究可以帮助教育者更好地理解和适应学生的需求，提升教学效果，实现个性化和精准教育。此外，在设计和实施智能教育系统时，确保严格遵守数据保护法规，对教育技术应用进行伦理审查，保护学生和教师的权益，避免滥用技术；同时，也要注重保护个人隐私和数据安全，确保技术应用的伦理性和合理性。

（二）强化基于多模态数据融合的教学过程解构的研究

基于多模态数据融合的研究，通过整合不同来源的数据（如视觉、听觉、文字、传感器等），更深入地理解和优化教和学的互动过程。这种研究在现代教育科技中尤为重要，它能够提供更全面、更细致的洞察，以便制定更有效的教学策略和学习方案。主要体现在四个方面，一是多模态数据收集。收集视觉数据，即通过摄像头记录课堂上的视觉信息，包括教师的讲授方式、学生的肢体语言等。收集听觉数据，即利用麦克风捕捉声音信息，包括课堂讲解的音频、学生讨论的声音等。收集文本数据，即收集教师的讲义、学生的笔记和作业、在线讨论的文字记录等。收集生理和环境数据，即使用穿戴设备和环境传感器收集学生的生理状态数据和教室的环境数据，如心率、空气质量等。二是数据预处理和融合。首先对收集的数据进行清洗，去除噪声和不相关信息，保证数据的质量和准确性。从不同模态的数据中提取关键信息和特征。然后使用数据融合技术将不同来源的数据整合在一起，以便进行统一的分析和处理。三是模型构建和分析。使用机器学习和深度学习技术，根据融合后的数据构建模型，以识别和分析教学和学习过程中的模式和趋势。解析不同教学内容和方法对学习效果的影响，评估不同学习环境和教学策略的有效性。四是应用和优化。根据学生的学习习惯和表现，提供个性化的学习建议和资源。为教师提供关于课堂互动效果和学生反馈的实时数据，帮助其优化教学方法和策略。定期对所采用技术和方法进行评估和反馈，持续改进教学和学习过程。但也要注意，在处理多模态数据时，严格遵守相关的数据保护法规，确保学生和教师的隐私权不被侵犯。确保使用的技术和方法符合教育伦理，遵循公平、公正的原则。

（三）促进多学科交叉融合的学习发生机理探究的研究

多学科交叉融合研究是实现重大科学突破的重要手段。跨学科运用的问题分析、解决方法及思维可以有效解决教育研究中的重点问题和复杂问题，是教育科学研究持续创新和发展的主要驱动力。例如认知神经科学理论及研究方法与教育学科融合研究，利用脑电图（EEG）技术、功能性近红外光谱技术（fNIRS）等探究学习过程中的脑神经机制，为教育学科研究提供理论及技术支持。因此，应促进基于多模态大数据的学习者情感分析与归因、隐性学习行为挖掘与情感倾向计算、情境学习心理建模与评价机制等交叉学科的融合研究。

第六节　开放升维：以更加开放姿态借鉴
人类文明智慧与力量

关于对外开放，习近平总书记曾指出，以开放促改革、促发展，是我国改革发展的成功实践。[①] 教育对外开放是改革开放宏观布局中的重要一环，习近平总书记强调，要完善教育对外开放战略策略，使我国成为具有强大影响力的世界重要教育中心。[②] 中国教育学若要推动教育对外开放、助力世界教育中心的建设发展，势必要顺应时代所需，以更加开放的姿态面向世界，借鉴人类文明的智慧和力量。

一　坚持优质资源引进与对外传播推介相结合

对于未来中国教育学发展路径的展望，必然包含了对全球化背景下教育资源优化配置与国际交流合作的深刻思考。在探讨如何坚持优质资源引进与对外传播推介相结合的策略时，可以从以下几个方面进行研析。

一是深化优质教育资源引进机制。首先，中国教育学的未来发展需积极构建开放包容的教育资源引进体系。这意味着要精准识别并引进国际先进的教育理念、教学方法、课程内容和教育技术。具体而言，可以通过加强与国际知名教育机构的合作，参与或主办国际教育论坛，以及设立专项基金支持教育科研项目的跨国合作，从而直接获取并吸收全球教育领域的最新成果。同时，建立健全的评估与筛选机制，确保引进资源的适用性和高质量，避免盲目跟风和资源浪费。

二是强化本土化改造与融合创新。在引进优质教育资源的基础上，更重要的是对其进行本土化改造，使之适应中国国情和教育实际需求。这包括根据中国文化背景、学生特点和社会经济发展状况，对引进的教育内容、方法

---

① 《坚持以扩大开放促进深化改革 坚定不移提高开放型经济水平》，《人民日报》2015 年 9 月 16 日。

② 习近平：《扎实推动教育强国建设》，《求是》2023 年第 18 期。

和模式进行适度调整和优化。同时，鼓励教育创新，将引进资源与本土教育优势相结合，形成具有中国特色的教育理念和模式。通过融合创新，不仅可以提升教育质量，也可以为全球教育发展贡献中国智慧和中国方案。

三是拓宽对外传播推介渠道。中国教育学的未来发展还应注重对外传播推介，提升中国教育的国际影响力。这要求我们充分利用现代信息技术手段，如建立多语种教育门户网站、开发国际在线教育平台、举办国际教育展览等，展示中国教育的成果和特色。同时，加强与国际媒体的合作，通过新闻报道、专题纪录片、学术交流等形式，向世界讲述中国教育的故事，传播中国教育理念和文化。此外，还应积极支持中国教育学者和教育机构参与国际教育组织和项目的合作，提升中国在国际教育舞台上的话语权和参与度。

四是构建双向互动的国际教育交流平台。坚持引进优质资源与对外传播推介相结合，还需要构建一个双向互动、互利共赢的国际教育交流平台。这个平台应促进中外教育界的深入交流与合作，包括师生互访、联合培养、科研合作等多种形式。通过这一平台，中国可以更加便捷地获取国际先进教育资源，同时也为国际社会提供更多了解中国教育的机会。在交流中增进理解，在合作中共同发展，实现教育资源的全球优化配置和共享。

中国教育学在未来发展中，坚持引进优质资源与对外传播推介相结合，是提升教育质量、增强国际竞争力的关键路径。这要求我们在全球化视野下，保持开放包容的心态，积极引进国际先进教育资源；同时，注重本土化改造与融合创新，形成具有中国特色的教育模式；拓宽对外传播推介渠道，提升中国教育的国际影响力。通过构建双向互动的国际教育交流平台，推动中国教育学与世界教育事业的共同进步与发展。

二　坚持加强国际交流合作与参与全球教育治理相结合

在全球化日益加深的今天，加强国际交流合作与参与全球教育治理相结合，不仅是中国教育学走向世界的必由之路，也是推动中国教育现代化、提升中国教育学国际影响力的重要战略选择。首先，加强国际交流合作具有极端重要性和必要性。一方面，有助于拓宽中国教育学的视野。通过与国际同行的对话与交流，中国教育学能够吸收借鉴世界各国的先进教育理念和成功经验，丰富和完善中国教育学的理论体系与实践模式。这种跨文化的交流不仅能够促进教育知识的共享与创新，还能提升中国教育学在全球教育舞台上的话语权和影响力。另一方面，是推动教育创新的重要途径。面对快速变化的社会需求和科技进步，教育创新成为提升教育质量、培养创新型人才的关键。通过与国际伙伴的紧密合作，中国教育学可以共同探索教育创新的新思路、新方法，如在线教育、人工智能教育等前沿领域，从而加速教育现代化的进程。其次，参与全球教育治理具有重要的战略意义。一方面，参与全球教育治理是中国教育学从"跟跑"到"并跑"乃至"领跑"的重要转变。在全球教育治理体系中，中国作为世界第二大经济体和世界第一人口大国，其教育经验和成果对于全球教育的发展具有不可忽视的作用。通过积极参与全球教育治理，中国可以贡献自己的智慧和力量，推动构建更加公正、包容、可持续的全球教育治理体系。另一方面，参与全球教育治理也是提升中国教育国际地位的重要途径。在全球教育舞台上，中国需要积极发声，分享中国教育的成功经验，阐述中国对于全球教育发展的独特见解和贡献。这不仅能够增强国际社会对中国教育学的理解和认同，还能为中国教育学在国际上赢得更多的支持和合作机会。

做好加强国际交流合作与参与全球教育治理相结合的工作，具体而言：一是建立多层次、宽领域的国际交流平台，中国教育学要加强与联合国教科文组织、二十国集团、金砖国家、亚太经合组织、上海合作组织等多边机制的合作，举办或参与国际学术会议、研讨会等活动，通过实际行动参与全球教育治理，共同应对全球教育面临的挑战；二是推动教育项目的国际合作，在基础教育、职业教育、高等教育等领域开展国际合作项目，共同研发教育课程、教材和教学方法，提升教育质量和学生国际竞争力，要加强与各国政府及教育机构紧密合作，特别是加强与共建"一带一路"国家、发展中国家的研究合作，促进教育资源的共享与互补，共同提升国际教育学研究的整体水平；三是加强教育政策与标准的国际对接，中国教育学要积极参与国际教育标准的制定与修订工作，通过制定国际教育标准、加强师资培训、促进教育技术创新等方式，推动中国教育政策与国际接轨，提升全球教育质量，为全球教育治理贡献中国智慧和中国方案，提升中国教育学在全球教育领域的知名度和影响力；四是提升中国教育学的国际传播力，利用现代传媒手段，如互联网、社交媒体等，加强中国教育学的国际宣传和推广，展示中国教育学的独特魅力和成就。

三　积极构建人类教育共同体

中国教育学的视野不应局限于国内教育的改革与创新，而应放眼于全球教育生态的和谐共生，积极倡导构建人类教育共同体的理念。这一宏伟目标旨在促进全球教育资源的共享、教育理念的交流、教育经验的互鉴以及教育难题的共克时艰，共同推动人类文明的进步与发展。

中国教育学要加强教育资源的共享和开放，促进全球教育资源的优化配置和高效利用，尊重不同教育研究之间的差异和多样性，与世界教育学共同应对全球性教育挑战，推动全球教育事业的可持续发展。具体而言，一是深化教育理念的国际对话与交流。中国教育学应强化与国际教育界的对话机制，促进不同文化背景、教育制度下教育理念的交流与碰撞。中国应分享其独特的教育智慧，如"因材施教""立德树人"等教育理念，同时积极吸收借鉴世界各国的先进教育思想和实践经验，形成更加开放包容、互学互鉴的教育理念，为构建人类教育共同体提供思想基础。二是推动教育资源的全球共享。在数字化时代，教育资源的全球化共享成为可能。中国教育学应充分利用信息技术手段，搭建在线教育平台，共享优质课程资源、教学案例、科研成果等，打破地域限制，让全球学习者都能享受到高质量的教育资源。同时，加强教育技术的国际合作研发，推动教育技术的创新发展，提高全球教育的效率和质量，缩小教育差距，促进教育公平。三是促进教师队伍的国际交流与合作。教师是教育的核心资源，其国际交流与合作对于提升全球教育质量具有重要意义。中国应鼓励和支持教师参与国际交流项目，如海外研修、国际支教等，同时吸引外籍教师来华任教，促进教育文化的双向交流。此外，加强教师教育培训的国际合作，提升教师的国际化视野和专业能力，培养一支具有国际竞争力的高素质教师队伍，为构建人类教育共同体提供人才支持。四是注重跨文化教育的融入与实践。跨文化教育是培养全球公民、增进国际理解与尊重的重要途径。中国教育学应注重学生跨文化沟通能力的培养，将跨文化教育融入课程设置、教学方法、评价体系等各个环节。通过开设国际课程、组织国际文化节、鼓励学生参与国际交流项目等方式，拓宽学生的国际视野、增强学生的跨文化沟通能力，培养具有国际责任感和使命感的未来公民，为构建人类教育共同体奠定坚实的人才基础。

参考文献

一　经典文献

习近平：《在哲学社会科学工作座谈会上的讲话》，人民出版社，2016。

习近平：《高举中国特色社会主义伟大旗帜 为全面建设社会主义现代化国家而团结奋斗——在中国共产党第二十次全国代表大会上的报告》，人民出版社，2022。

习近平：《决胜全面建成小康社会 夺取新时代中国特色社会主义伟大胜利——在中国共产党第十九次全国代表大会上的报告（2017 年 10 月 18 日）》，《人民日报》2017 年 10 月 28 日。

习近平：《人民对美好生活的向往就是我们的奋斗目标》，《新京报》2012 年 11 月 16 日。

习近平：《同舟共济创造美好未来》，《人民日报》2018 年 11 月 18 日。

二　中文著作

彭正梅：《解放和教育：德国批判教育学研究》，华东师范大学出版社，2008。

谭光鼎、王丽云：《教育社会学：人物与思想》，华东师范大学出版社，2009。

《大学》，刘兆伟译注，人民教育出版社，2015。

〔奥地利〕赫尔穆特·费尔伯：《术语学、知识论和知识技术》，邱碧华译，商务印书馆，2011。

〔美〕加里·格茨：《概念界定：关于测量、个案和理论的讨论》，尹继武译，重庆大学出版社，2014。

《论语》，刘兆伟译注，人民教育出版社，2015。

《孟子》，杨伯峻、杨逢彬译注，岳麓书社，2020。

三　中文期刊

丁钢等：《教育学的中国话语体系建构：问题与路径》，《基础教育》2021年第1期。

冯建军：《构建教育学的中国话语体系》，《高等教育研究》2015年第8期。

冯建军：《中国特色社会主义教育学话语体系研究》，《社会科学战线》2023年第5期。

高迎爽：《法国基础教育：从平等、自由达至和谐》，《基础教育》2010年第1期。

郭丹丹：《教育强国建设的理论供给——中国教育学自主知识体系建构座谈会综述》，《教育研究》2023年第5期。

侯怀银、王晓丹：《教育学中国话语体系的大教育学建构》，《教育研究》2022年第1期。

侯怀银：《20世纪上半叶中国教育学学科体系的构建及其特征》，《课程·教材·教法》2002年第8期。

侯怀银：《新中国成立以来教育学的发展历程及启示》，《中国教育科学》（中英文）2020年第2期。

黄济：《马克思主义教育思想的时代意义》，《教育研究》2003年第6期。

李栋：《论中国教育学学科体系的构建》，《教育研究》2023年第12期。

李慧慧、和学新：《智能时代的中国教育学话语体系建设：机遇、挑战及路径》,《教育理论与实践》2023 年第 16 期。

李政涛、文娟:《教育学中国话语体系的世界贡献与国际认同》,《北京大学教育评论》2018 年第 3 期。

刘贵华、孟照海:《论中国教育学自主知识体系建设》,《华东师范大学学报》(教育科学版)2024 年第 2 期。

刘曙光:《中国自主知识体系建构的方法论自觉》,《北京大学学报》(哲学社会科学版)2023 年第 5 期。

刘铁芳:《中国教育学的意涵与路径》,《湖南师范大学教育科学学报》2023 年第 4 期。

刘远杰:《重塑国家教育秩序——现代历史大变局中的中国教育文明》,《教育研究》2023 年第 2 期。

孟照海、刘贵华:《教育科研评价如何走出困局》,《教育研究》2020 年第 10 期。

瞿葆奎:《中国教育学百年(中)》,《教育研究》1999 年第 1 期。

史秋衡、季玟希:《面向教育强国的教育学科建设》,《教育发展研究》2021 年第 19 期。

孙元涛:《论中国教育学的学术自觉与话语体系建构》,《教育研究》2018 年第 12 期。

王振存、张清宇:《教育与未来:未来教育学建构的可能与选择》,《教育研究》2023 年第 12 期。

习近平:《高举中国特色社会主义伟大旗帜 为全面建设社会主义现代化国家而团结奋斗——在中国共产党第二十次全国代表大会上的报告(2022 年 10 月 16 日)》,《求是》2022 年第 21 期。

习近平:《扎实推动教育强国建设》,《求是》2023 年第 18 期。

张旸、张雪:《中国文化传统在教育学中国话语体系构建中的价值与创生》,《教育科学研究》2020 年第 3 期。

郑金洲:《新时代中国特色教育学学科体系构建》,《教育研究》2023 年第 4 期。

中国教育科学研究院课题组：《中国教育学论纲》，《教育研究》2023年第4期。

中国社会科学院科研局"三大体系"建设研究课题组：《中国特色哲学社会科学"三大体系"建设进程评价：理论与实践探析》，《中国社会科学评价》2022年第1期。

周谷平、徐立清：《凯洛夫〈教育学〉传入始末考》，《浙江大学学报》（人文社会科学版）2002年第6期。

四　中文报纸

《把思想政治工作贯穿教育教学全过程 开创我国高等教育事业发展新局面》，《人民日报》2016年12月9日。

蔡文成：《必须坚持胸怀天下》，《光明日报》2023年5月5日。

程谪凡：《对教育学教学大纲的意见》，《光明日报》1956年11月26日。

何虎生：《必须坚持系统观念》，《光明日报》2023年4月28日。

《加快建设教育强国 为中华民族伟大复兴提供有力支撑》，《人民日报》2023年5月30日。

姜辉：《全面系统把握习近平文化思想》，《人民日报》2023年12月11日。

习近平：《在哲学社会科学工作座谈会上的讲话》，《人民日报》2016年5月19日。

《引导广大青少年弘扬奥林匹克精神 为中华民族伟大复兴作出应有贡献》，《人民日报》2015年4月7日。

周峰：《深刻把握"六个必须坚持"的内涵要义》，《中国社会科学报》2023年9月19日。

后　记

　　为适应新时代教育改革发展的需要，切实加强教育学科自主知识体系建设，我们组织骨干力量撰写了《中国教育学》。在这本书的撰写过程中，我们深感中国教育的博大精深和时代变迁的迅猛。本书旨在全面系统地介绍中国教育学的历史、理论和实践，以及在全球化背景下中国教育的发展趋势和面临的挑战。中国教育学是一门融合了传统智慧与现代理念的学科，它不仅承载着中华民族几千年的文化传承，也反映了当代中国社会的教育需求和发展方向。我们数易其稿，反复打磨，不断修改完善，经过大家的共同努力和社会各界的大力支持，《中国教育学》终于与大家见面了。

　　在整体内容的安排上，我们力求在文献选择、观点评述、模块设计、版式制作等方面有所创新，做到既新颖又实用。除前言、后记外，本书安排了中国教育学的背景、内涵及价值研究，中国教育学的历史嬗变研究，中国教育学的现状与省思研究，中国教育学的国际比较研究，中国教育学的建构路径研究等五章内容。

　　在相关内容的阐释上，我们坚持理论与实际相结合的原则，一方面力求反映习近平总书记关于加快构建中国特色哲学社会科学、建构自主知识体系的最新论述；另一方面力求紧密结合中国特色社会主义教育的生动实践，关注教育改革发展进程中出现的新情况、新变化，起到解疑释惑、提高思想认识的作用。

　　本书由王振存总体设计、统筹协调、审稿完善，承担各章执笔任务的是（以章节先后顺序）：王振存（前言、后记），安传迎、张清宇、成朝霞、黄欣迪、苗玉珍、娄婉婉（第一章），齐彦磊、翟利霞、王莉、郭淼熠、刘子瑞、吴英洁（第二章），常海洋、朱可心、张莹、崔静钰、卢容婉、牙晓（第三章），杜睿、田晓霞、张婉艺、李丹阳、沈萍萍（第四章），杨杨、张清宇、杨柳青、李丽、李佳琪、梁怡芸、徐艺斐（第五章）。

非常感谢社会科学文献出版社的大力支持，感谢郭峰老师为本书的编辑、出版等付出的心血；感谢张清宇博士为本书出版做出的大量细致的工作。

非常感谢全国教育科学规划办和各位专家同仁的大力支持，该书是本人主持的 2024 年全国教育科学规划重点项目"中国教育公平实践的理论建构研究"的阶段性成果。非常感谢团队成员和我的学生付出的努力和心血。撰写《中国教育学》是一个复杂的系统工程，尽管我们始终注重借鉴以往学术研究的积极成果，在此基础上力图做出独特的理论创新，但因为能力所限，本书会存在一些不足之处，敬请大家批评指正。

王振存

2024 年 11 月

图书在版编目（CIP）数据

中国教育学／王振存等著.--北京：社会科学文
献出版社，2024.12.（2025.9重印）--ISBN 978-7-5228-4350-6

Ⅰ.G40

中国国家版本馆 CIP 数据核字第 2024TF7165 号

中国教育学

著　　者／王振存 等

出 版 人／冀祥德
组稿编辑／任文武
责任编辑／郭　峰
文稿编辑／郭晓彬
责任印制／岳　阳

出　　版／社会科学文献出版社·生态文明分社（010）59367143
　　　　　地址：北京市北三环中路甲 29 号院华龙大厦　邮编：100029
　　　　　网址：www.ssap.com.cn
发　　行／社会科学文献出版社（010）59367028
印　　装／唐山玺诚印务有限公司

规　　格／开本：787mm×1092mm　1/16
　　　　　印张：16.25　字数：246 千字
版　　次／2024 年 12 月第 1 版　2025 年 9 月第 2 次印刷
书　　号／ISBN 978-7-5228-4350-6
定　　价／78.00 元